JÜRGEN BAUER

# Die Anforderungen der Bankenaufsicht an das haftende Eigenkapital der Kreditinstitute

**Betriebswirtschaftliche Forschungsergebnisse**



**Band 86**

# Die Anforderungen der Bankenaufsicht an das haftende Eigenkapital der Kreditinstitute

## Eine Untersuchung unter besonderer Berücksichtigung des relevanten Belastungsfalles

Von

Dr. Jürgen Bauer

DUNCKER & HUMBLOT / BERLIN

CIP-Kurztitelaufnahme der Deutschen Bibliothek

**Bauer, Jürgen:**
Die Anforderungen der Bankenaufsicht an das haftende Eigenkapital der Kreditinstitute : e. Unters. unter bes. Berücks. d. relevanten Belastungsfalles / von Jürgen Bauer. — Berlin : Duncker und Humblot, 1983.
(Betriebswirtschaftliche Forschungsergebnisse ; Bd. 86)
ISBN 3-428-05463-6
NE: GT


Gedruckt 1983 bei Berliner Buchdruckerei Union GmbH., Berlin 61
Printed in Germany

ISBN 3 428 05463 6

# Vorwort des Herausgebers

Daß „... die Bankenaufsicht bei der Formulierung ihrer quantitativen Eigenkapitalanforderungen den Grundsatz I durch die (modifizierte) Einlegerschutzbilanz ersetzen sollte", wie es im Schlußsatz dieser Arbeit heißt, ist nicht neu. Neu an der vorliegenden Arbeit ist aber die fundamentale Betrachtungsweise, die Kompromißlosigkeit, mit welcher der Verfasser die Grundlagen der Bankenaufsicht und ihre Konsequenzen bis hin zum eben zitierten Satz herausarbeitet. Im übrigen findet der Verfasser auf seinem Wege vom § 10 KWG als Ausgangspunkt der Untersuchung zu deren Ergebnissen reichlich Gelegenheit zu Feststellungen, denen das Prädikat ‚neu' zukommt.

Im Zentrum stehen die folgenden beiden Fragen: (1.) Welche *qualitativen* Merkmale sind für das haftende Eigenkapital in Anbetracht seiner Verlustdeckungs-Funktion konstitutiv? (2.) In welchem *Umfang* bedürfen die Kreditinstitute haftenden Eigenkapitals, damit dieses seine Verlustdeckungs-Funktion erfüllen kann?

Die Beantwortung dieser Fragen setzt voraus, daß hinreichende Klarheit darüber herrscht, welche Umstände die Situation kennzeichnen, in der die zu deckenden Verluste entstehen. Danach kann geprüft werden, welche Eigenkapitalanforderungen von der Bankenaufsicht gestellt werden müssen.

In *qualitativer* Hinsicht muß das haftende Eigenkapital der Kreditinstitute der Bedingung genügen, im relevanten Belastungsfall bereit zu stehen. Ob und inwieweit dieser *Grundsatz der Dauerhaftigkeit* erfüllt ist, wird im einzelnen untersucht. Die *quantitativen* Eigenkapitalanforderungen der Bankenaufsicht sind auf die im relevanten Belastungsfall möglichen Verluste abzustellen. Als besonders schwerwiegende Risiken werden hier das *Ausfallrisiko* und das *Preisänderungsrisiko* von Krediten eingehend analysiert.

Damit ist für die abschließende Diskussion der von *Stützel* konzipierten *Einlegerschutzbilanz* und des vom Bundesaufsichtsamt für das Kreditwesen praktizierten *Grundsatzes I* der Boden bereitet. Die Entscheidung zwischen diesen Alternativen für die Regelung der Anforderungen der Bankenaufsicht an das haftende Eigenkapital der Kreditinstitute fällt eindeutig zugunsten der (modifizierten) Einlegerschutzbilanz aus.

Die vorliegende Arbeit hat im Hinblick auf die anstehende Novellierung des Kreditwesengesetzes und die mit ihr verbundenen wissenschaftlichen oder an der Praxis orientierten, vielfach kontroversen Stellungnahmen zu § 10 KWG größte Aktualität, und man möchte wünschen, daß die mit überzeugender Argumentation entwickelten Ergebnisse ihre Spuren in der Neufassung dieser Norm sowie in den auf dieser Norm beruhenden Grundsätzen des Bundesaufsichtsamts für das Kreditwesen hinterlassen.

Zugleich ist in dieser Arbeit ein Beitrag zu Grundfragen der Bankenaufsicht zu sehen, der weit über die aktuellen Bezüge hinausreicht. Auch wer kein Fachmann auf diesem Gebiet ist, kann sich dank der grundlegenden Betrachtungsweise des Verfassers, der umsichtigen und zugleich stringenten Entfaltung seiner Gedanken sowie seiner klaren und präzisen Diktion anhand dieser Arbeit in die Problematik der Bankenaufsicht rasch einarbeiten und sich die Grundlage für die Analyse vieler weiterer Fragen verschaffen.

Beide Aspekte — Aktualität und prinzipielle Bedeutung — lassen wünschen, daß das Buch eine weite Verbreitung finde.

*Siegfried Menrad*

## Vorwort des Verfassers

Die vorliegende Arbeit stellt eine in Einzelheiten überarbeitete Fassung einer von der Wirtschaftswissenschaftlichen Fakultät der Eberhard-Karls-Universität Tübingen im Dezember 1982 angenommenen Dissertation dar.

Meinem verehrten Lehrer, Herrn Professor Dr. *Siegfried Menrad,* schulde ich besonderen Dank für die Betreuung und Förderung dieser Arbeit, für seine zahlreichen wertvollen Hinweise, Anregungen und Ratschläge. Herrn Professor Dr. *Josef Molsberger* bin ich für wichtige Hinweise zu einzelnen Problemstellungen der Arbeit zu Dank verpflichtet. Dank sei nicht zuletzt aber auch all jenen lieben Kollegen, die für meine Fragen und Probleme stets ein offenes Ohr hatten und mir ihren fachmännischen Rat zugute kommen ließen.

Die Schitag-Stiftung e. V. in Stuttgart hat die Veröffentlichung dieser Arbeit durch eine Druckkostenbeihilfe unterstützt, wofür ich ihr verbunden bin.

*Jürgen Bauer*

# Inhaltsverzeichnis

## Abkürzungsverzeichnis

| | | |
|---|---|---|
| AG | = | Aktiengesellschaft |
| AktG | = | Aktiengesetz vom 6. September 1965 (BGBl. I S. 1089) |
| BAnz. | = | Bundesanzeiger |
| BBankG | = | Gesetz über die Deutsche Bundesbank vom 26. Juli 1957 (BGBl. I S. 745) |
| BGBl. | = | Bundesgesetzblatt |
| eG | = | eingetragene Genossenschaft |
| Fn. | = | Fußnote |
| GenG | = | Gesetz betreffend die Erwerbs- und Wirtschaftsgenossenschaften vom 1. Mai 1889 (RGBl. S. 55) in der Fassung der Bekanntmachung vom 20. Mai 1898 (RGBl. S. 369, 810), (BGBl. III 4125 — 1) |
| GenGr | = | Grundsätze bei der Entscheidung über Genehmigungsanträge nach § 3 des Währungsgesetzes (. . .), Mitteilung der Deutschen Bundesbank, Nr. 1015 vom 9. Juni 1978, veröffentlicht im Bundesanzeiger Nr. 109 vom 15. Juni 1978 |
| Grundsatz I (II, III) BAK | = | Grundsatz I (II, III) der Grundsätze über das Eigenkapital und die Liquidität der Kreditinstitute vom 20. Januar 1969 (BAnz. Nr. 17), Bekanntmachung Nr. 1/69 des Bundesaufsichtsamtes für das Kreditwesen |
| HGB | = | Handelsgesetzbuch vom 10. Mai 1897 (RGBl. S. 219) |
| KG | = | Kommanditgesellschaft |
| KWG | = | Gesetz über das Kreditwesen vom 10. Juli 1961 (BGBl. I S. 881) in der Bekanntmachung der Neufassung des Gesetzes über das Kreditwesen vom 3. Mai 1976 (BGBl. I S. 1121) |
| öKWG | = | 63. (österreichisches, J. B.) Bundesgesetz vom 24. Jänner 1979 über das Kreditwesen (Kreditwesengesetz — KWG), Bundesgesetzblatt für die Republik Österreich, Jahrgang 1979, ausgegeben am 20. Feber 1979, 24. Stück, S. 501 |
| OHG | = | Offene Handelsgesellschaft |

| | | |
|---|---|---|
| RGBl. | = | Reichsgesetzblatt |
| SparkassenG für Baden-Württemberg | = | Sparkassengesetz für Baden-Württemberg in der Fassung vom 4. April 1975 (Ges. Bl. S. 270) |
| StabG | = | Gesetz zur Förderung der Stabilität und des Wachstums der Wirtschaft vom 8. Juni 1967 (BGBl. I S. 582) |
| Tz. | = | Textziffer |
| WährG | = | Erstes Gesetz zur Neuordnung des Geldwesens (Währungsgesetz) vom 20. Juni 1948 (WiGBl. Beilage Nr. 5/1948, S. 1) |
| WiGBl. | = | Wirtschaftsgesetzblatt |
| ZuschlagsVO | = | Verordnung über die Festsetzung eines Zuschlags für die Berechnung des haftenden Eigenkapitals von Kreditinstituten in der Rechtsform der eingetragenen Genossenschaft (Zuschlagsverordnung) vom 6. Dezember 1963 (BGBl. I S. 871) |

# A. Problemstellung und Aufbau der Arbeit

## I. Problemstellung

### 1. Der Gläubigerschutz als Ziel der Eigenkapitalvorschrift des § 10 Abs. 1 Satz 1 KWG

Die vorliegende Untersuchung nimmt ihren Ausgang von § 10 Abs. 1 Satz 1 KWG. Nach dieser Vorschrift müssen „die Kreditinstitute ... im Interesse der Erfüllung ihrer Verpflichtungen gegenüber ihren Gläubigern, insbesondere zur Sicherheit der ihnen anvertrauten Vermögenswerte ein angemessenes haftendes Eigenkapital haben“[1]. Der Inhalt dieser Vorschrift soll im folgenden nicht problematisiert werden. Vielmehr stellen wir uns in dieser Arbeit die Aufgabe zu klären, wie sie sachgerecht ausgefüllt werden kann. Zu diesem Zweck wollen wir die Eigenkapitalvorschrift zunächst auslegen und präzisieren.

Ziel der Eigenkapitalvorschrift ist es, daran können angesichts ihres Wortlauts keine Zweifel bestehen[2], die Gläubiger von Kreditinstituten vor Vermögensverlusten zu schützen[3]. Das Gläubigerschutzziel besagt,

[1] Kreditinstitute im Sinne dieser Vorschrift „... sind Unternehmen, die Bankgeschäfte betreiben, wenn der Umfang dieser Geschäfte einen in kaufmännischer Weise eingerichteten Geschäftsbetrieb erfordert“ (§ 1 Abs. 1 Satz 1 KWG), und die nicht unter die Ausnahmeregelungen des § 2 KWG fallen. Welche Geschäfte als „Bankgeschäfte“ anzusehen sind, richtet sich nach den Sätzen 2 und 3 des § 1 Abs. 1 KWG. Ob eine Unternehmung den Vorschriften des Kreditwesengesetzes unterliegt, entscheidet nach § 4 Satz 1 KWG in Zweifelsfällen das Bundesaufsichtsamt für das Kreditwesen.
Die Ausdrücke „Kreditinstitut“ und „Bank“ werden in dieser Arbeit gleichbedeutend verwendet.

[2] Vgl. hierzu auch *Feyerabend,* Friedrich-Karl, Haftsummenzuschlag, S. 84.

[3] Vgl. zur Interpretation der Eigenkapitalvorschrift auch *Bericht der Studienkommission,* Tz. 1114, S. 350; *Krümmel,* Hans-Jacob, Liquiditätssicherung I, S. 262; *Schmidt,* Dirk, Haftkapital I, S. 80 sowie *Schork,* Anm. 1 zu § 10 KWG, S. 5. Demgegenüber läßt sich aus der (amtlichen) Begründung der Bundesregierung zum KWG-Entwurf aus dem Jahre 1959 nichts Konkretes über das Ziel der Vorschrift entnehmen.
Das Ziel der Eigenkapitalvorschrift ist von den (Ober-)Zielen des Kreditwesengesetzes (bzw. der Bankenaufsicht schlechthin) zu unterscheiden. Letztere bestehen nach der soeben angeführten Regierungsbegründung darin, „... die Funktionsfähigkeit des Kreditapparates zu wahren und die Gläubiger der Kreditinstitute nach Möglichkeit vor Verlusten zu schützen“ (Allgemeiner Teil der Regierungsbegründung, Abschnitt III, S. 20). Der Gläubigerschutz ist demnach nicht nur das Ziel der Eigenkapitalvorschrift, sondern er ist darüber hinaus auch eines der (Ober-)Ziele des Kreditwesengesetzes.

daß Vermögensverluste, welche die Kreditinstitute möglicherweise erleiden, nicht auf ihre Gläubiger durchschlagen, d. h. daß die betreffenden Verluste die vollständige und, wie wir im zweiten Kapitel dieser Arbeit noch zeigen werden, pünktliche Rückzahlung des Gläubiger- bzw. Fremdkapitals nicht gefährden sollen. Im vorliegenden Zusammenhang ist zu beachten, daß Kreditinstitute (wie grundsätzlich auch alle sonstigen Schuldner) aufgrund des sog. „Nominalismus-" bzw. „Mark-gleich-Mark-Prinzips" des Schuldrechts[4] und des Währungsrechts[5] lediglich dazu verpflichtet sind, ihr Gläubigerkapital zu dem bei Vertragsabschluß vereinbarten Nominalbetrag zurückzuzahlen. Dementsprechend kann das Ziel der Eigenkapitalvorschrift auch nur auf den Schutz der Bankgläubiger vor nominalen Vermögensverlusten gerichtet sein. Der Schutz der Bankgläubiger vor auf einer Geldentwertung beruhenden realen Vermögensverlusten ist kein bankaufsichtsrechtliches Ziel. Die Sicherung des (Binnen-)Wertes der Währung und damit der Schutz der Bankgläubiger (und anderer Geldgläubiger) vor realen Vermögensverlusten ist von Gesetzes wegen insbesondere ein notenbankpolitisches und ein wirtschafts- und finanzpolitisches Ziel[6].

Das Schutzziel der Eigenkapitalvorschrift ist nicht von vornherein auf eine oder mehrere bestimmte Gruppen von Bankgläubigern beschränkt. Die Vorschrift zielt insbesondere nicht nur auf den Schutz solcher Bankgläubiger, die wegen ihrer typischen Eigenschaften in der Literatur gemeinhin als eine Gruppe besonders schutzbedürftiger Wirtschaftssubjekte angesehen werden. *Krümmel* verweist auf das vergleichsweise geringe Vermögen der betreffenden Gläubiger, auf ihre vergleichsweise geringe wirtschaftliche Bildung und, mit Einschrän-

---

[4] Das Nominalismusprinzip des Schuldrechts „... besagt, daß sich die Höhe betragsmäßig festgelegter Zahlungsverpflichtungen nicht etwa deswegen ändert, weil der Preis oder Wert einzelner Güter oder Leistungen oder einer Vielzahl davon steigt oder sinkt" (*Ohne Verfasser*, Geldwertsicherungsklauseln, S. 25). Vgl. zum Nominalismusprinzip des Schuldrechts des weiteren auch *Larenz*, Karl, Schuldrecht, S. 142; *Pfleiderer*, Otto, Nominalprinzip, S. 82 ff. sowie *Stützel*, Wolfgang, Mark-gleich-Mark-Prinzip, S. 27 ff., insbes. S. 30 ff.

[5] Das Nominalismusprinzip des Schuldrechts kann im vorliegenden Zusammenhang (legal) auch nicht durch die Vereinbarung sog. „(Geld-)Wertsicherungsklauseln" umgangen werden. (Zu den Geldwertsicherungsklauseln vgl. *Fögen*, Hermann, Währungsrecht, S. 143 ff. und *Gerke*, Wolfgang, Gleitklauseln, S. 15 ff.) Geldwertsicherungsklauseln bedürfen nach § 3 Satz 2 WährG der Genehmigung durch die Deutsche Bundesbank. Nach Ziff. 1 a GenGr werden Geldwertsicherungsklauseln bei „Zahlungsverpflichtungen aus dem Geld- und Kapitalverkehr", namentlich auch bei Zahlungsverpflichtungen aus Bankguthaben, von der Deutschen Bundesbank nicht genehmigt. Vgl. hierzu auch *ohne Verfasser*, Geldwertsicherungsklauseln, S. 26 f.

[6] Vgl. § 3 BBankG und §§ 1, 13 u. 16 StabG. Vgl. hierzu auch *Hankel*, Wilhelm, Währungspolitik, S. 216.

kungen, auf ihre extreme Risikoaversion[7], *Stützel* führt darüber hinaus noch das faktische Fehlen von Selbstschutzmöglichkeiten dieser Gläubiger ins Feld[8]. Die Eigenkapitalvorschrift ist nach ihrem Wortlaut auch auf den Schutz solcher Bankgläubiger gerichtet, die, wie z. B. (größere) Nichtbankunternehmungen, die öffentliche Hand oder auch Kreditinstitute selbst, die genannten Eigenschaften nicht aufweisen und infolgedessen auch nicht als besonders schutzbedürftig erscheinen[9].

Vom Schutzziel der Eigenkapitalvorschrift sind Bankgläubiger logischerweise dann auszunehmen, wenn die Bankenaufsicht[10] das von ihnen eingebrachte Kapital (ganz oder teilweise) zum haftenden Eigenkapital rechnet[11].

### 2. Inhaltliche Beschreibung der aufsichtsrechtlichen Anforderungen an das haftende Eigenkapital der Kreditinstitute

Die durch die Eigenkapitalvorschrift hergestellte Verknüpfung zwischen ihrem Ziel, die Gläubiger von Kreditinstituten vor Vermögens-

---

[7] Vgl. *Krümmel,* Hans-Jacob, Bankpolitische Normen, S. 527 f. und *Krümmel,* Hans-Jacob, Kreditrisiko, S. 181 f. Wir kommen auf den Sachverhalt der „Risikoaversion“, insbesondere auch auf die Einschränkungen, die Krümmel in diesem Zusammenhang anbringt, im Kapitel B noch mehrfach zu sprechen.

[8] Vgl. *Stützel,* Wolfgang, Bankpolitik, Tz. 53, S. 30 f. Vgl. zur Schutzbedürftigkeit dieser Gruppe von Bankgläubigern neben den bereits genannten Quellen des weiteren noch *Fischer,* Otfrid, Liquiditäts-Konsortialbank, S. 2; *Müller,* Werner A., Bankenaufsicht, S. 18 f. sowie *Schork,* Anm. 33 zu § 1 KWG, S. 18 i. V. m. Anm. 34 zu § 1 KWG, S. 18.
Die derart charakterisierten Bankgläubiger werden in der Literatur bisweilen auch mit dem Ausdruck „Einleger“ bezeichnet. Vgl. z. B. *Krümmel,* Hans-Jacob, Liquiditätssicherung I, S. 262 und *Müller,* Werner A., Bankenaufsicht, S. 26. Der Ausdruck „Einleger“ wird in der Literatur jedoch auch dann verwendet, wenn von der Gesamtheit der Bankgläubiger die Rede ist. Vgl. z. B. *Czech,* Dieter-Klaus, Fristentransformation, S. 112 u. S. 123 und *Möschel,* Wernhard, Wirtschaftsrecht, S. 248. Wir benutzen in dieser Arbeit, soweit nichts anderes gesagt wird, die Ausdrücke „(Bank-)Gläubiger“ und „Einleger“ synonym. Ihre Forderungen an Kreditinstitute bezeichnen wir, auch sofern sie verbrieft sind, als „Einlagen“ oder „Guthaben“.

[9] Vgl. hierzu auch *Schork,* Anm. 3 zu § 10 KWG, S. 5 f., Anm. 7 zu § 1 KWG, S. 6 f. u. Anm. 35 zu § 1 KWG, S. 19. Sollte der Gesetzgeber mit denjenigen Gläubigern, die ihre Vermögenswerte den Kreditinstituten „anvertrauen“, die Gruppe der besonders schutzbedürftigen Gläubiger im Auge gehabt haben, dann würden die betreffenden Gläubiger durch den Wortlaut der Eigenkapitalvorschrift zwar besonders hervorgehoben. Eine Beschränkung des Schutzziels auf diese Gläubigergruppe ergibt sich daraus freilich nicht.

[10] Es ist für unsere nachfolgenden Überlegungen zumeist nicht nötig, zwischen den beiden (maßgeblichen) Trägern der Bankenaufsicht, dem Aufsichtsgesetzgeber auf der einen und dem auf der Grundlage der §§ 5 ff. KWG tätigen „Bundesaufsichtsamt für das Kreditwesen“ auf der anderen Seite, zu unterscheiden.

[11] Wie wir im Kapitel C sehen werden, können z. B. die sog. „nachrangigen Verbindlichkeiten“ der Kreditinstitute, falls sie bestimmte Eigenschaften besitzen, teilweise zum haftenden Eigenkapital gerechnet werden.

verlusten zu schützen, und dem „Eigenkapital"[12] ist sachgerecht[13]. Sie beruht auf der „Verlustdeckungsfunktion"[14] des Eigenkapitals, die darin besteht, „... eventuell eintretende Verluste aufzufangen und (somit; J. B.) die Gläubiger ... vor Verlusten zu schützen"[15]. Ehe auch nur ein Gläubiger geschädigt wird, muß das Eigenkapital verloren gegangen sein[16]. Um das Gläubigerschutzziel der Eigenkapitalvorschrift zu erreichen, muß die Bankenaufsicht über den „allgemeinen Programmsatz"[17] der Vorschrift hinaus bestimmte qualitative und quantitative Anforderungen an das Eigenkapital der Kreditinstitute stellen[18]. In qualitativer Hinsicht muß die Bankenaufsicht Anforderungen formulieren, mittels derer sie festlegt, welche Eigenschaften bestimmte wirtschaftliche Tatbestände besitzen müssen, um im Sinne der Eigenkapitalvorschrift als „haftendes Eigenkapital" anerkannt werden zu können. Die Bankenaufsicht muß m. a. W. die Merkmale bestimmen, die für das „haftende Eigenkapital" im Hinblick auf seine Verlustdeckungsfunktion konstitutiv sind. Das „haftende Eigenkapital" eines Kreditinstituts läßt sich somit definieren als die Gesamtheit all jener wirtschaftlichen Tatbestände, die die qualitativen Eigenkapitalanforderungen der Bankenaufsicht erfüllen[19]. In quantitativer Hinsicht muß die

---

[12] Wir sprechen hier bewußt noch nicht von „haftendem Eigenkapital". Der speziell für die Belange der Bankenaufsicht geschaffene Begriff des „haftenden Eigenkapitals" ist im Verlaufe des vorliegenden Abschnitts erst noch zu definieren. An dieser Stelle beziehen wir uns einstweilen auf den betriebswirtschaftlichen Eigenkapitalbegriff, wie immer dieser auch exakt definiert werden mag. Vgl. zu verschiedenen Definitionen des betriebswirtschaftlichen (Eigen-)Kapitalbegriffs *Cremer,* Claus, Grundfragen, S. 11 ff., insbes. S. 19 ff.; *Fischer,* Otfrid, Finanzwirtschaft I, S. 19 ff. u. S. 23 ff.; *Sandig,* Curt und *Köhler,* Richard, Finanzen, S. 8 f. u. S. 12 sowie *Witte,* Eberhard, Finanzplanung, S. 14 f.

[13] Vgl. hierzu wie auch im folgenden *Krümmel,* Hans-Jacob, Liquiditätssicherung I, S. 262 f.; *Müller,* Werner A., Bankenaufsicht, S. 61 ff.; *Bericht der Studienkommission,* Tz. 1114 a., S. 350 sowie *Schork,* Anm. 1 zu § 10 KWG, S. 5.

[14] Anstatt des Ausdrucks „Verlustdeckungsfunktion" werden in der Literatur u. a. auch die Ausdrücke „Garantie- und Haftungsfunktion" (vgl. z. B. *Hagenmüller,* Karl Fr., Bankbetrieb I, S. 230), „Sicherungsfunktion" (vgl. *Gessler,* Ernst, Bankengesetzgebung, S. 14) sowie „Gläubigerschutzfunktion" (vgl. *Oberbeckmann,* Hans-Ludwig, Eigenkapitalausstattung, S. 357) verwendet.

[15] *Hagenmüller,* Karl Fr., Bankbetrieb I, S. 230. Zur Verlustdeckungsfunktion des Eigenkapitals vgl. des weiteren auch *Holdijk,* Rudolf, Eigenkapitalprobleme, S. 63 sowie *Müller,* Werner A., Bankenaufsicht, S. 63 f. und die dort angegebene Literatur.

[16] Vgl. hierzu insbesondere auch *Krümmel,* Hans-Jacob, Liquiditätssicherung I, S. 263.

[17] *Beck,* Anm. 14 zu § 10 KWG, S. 5.

[18] Vgl. zur Einteilung in qualitative und quantitative (Eigenkapital-)Anforderungen auch *Holdijk,* Rudolf, Eigenkapitalprobleme, S. 185.

[19] Vgl. zur Definition des haftenden Eigenkapitals auch *Müller,* Werner A., Abgrenzung, S. 283; *Schmidt,* Dirk, Haftkapital I, S. 80 sowie *Schneider,* Uwe H., Öffentlicher Auftrag, S. 586.

Bankenaufsicht den (Mindest-)Umfang des von den Kreditinstituten zu haltenden haftenden Eigenkapitals vorschreiben, damit dieses seine Verlustdeckungsfunktion erfüllen kann. In den quantitativen Eigenkapitalanforderungen bringt die Bankenaufsicht zum Ausdruck, welche Höhe an haftendem Eigenkapital sie im Hinblick auf das Gläubigerschutzziel als eben noch „angemessen" ansieht.

### 3. Zur wettbewerbspolitischen Relevanz der aufsichtsrechtlichen Anforderungen an das haftende Eigenkapital der Kreditinstitute

In der Literatur ist umstritten, ob bei der Formulierung der qualitativen und quantitativen Anforderungen der Bankenaufsicht an das haftende Eigenkapital der Kreditinstitute neben dem Gläubigerschutzziel auch wettbewerbspolitische Gesichtspunkte Berücksichtigung finden sollten. Während auf der einen Seite die Meinung vertreten wird, die aufsichtsrechtlichen Eigenkapitalanforderungen hätten sich ungeachtet ihrer möglichen wettbewerbspolitischen Wirkungen ausschließlich am Gläubigerschutzziel zu orientieren[20], ist man auf der anderen Seite der Ansicht, daß bei der Formulierung dieser Anforderungen sehr wohl auch wettbewerbspolitische Gesichtspunkte zu berücksichtigen seien[21].

Wir möchten uns der zuletzt genannten Meinung anschließen, allerdings mit einer wichtigen Einschränkung: Nach unserer Auffassung können bei der Formulierung der aufsichtsrechtlichen Eigenkapitalanforderungen wettbewerbspolitische Gesichtspunkte dann (mit-)berücksichtigt werden, wenn damit keine unerwünschten Wirkungen für die Erreichung des Gläubigerschutzzieles verbunden sind. Die Bankenaufsicht darf demnach aus wettbewerbspolitischen Erwägungen zwar strengere Anforderungen an das haftende Eigenkapital einzelner Kreditinstitute stellen, als ihr dies im Hinblick auf das Gläubigerschutzziel unbedingt notwendig erscheint, bzw. sie darf von mehreren für das Gläubigerschutzziel gleichwertigen Lösungen jene bevorzugen, die wettbewerbspolitisch am besten zu beurteilen sind. Die Bankenaufsicht darf jedoch aus wettbewerbspolitischen Erwägungen keine, gemessen am Gläubigerschutzziel, zu geringen Anforderungen an das haftende Eigenkapital einzelner Kreditinstitute stellen[22]. Obwohl somit grund-

---

[20] Vgl. zu dieser Auffassung *Krümmel*, Hans-Jacob, Liquiditätssicherung I, S. 288; *Schneider*, Uwe H., Öffentlicher Auftrag, S. 584; *Siebel*, Ulf R., Eigenkapital, S. 33 f.; *Stützel*, Wolfgang, Bankpolitik, Tz. 77, S. 38 sowie *Welcker*, Johannes, Neuordnung, S. 76 f.

[21] Vgl. zu dieser Auffassung *Gessler*, Ernst, Bankengesetzgebung, S. 10 f.; *Müller*, Werner A., Abgrenzung, S. 285 f.; *Philipp*, Fritz, *Berger*, Karl-Heinz u. a., Bestimmung, S. 4 u. S. 17 ff. sowie *Bericht der Studienkommission*, Tz. 1125, S. 354.

[22] Vgl. hierzu auch *Erdland*, Alexander, Eigenkapital, S. 116.
Unsere Überlegungen gelten im übrigen nicht nur hinsichtlich wettbe-

sätzlich die Möglichkeit besteht, bei der Formulierung der aufsichtsrechtlichen Eigenkapitalanforderungen neben dem Gläubigerschutzziel auch noch andere wirtschaftspolitische, insbesondere wettbewerbspolitische Ziele zu berücksichtigen, wollen wir uns im Rahmen der vorliegenden Arbeit ausschließlich am (übergeordneten) Gläubigerschutzziel orientieren. Gegenstand unserer nachfolgenden Erörterungen ist allein die Frage, welche qualitativen und quantitativen Anforderungen die Bankenaufsicht an das haftende Eigenkapital der Kreditinstitute zu stellen hat, um die Gläubiger dieser Institute vor (nominalen) Vermögensverlusten zu schützen.

## II. Aufbau der Arbeit

Mit den qualitativen Anforderungen der Bankenaufsicht an das haftende Eigenkapital der Kreditinstitute werden wir uns im Kapitel C befassen. Wir wollen uns in diesem Zusammenhang jedoch nicht darauf beschränken, lediglich die nach unserem Dafürhalten sachgerechten qualitativen Eigenkapitalanforderungen herzuleiten. Vielmehr wollen wir auch untersuchen, welche wirtschaftlichen Tatbestände die betreffenden Eigenkapitalanforderungen erfüllen und dementsprechend von der Bankenaufsicht als haftendes Eigenkapital anerkannt werden müßten. Die quantitativen Anforderungen der Bankenaufsicht an das haftende Eigenkapital der Kreditinstitute bilden den Gegenstand des Kapitels D.

Für die Formulierung sachgerechter qualitativer und quantitativer Anforderungen an das haftende Eigenkapital der Kreditinstitute ist die Frage wesentlich, welchen wirtschaftlichen Belastungsfall die Bankenaufsicht bei der Formulierung dieser Anforderungen berücksichtigen sollte[1]. Einerseits kann die Eignung bestimmter wirtschaftlicher Tatbestände, für Verbindlichkeiten zu haften, verschieden sein, je nachdem, welcher Belastungsfall unterstellt wird. Das ist für die qualitativen Anforderungen an das haftende Eigenkapital der Kreditinstitute von Belang. Andererseits hängt auch die Höhe der vom haftenden Eigenkapital zu deckenden Verluste davon ab, welcher Belastungsfall angenommen wird[2]. Das muß bei der Formulierung der quantitativen

---

werbspolitischer Gesichtspunkte, sondern sie gelten generell für alle wirtschaftspolitischen Ziele, die neben dem Gläubigerschutzziel durch die Formulierung aufsichtsrechtlicher Eigenkapitalanforderungen angestrebt werden können.

[1] Krümmel mißt dieser Frage eine so große Bedeutung bei, daß er sie einmal als „Grundfrage der Gläubigerschutzpolitik" bezeichnet hat (*Krümmel,* Hans-Jacob, Liquiditätssicherung I, S. 263). Vgl. im vorliegenden Zusammenhang auch *Hartmann,* Manfred, Ökonomische Aspekte, S. 86.

[2] Vgl. zum letzteren *Krümmel,* Hans-Jacob, Bankbeteiligungen, S. 123 und *Krümmel,* Hans-Jacob, Kreditrisiko, S. 183.

Anforderungen an das haftende Eigenkapital beachtet werden. Mit der Herleitung des für die Formulierung der aufsichtsrechtlichen Eigenkapitalanforderungen relevanten Belastungsfalles befassen wir uns im nachfolgenden Kapitel B.

## B. Herleitung des für die Formulierung der aufsichtsrechtlichen Anforderungen an das haftende Eigenkapital relevanten Belastungsfalles

### I. Gang der Untersuchung

Im vorliegenden Kapitel wollen wir der Frage nachgehen, welchen Belastungsfall die Bankenaufsicht bei der Formulierung ihrer Eigenkapitalanforderungen berücksichtigen sollte. Wir wollen zu diesem Zweck im dritten Abschnitt einige ausgewählte Belastungsfälle inhaltlich beschreiben, die allesamt als Grundlage für die Formulierung der aufsichtsrechtlichen Eigenkapitalanforderungen in Erwägung gezogen werden können. Im vierten und im fünften Abschnitt befassen wir uns dann mit der Frage, welcher der zuvor beschriebenen Belastungsfälle von der Bankenaufsicht bei der Formulierung ihrer Eigenkapitalanforderungen letzten Endes zugrunde gelegt werden sollte. Zu der zuletzt genannten Frage hat sich im deutschen Schrifttum insbesondere Hans-Jacob *Krümmel* mehrfach geäußert. Wir werden die Vorstellungen, die Krümmel in diesem Zusammenhang entwickelt hat, im vierten Abschnitt zunächst referieren und im Anschluß daran zu ihnen Stellung nehmen.

Bei den als Grundlage für die Formulierung der aufsichtsrechtlichen Eigenkapitalanforderungen in Frage kommenden Belastungsfällen kann es sich nur um solche handeln, in denen (zumindest) die Liquidität eines oder mehrerer Kreditinstitute belastet ist. Fälle ausschließlicher Rentabilitätsbelastung kommen demgegenüber schon deshalb nicht in Betracht, weil alleinige Rentabilitätssicherung in einer marktwirtschaftlichen Ordnung kein Ziel der Bankenaufsicht sein kann[1]. Auf den Sachverhalt der Liquiditätsbelastung eines Kreditinstituts werden wir zunächst im nachfolgenden zweiten Abschnitt eingehen.

---

[1] Vgl. zum letzteren auch *Bähre / Schneider*, Anm. 5 zu § 23 KWG, S. 286; *Becker*, Wolf-Dieter, Geldpolitische Implikationen, S. 249; *Hartmann*, Manfred, Ökonomische Aspekte, S. 73 sowie *Möschel*, Wernhard, Wirtschaftsrecht, S. 254.

## II. Zum Sachverhalt der Liquiditätsbelastung eines Kreditinstituts

### 1. Inhaltliche Beschreibung der Liquiditätsbelastung eines Kreditinstituts

Mit dem Ausdruck „Liquidität“[1] bezeichnen wir im vorliegenden Zusammenhang die Fähigkeit eines Wirtschaftssubjekts, „... die zu einem Zeitpunkt zwingend fälligen Zahlungsverpflichtungen uneingeschränkt erfüllen zu können“[2]. Damit die derart definierte Liquidität eines Kreditinstituts belastet ist, müssen zweierlei Voraussetzungen erfüllt sein:

Notwendig für die Belastung der Liquidität eines Kreditinstituts ist zunächst, daß das betreffende Kreditinstitut seine Zahlungsverpflichtungen nicht schon durch bloße Umbuchungen bzw. durch interne Verrechnungen zwischen seinen Kundenkonten erledigen kann[3]. Im Falle interner Verrechnungen belastet die Bank die Konten der anweisenden Zahlungserbringer und erkennt die Konten der Zahlungsempfänger[4]. Durch solche Umbuchungen wird die Liquidität einer Bank nicht belastet, denn die Bank erfüllt ihre Zahlungsverpflichtungen mit eigenem Giralgeld, d. h. mit einem Geld, das sie selbst schaffen kann[5]. Damit die Liquidität einer Bank belastet wird, ist vielmehr notwendig, „... daß die Bank ... Zahlungen in Zentralbankgeld leisten muß, also in einem Gelde, das sie selbst nicht schaffen kann“[6]. Zum Zentralbankgeld

---

[1] Anstatt des Ausdrucks „Liquidität“ verwenden wir im folgenden auch den Ausdruck „Solvenz“.

[2] *Witte,* Eberhard, Liquidität, Sp. 1283. Vgl. zur Definition der Liquidität (eines Wirtschaftssubjekts) des weiteren auch *Deppe,* Hans-Dieter, Grundlagen, S. 68; *Mülhaupt,* Ludwig, Einführung, S. 197 sowie *Stützel,* Wolfgang, Liquidität, S. 624 f.

Die Frage, welche Zahlungsverpflichtungen einer Bank als „zwingend fällig“ anzusehen sind, lassen wir hier zunächst noch offen. Ihre Beantwortung hängt, wie wir im nachfolgenden Abschnitt dieses Kapitels sehen werden, davon ab, welchen Liquiditätsbelastungsfall man der Betrachtung zugrunde legt.

[3] Vgl. hierzu wie auch im folgenden *Deppe,* Hans-Dieter, Wachstum, S. 51 f. und *Deppe,* Hans-Dieter, Grundlagen, S. 365 f.

[4] Vgl. *Deppe,* Hans-Dieter, Wachstum, S. 59.

[5] Vgl. *Mülhaupt,* Ludwig, Umsatzplanung, S. 14; *Stucken,* Rudolf, Liquidität, S. 16 und *Süchting,* Joachim, Kreditangebot, S. 443.

[6] *Schneider,* Erich, Wirtschaftstheorie, S. 35 (im Original kursiv gedruckt). Es ist hier jedoch darauf hinzuweisen, daß Schneider den Ausdruck „Liquidität“ nicht nur in dem eingangs definierten Sinne verwendet, sondern daß er damit auch die Fähigkeit eines Wirtschaftssubjekts bezeichnet, neue Kredite gewähren zu können. Vgl. zum letzteren auch *Schneider,* Erich, Wirtschaftstheorie, S. 18.

Vgl. im vorliegenden Zusammenhang auch *Jarchow,* Hans-Joachim, Liquiditätsproblem, S. 70.

rechnen die Banknoten und die Münzen sowie die Sichtguthaben bei der Zentralbank[7].

Daß ein Kreditinstitut Auszahlungen in Zentralbankgeld zu leisten hat, reicht jedoch allein noch nicht hin, damit die Liquidität dieses Instituts belastet ist. Um die zweite Voraussetzung für die Liquiditätsbelastung herzuleiten, ist es zweckmäßig, die Auszahlungen und Einzahlungen, die ein Kreditinstitut in Zentralbankgeld leistet bzw. empfängt[8], (gedanklich) danach zu unterscheiden, ob es sich bei ihnen im jeweiligen Zeitpunkt der Liquiditätsbelastung um liquiditätsdispositionsunabhängige oder liquiditätsdispositionsbedingte Zahlungen handelt[9]. Als liquiditätsdispositionsunabhängig bezeichnen wir zunächst diejenigen Auszahlungen und Einzahlungen eines Kreditinstituts, die (im Zweifel) auf der Initiative dritter Wirtschaftssubjekte beruhen. Liquiditätsdispositionsunabhängig sind des weiteren aber auch solche Auszahlungen und Einzahlungen, die zwar auf eine Initiative des Kreditinstituts zurückzuführen sind, jedoch nicht aus liquiditätspolitischen Erwägungen heraus getätigt bzw. veranlaßt werden. Als liquiditätsdispositionsbedingt bezeichnen wir hingegen diejenigen Auszahlungen und Einzahlungen eines Kreditinstituts, die sowohl auf die Initiative des Instituts zurückgehen als auch liquiditätspolitisch motiviert sind[10].

Die Liquidität eines Kreditinstituts ist nach der soeben getroffenen Unterscheidung immer dann belastet, wenn in einem oder mehreren Betrachtungszeitpunkten[11] die „zwingend fälligen Zahlungsverpflich-

---

[7] Vgl. *Mülhaupt*, Ludwig, Einführung, S. 200.
Da die von den Kreditinstituten bei der Zentralbank unterhaltenen Mindestreserven für unsere Fragestellung keine (wesentliche) Rolle spielen, wollen wir im folgenden von ihrer Existenz absehen.

[8] Wir betrachten im vorliegenden Zusammenhang auch diejenigen Verbindlichkeiten und Forderungen als mit Zahlungen in Zentralbankgeld verbunden, die im Rahmen des sog. "(multilateralen) Clearing" gegeneinander aufgerechnet werden. Diese Verbindlichkeiten und Forderungen führen zwar zu keinen Auszahlungen bzw. Einzahlungen mittels Überweisungen zwischen den Konten der am Clearing beteiligten Kreditinstitute. Es liegt jedoch auf der Hand, daß sie für die (gesamte) Liquiditätsposition eines Kreditinstituts genau dieselbe Bedeutung besitzen wie jene, die im Rahmen des Clearing nicht gegeneinander aufgerechnet werden (können) und insofern zu Überweisungen von Zentralbankgeld führen.
Zum Clearing vgl. *Deppe*, Hans-Dieter, Grundlagen, S. 371.

[9] Vgl. hierzu auch *Deppe*, Hans-Dieter, Grundlagen, S. 72 und *Mülhaupt*, Ludwig, Einführung, S. 218 ff.

[10] Die wichtigsten der so abgegrenzten Auszahlungen und Einzahlungen werden wir im dritten Abschnitt dieses Kapitels im einzelnen vorstellen und untersuchen.

[11] Als Betrachtungszeitpunkt wird ein (Bank-)Tag gewählt. Von Kassenhaltungsproblemen, die dadurch entstehen können, daß sich die baren Auszahlungen und Einzahlungen über den (Bank-)Tag hinweg ungleich verteilen, wird hier abgesehen. Vgl. hierzu auch *Häberle*, Siegfried Georg, Risiko, S. 93, Fn. 3.

tungen" des Instituts zu (liquiditätsdispositionsunabhängigen) Auszahlungen in Zentralbankgeld führen, ohne daß diesen Auszahlungen liquiditätsdispositionsunabhängige Einzahlungen in mindestens derselben Höhe gegenüberstehen[12]. Nur in einer solchen Situation ist nicht von vornherein gesichert, daß das Kreditinstitut in der Lage ist, alle zwingend fälligen Zahlungsverpflichtungen uneingeschränkt erfüllen zu können. Es liegt ein Überschuß der liquiditätsdispositionsunabhängigen Auszahlungen in Zentralbankgeld über die liquiditätsdispositionsunabhängigen Einzahlungen in Zentralbankgeld vor, den das Kreditinstitut, will es liquide bleiben, dadurch auszugleichen versuchen muß, daß es in Höhe des Überschusses liquiditätsdispositionsbedingte Einzahlungen in Zentralbankgeld veranlaßt[13].

### 2. Verschiedene Arten der Liquiditätsbelastung

Wir unterscheiden im folgenden zwei verschiedene Arten der Liquiditätsbelastung, die normale und die abnormale Liquiditätsbelastung. Die Situation der normalen Liquiditätsbelastung sei dadurch gekennzeichnet, daß sämtliche Gläubiger der einer Liquiditätsbelastung ausgesetzten Bank ein ungebrochenes Vertrauen in die Sicherheit ihrer Einlagen besitzen. Dagegen soll in einer Situation der abnormalen Liquiditätsbelastung — mit einer Ausnahme[14] — das Vertrauen dieser Gläubiger gänzlich verloren gegangen sein[15].

Das Vertrauen von Bankgläubigern in die Sicherheit ihrer Einlagen ist in jedem Falle dann ungebrochen, wenn sie keine Zweifel an der Bonität ihrer Bank hegen. Es reicht hierfür aber auch schon hin, daß die Gläubiger, falls sie die Bonität ihrer Bank in Zweifel ziehen, der Ansicht sind, die Sicherheit ihrer Einlagen werde von dritten Wirtschaftssubjekten unzweifelhafter Bonität gewährleistet. Ist letzteres nicht der Fall, dann können Vertrauensverluste der Gläubiger in die Sicherheit

---

[12] Der Kürze wegen sei hier wie im folgenden davon abgesehen, daß die Kreditinstitute zu den jeweiligen Betrachtungszeitpunkten bereits über einen bestimmten Bestand an Zentralbankgeld verfügen können. Ein solcher Bestand ließe sich im übrigen auch als liquiditätsdispositionsunabhängige Einzahlung interpretieren.

[13] Vgl. hierzu auch *Mülhaupt*, Ludwig und *Küllmer*, Hermann, Entscheidungsfindung, S. 181 f.

[14] Zu den Fällen der abnormalen Liquiditätsbelastung rechnen wir im folgenden auch den Fall der freiwilligen Liquidation eines Kreditinstituts. Letztere muß jedoch nicht notwendigerweise mit einem Vertrauensverlust der Gläubiger des betreffenden Instituts verbunden sein.

[15] Es sei hier eingeräumt, daß zwischen diesen beiden extremen Formen der Liquiditätsbelastung Zwischenformen bestehen können, in denen nur das Vertrauen eines bestimmten Teils der Gläubiger verloren gegangen ist bzw. noch besteht. Für die Herleitung des relevanten Belastungsfalles reicht es jedoch hin, nur die extremen Formen ins Auge zu fassen.

ihrer Einlagen insbesondere bei Nachrichten über tatsächlich eingetretene (bedeutende) Vermögensverluste ihrer Bank auftreten. Um einen Vertrauensverlust hervorzurufen, reicht es aber möglicherweise auch schon hin, daß Gerüchte über solche Verluste in Umlauf gelangen, und zwar selbst dann, wenn diese Gerüchte sich bei sachkundiger Prüfung als unhaltbar erweisen würden[16]. Verlieren die Gläubiger jedoch das Vertrauen in die Sicherheit ihrer Einlagen, dann reagieren sie im *extremen* Fall derart, daß sie allesamt und zugleich ihre Einlagen ohne Rücksicht auf Fälligkeit oder Kündigungsfrist abzuziehen trachten[17], sie veranstalten einen "run" auf die betreffende Bank[18].

Es ist denkbar, daß einer normalen wie auch einer abnormalen Liquiditätsbelastung zur selben Zeit nur eine einzige Bank, ein bestimmter Teil der Banken oder auch sämtliche Banken des Bankensystems einer Volkswirtschaft ausgesetzt sind. In unserer nachfolgenden Untersuchung ist es für die inhaltliche Beschreibung des normalen Liquiditätsbelastungsfalles jedoch nicht notwendig, nach der Anzahl der einer Liquiditätsbelastung ausgesetzten Banken zu unterscheiden. Dagegen ist eine solche Unterscheidung zum Zwecke der inhaltlichen Beschreibung der abnormalen Liquiditätsbelastungsfälle unabdingbar. Den (abnormalen) Maximalbelastungsfällen A und B unterliegen nämlich, wie wir sehen werden[19], gleichzeitig so wenige Banken, daß diese auch solche Vermögensgegenstände in nennenswertem Umfang veräußern können, die die Zentralbank nicht zu kaufen bereit ist. Dagegen sind im (abnormalen) Maximalbelastungsfall des generellen run so viele Banken betroffen, daß Vermögensgegenstände (fast) nur noch an die Zentralbank veräußert werden können. — Für die Abgrenzung der abnormalen Liquiditätsbelastungsfälle ist des weiteren noch wesentlich, in welcher Art und Weise die betroffenen Banken mit ihren Auszahlungen auf den run reagieren.

---

[16] Vgl. hierzu auch *Krümmel*, Hans-Jacob, Kreditrisiko, S. 185 f.

[17] Nach Krümmel ist ein solches Verhalten zumindest für die bereits im Kapitel A erwähnten extrem risikoaversen „typischen" Bankgläubiger zu erwarten. Er charakterisiert diese Gläubiger derart, daß sie „... schon beim geringsten Gerücht nervös werden und ihre Einlagen ohne Rücksicht auf Fälligkeit und Kündigungsfrist abzurufen trachten ..." (*Krümmel*, Hans-Jacob, Bankpolitische Normen, S. 528).

Dagegen kann von vornherein nicht ausgeschlossen werden, daß bestimmte Gläubiger, zu denen die Bank in engerem Kontakt steht, auf den Abzug ihrer Guthaben, selbst soweit diese fällig sein sollten, verzichten. (Vgl. hierzu auch *Hoffmann*, Horst, Dispositionsregeln, S. 200.) Für die Herleitung des relevanten Belastungsfalles reicht es jedoch hin, vom extremen Fall eines run sämtlicher Bankgläubiger auszugehen.

[18] Vgl. *Krümmel*, Hans-Jacob, Kreditrisiko, S. 183 u. S. 185 f. und *Stucken*, Rudolf, Liquidität, S. 26.

[19] Vgl. unter B.III.5.b).

## III. Inhaltliche Beschreibung ausgewählter Belastungsfälle

### 1. Überblick über die in die Untersuchung einbezogenen Auszahlungen und Einzahlungen

Im folgenden Abschnitt wollen wir einige ausgewählte Liquiditätsbelastungsfälle anhand bestimmter, für diese Fälle charakteristischer Auszahlungen und Einzahlungen (in Zentralbankgeld) inhaltlich beschreiben. Auf der Seite der liquiditätsdispositionsunabhängigen Auszahlungen soll untersucht werden, welche Auszahlungen die Kreditinstitute für abgerufene Einlagen und zugesagte Kredite bei Vorliegen der verschiedenen Belastungsfälle zu leisten haben. Dagegen bilden auf der Seite der liquiditätsdispositionsunabhängigen Einzahlungen die Einzahlungen aus neuen Einlagen und aus Kredittilgungen den Gegenstand der Untersuchung. Hinsichtlich der liquiditätsdispositionsbedingten Einzahlungen[1] werden wir die Möglichkeiten der Kreditinstitute untersuchen, solche Einzahlungen auf dem Wege einer (Blanko-)Kreditaufnahme am (Banken-)Geldmarkt oder einer Veräußerung von Vermögensgegenständen zu veranlassen[2]. Unter dem (Banken-)Geldmarkt verstehen wir im vorliegenden Zusammenhang[3] eine Veranstaltung, auf der Banken auf dem Kreditwege oder auch durch Ankauf und Verkauf sog. „Geldmarktpapiere" regelmäßig Zentralbankgeld handeln[4]. Als „Geldmarktpapiere" bezeichnen wir diejenigen Vermögensgegenstände, denen von der Deutschen Bundesbank die sog. „Geldmarktfähigkeit"

---

[1] Liquiditätsdispositionsbedingte Auszahlungen treten in den Fällen, in denen die Liquidität einer Bank belastet ist, naturgemäß keine auf.

[2] Von den praktisch bedeutsamen Möglichkeiten, liquiditätsdispositionsbedingte Einzahlungen durch eine Beleihung oder auch eine Inpensiongabe von Vermögensgegenständen (insbesondere bei der Zentralbank) zu veranlassen, wollen wir im folgenden absehen. Mit ihrer Berücksichtigung würden für unsere Fragestellung keine zusätzlichen Einsichten gewonnen.

[3] Zu den verschiedenen Abgrenzungen des Geldmarktes in der Literatur vgl. *Deppe,* Hans-Dieter, Geldmarkt, S. 163 ff. und die dort angegebene Literatur sowie *Lehmann,* Fritz, Mechanismus, S. 213 f.

[4] Diese Definition des Geldmarktes geht zurück auf *Gestrich,* Hans, Kredit, S. 59. Vgl. in diesem Sinne auch *Brehmer,* Ekhard, Geldmarkt, S. 3.

Allerdings werden die so abgegrenzten Geldmarktpapiere, was die Verhältnisse des deutschen Kreditwesens anlangt, in der Regel nur zwischen den Banken auf der einen und der Zentralbank auf der anderen Seite gehandelt. Lediglich bestimmte Geldmarktpapiere — die sog. „Privatdiskonten" — werden, unter Einschaltung der sog. „Privatdiskont AG" als Makler, auch zwischen den Banken selbst gehandelt. Vgl. *Herrmann,* Armin, Geldmarktgeschäfte, S. 21 f. und *Jarchow,* Hans-Joachim, Theorie, S. 26 ff. Dieser Umstand, daß also — mit Ausnahme der Privatdiskonten — die *Geldmarkt*papiere in der Regel gerade *nicht* auf dem *Geldmarkt* gehandelt werden, sei hier als terminologische Ungereimtheit hingenommen. Scheidl versucht, ihm dadurch Rechnung zu tragen, daß er die auf dem Geldmarkt gehandelten Privatdiskonten als „Geldmarktpapiere im strengen Sinne" bezeichnet (*Scheidl,* Karl, Geld- und Kapitalmarkt, Sp. 1619).

verliehen worden ist[5], d. h. zu deren Ankauf vor Fälligkeit und unter Nichtanrechnung auf die Rediskontkontingente sich die Deutsche Bundesbank verpflichtet hat. Für Geldmarktpapiere ist weiterhin charakteristisch, daß sie keinen (bedeutenden) Kursschwankungen unterliegen[6].

## 2. Inhaltliche Beschreibung des Normalbelastungsfalles

### *a) Liquiditätsdispositionsunabhängige Zahlungen*

#### aa) Liquiditätsdispositionsunabhängige Auszahlungen

Wie bereits gesagt, soll für eine Situation normaler Liquiditätsbelastung konstitutiv sein, daß das Vertrauen der Gläubiger in die Sicherheit ihrer Einlagen ungebrochen ist. Hegen die Gläubiger jedoch keine Zweifel an der Sicherheit ihrer Einlagen, dann werden sie ihre fälligen und fällig werdenden Einlagen erfahrungsgemäß zu einem großen Teil und meist stillschweigend prolongieren, d. h. sie werden auf eine vertragliche Erfüllung ihrer Forderungen großteils verzichten[7]. In einer solchen Situation „... führt formale Fälligkeit der Einlagen nicht ‚zwingend' zu einem an die Bank gerichteten, unabweisbaren Zahlungsbegehren"[8]. Soweit die Einlagen einer vorhergehenden Kündigung bedürfen, um fällig zu werden, werden die Einleger im hier betrachteten Falle von vornherein darauf verzichten, von ihrem Kündigungsrecht Gebrauch zu machen. Die beschriebenen Prolongationseffekte werden in ihrer Wirkung nur dadurch etwas geschmälert, daß mitunter einige wenige Gläubiger eine vorfällige Auszahlung begehren, dem die Banken um ihres standing willen regelmäßig stattgeben, wobei sie allenfalls Zinsen rückrechnen[9].

---

[5] Rechtsgrundlage für die Verleihung der Geldmarktfähigkeit durch die Deutsche Bundesbank ist § 21 BBankG.

[6] Vgl. *Jarchow*, Hans-Joachim, Theorie, S. 22 f.; *Lipfert*, Helmut, Geldmarkt, S. 28 sowie *Mülhaupt*, Ludwig, Einführung, S. 247.

Welchen Vermögensgegenständen die Geldmarktfähigkeit verliehen ist, gibt die Deutsche Bundesbank regelmäßig in ihren Geschäftsberichten, zwischenzeitliche „Änderungen ... in Rundschreiben an Kreditinstitute, durch Verlautbarungen in der Presse, in ihren ‚Mitteilungen' sowie in ihren zusammenfassenden Darstellungen ‚Kreditpolitische und devisenrechtliche Regelungen' bekannt" (*Hermann*, Armin, Geldmarktgeschäfte, S. 25, Fn. 1).

[7] Hierzu besteht eine umfangreiche Literatur. Vgl. *Hoffmann*, Horst, Dispositionsregeln, S. 26 ff. und die dort angegebene Literatur. Vgl. im vorliegenden Zusammenhang auch *Stützel*, Wolfgang, Goldene Bankregel, S. 39 f.

[8] *Häberle*, Siegfried Georg, Risiko, S. 94.

[9] Vgl. *Hintner*, Otto, Liquiditätsproblem, S. 400 und *Fischer*, Otfrid, Bankbilanz-Analyse, S. 122 f.

In der Literatur wird der zuletzt beschriebene Sachverhalt auch mit dem Ausdruck „passivisches Terminrisiko" belegt. Vgl. z. B. *Mülhaupt*, Ludwig, Einführung, S. 192.

Ebensowenig wie die formal fälligen Einlagen führen in einer Situation der normalen Liquiditätsbelastung die (formal fälligen) Kreditzusagen in vollem Umfang zu einem Zahlungsbegehren an die Bank. Die (potentiellen) Bankschuldner nehmen in einer solchen Situation erfahrungsgemäß nur einen Teil der ihnen zugesagten Kredite in Anspruch[10]. Der zuletzt beschriebene Effekt wird in seiner Wirkung nur dann (etwas) eingeschränkt, wenn die Bank Auszahlungen aufgrund formal zwar nicht eingeräumter, faktisch jedoch unabweisbarer (Überziehungs-)Kredite leistet[11].

Zusammenfassend können wir festhalten, daß im Falle der normalen Liquiditätsbelastung nur ein vergleichsweise geringer Teil der formal fälligen Zahlungsverpflichtungen einer Bank auch tatsächlich zu Auszahlungen (in Zentralbankgeld) führt und daß auch Auszahlungen aufgrund formal (noch) nicht fälliger Zahlungsverpflichtungen nur in relativ geringem Umfang auftreten.

#### bb) Liquiditätsdispositionsunabhängige Einzahlungen

Es liegt auf der Hand, daß Kreditinstitute, die einer normalen Liquiditätsbelastung ausgesetzt sind, in der Regel liquiditätsdispositionsunabhängige Einzahlungen sowohl durch Einlagen bisheriger als auch durch Einlagen neuer Einleger erhalten. Diese Einlagen kompensieren (zumindest) teilweise die mit den liquiditätsdispositionsunabhängigen Auszahlungen einhergehende Minderung des Einlagenbestandes[12].

Die einer normalen Liquiditätsbelastung ausgesetzten Kreditinstitute erhalten neben den auf neuen Einlagen beruhenden Einzahlungen in der Regel auch liquiditätsdispositionsunabhängige Einzahlungen auf-

---

[10] Vgl. *Häberle*, Siegfried Georg, Risiko, S. 94, Fn. 3; *Henke*, Joachim, Novelle, S. 518 sowie *Hoffmann*, Horst, Dispositionsregeln, S. 193 f.
Nach der Kreditzusagenstatistik der *Deutschen Bundesbank* schwankte z. B. der Ausnutzungsgrad, d. h. der Stand der Inanspruchnahme der zugesagten Kredite in v. H. des Standes der Kreditzusagen, bei Kontokorrent-, Wechsel- und sonstigen Krediten mit wechselnder Inanspruchnahme an inländische Unternehmen und Privatpersonen in den Jahren 1976 - 1981 zwischen 45,2 % (1978) und 48,2 % (1981). Vgl. Monatsberichte der Deutschen Bundesbank, 34. Jahrgang (1982), Nr. 8, Tab. III.5.

[11] Vgl. *Fischer*, Otfrid, Bankbilanz-Analyse, S. 123 und *Häberle*, Siegfried Georg, Risiko, S. 94, Fn. 3.

[12] Vgl. *Schmalenbach*, Eugen, Kapital, S. 134 und *Stucken*, Rudolf, Liquidität, S. 22.
Es ist prinzipiell denkbar, daß der Normalbelastungsfall mit einem Überschuß der liquiditätsdispositionsunabhängigen Einzahlungen aus neuen Einlagen über die liquiditätsdispositionsunabhängigen Auszahlungen für abgerufene Einlagen einhergeht, falls dieser Überschuß nur geringer ist als der Überschuß der liquiditätsdispositionsunabhängigen Auszahlungen für Kreditzusagen über die liquiditätsdispositionsunabhängigen Einzahlungen aus Kredittilgungen.

grund von Kredittilgungen. Die betreffenden Tilgungen können, nachdem die jeweiligen Kredite möglicherweise zuvor schon ein- oder mehrmals prolongiert worden sind, fristgerecht erfolgt sein. Die Tilgungseinzahlungen können jedoch grundsätzlich auch auf einer vorfälligen[13] oder einer nachfälligen Tilgung beruhen[14]. Im zuletzt genannten Falle hat das Kreditinstitut darauf verzichtet, die Tilgungseinzahlungen zum Zeitpunkt ihrer Fälligkeit (oder zu einem späteren Zeitpunkt) durch eine Inanspruchnahme von Kreditsicherheiten oder auch eine Zwangsvollstreckung in das sonstige, nicht als Sicherheit gestellte Vermögen des Schuldners zu veranlassen. Damit ist bereits angedeutet, daß Tilgungseinzahlungen auch auf einer Verwertung von Kreditsicherheiten oder einer Zwangsvollstreckung in das sonstige Vermögen des Schuldners beruhen können[15]. Wir bezeichnen die betreffenden Tilgungseinzahlungen, im Gegensatz zu den zuvor geschilderten „freiwilligen" Tilgungseinzahlungen, im folgenden auch als „erzwungene" Tilgungseinzahlungen.

*b) Liquiditätsdispositionsbedingte Einzahlungen*

Die Möglichkeit, zur Deckung eines Auszahlungsüberschusses Kredite am (Banken-)Geldmarkt aufzunehmen, ist für Kreditinstitute in der Regel immer dann gegeben, wenn ihre Bonität in den Augen der potentiellen Kreditoren dieses Marktes außer Zweifel steht, so daß diese glauben, mit hinreichender Wahrscheinlichkeit davon ausgehen zu können, durch die Kreditgewährung keine Vermögensverluste zu erleiden[16]. „Die Liquidität im Sinne der gesamten — auch unsichtbaren — liquiden Reserven ist das Spiegelbild der Bonität, und Bonität zuweilen nur ein anderer Name für diese Liquidität im Sinne des gesamten noch nicht in Anspruch genommenen Kredits[17]."

[13] Es kann davon ausgegangen werden, daß eine Bank sich um ihres standing willen nicht dagegen sperren wird, vorfällige Tilgungseinzahlungen anzunehmen. Hinzu kommt, daß in der der Betrachtung zugrunde gelegten Situation, also im Normalbelastungsfall, die Liquidität der betreffenden Bank ohnehin als belastet gilt.

[14] In der Literatur wird der Umstand, daß Tilgungseinzahlungen möglicherweise erst nach Fälligkeit des jeweiligen Kredits eingehen, auch als „aktivisches Terminrisiko" (vgl. z. B. *Mülhaupt*, Ludwig, Einführung, S. 189), „Prolongationsrisiko" (vgl. z. B. *Czech*, Dieter Klaus, Fristentransformation, S. 58) oder „Liquiditätsrisiko" (vgl. z. B. *Wächtershäuser*, Manfred, Kreditrisiko, S. 70) bezeichnet.

[15] Diese Einzahlungen beruhen dann zwar auf einer Initiative des Kreditinstituts, sie dürften im Falle der Normalbelastung in aller Regel jedoch nicht liquiditätspolitisch motiviert sein.

[16] Vgl. *Hoffmann*, Horst, Dispositionsregeln, S. 250; *Krümmel*, Hans-Jacob, Bankzinsen, S. 209; *Krümmel*, Hans-Jacob, Liquiditätssicherung II, S. 79 sowie *Stützel*, Wolfgang, Bankpolitik, Tz. 59 f., S. 33 f.

[17] *Stützel*, Wolfgang, Bankpolitik, Tz. 60, S. 33. Vgl. im vorliegenden Zusammenhang auch *Engels*, Wolfram, Bankensolvenztheorien, S. 26 und *Lutz*, Friedrich A., Geldverfassung, S. 56.

Es läßt sich nun aber nicht ausschließen, daß Kreditinstituten, deren Bonität außer Zweifel steht, eine Kreditaufnahme am Geldmarkt einmal nicht gelingt. Es besteht in einem marktwirtschaftlich konzipierten Bankensystem keine Verpflichtung und somit auch keine Gewähr dafür, daß die potentiellen Kreditoren des Geldmarktes einem bonitätsmäßig einwandfreien Kreditinstitut bei Bedarf auch tatsächlich Kredit gewähren[18]. Um zu verhindern, daß bonitätsmäßig einwandfreie Kreditinstitute in Liquiditätsschwierigkeiten geraten, haben die Verbände der verschiedenen Institutsgruppen des deutschen Kreditwesens in Zusammenarbeit mit der Deutschen Bundesbank im Jahre 1974 die Liquiditäts-Konsortialbank GmbH (Liko-Bank) gegründet. Aufgabe dieser Bank ist es insbesondere, bonitätsmäßig einwandfreien Kreditinstituten, denen eine Kreditaufnahme am Geldmarkt nicht gelingt und die deshalb in Liquiditätsschwierigkeiten zu geraten drohen, Liquiditätshilfen zu gewähren[19]. Wird unterstellt, daß die Liko-Bank die ihr zugedachten Aufgaben zu erfüllen vermag, dann können wir unter Berücksichtigung der soeben beschriebenen „Geldmarktersatzfunktion“ festhalten, daß Kreditinstitute mit unzweifelhafter Bonität im Falle der normalen Liquiditätsbelastung die Möglichkeit besitzen, auf dem Wege einer Kreditaufnahme am Geldmarkt liquiditätsdispositionsbedingte Einzahlungen zu veranlassen[20].

Unter den Vermögensgegenständen, die ein Kreditinstitut veräußern kann, um liquiditätsdispositionsbedingte Einzahlungen zu veranlassen, stehen im Falle der normalen Liquiditätsbelastung die am (Banken-) Geldmarkt, die bei der Zentralbank oder auch — mit Einschränkungen — die am institutionalisierten und organisierten Kapitalmarkt, d. h. an der Börse veräußerbaren Vermögensgegenstände zur Debatte. Für diese Vermögensgegenstände ist charakteristisch, daß sie sich bei Bedarf kurzfristig und, mit Einschränkungen hinsichtlich der am Kapitalmarkt veräußerbaren Vermögensgegenstände[21], allenfalls mit vergleichsweise

---

[18] Vgl. hierzu *Fischer*, Otfrid, Liquiditäts-Konsortialbank, S. 2 f., mit empirischen Nachweisen.

[19] Vgl. *Fischer*, Otfrid, Liquiditäts-Konsortialbank, S. 3; *Krümmel*, Hans-Jacob, Bankpolitische Normen, S. 530 sowie *Samm*, Carl-Theodor, Novellierung, S. 311. Vgl. auch § 2 Abs. 1 des Gesellschaftsvertrags der Liquiditäts-Konsortialbank GmbH.

[20] Eine Kreditaufnahme am Geldmarkt ist prinzipiell nur dann ausgeschlossen, wenn alle Kreditinstitute sich in einer Situation der normalen Liquiditätsbelastung befinden. Eine solche Situation kann insbesondere an den Ultimo-Terminen und den sonstigen sog. „schweren Terminen“ der Liquiditätsdisposition von Kreditinstituten eintreten. Vgl. hierzu auch *Schneider*, Erich, Wirtschaftstheorie, S. 34.

[21] Vgl. hierzu *Schrom*, Fritz, Liquidität, S. 69 f. und *Stützer*, Rudolf, Wertpapieranlage, S. 112.

geringen Veräußerungsverlusten[22] gegen Zentralbankgeld eintauschen lassen[23]. Wir bezeichnen sie in Anlehnung an *Stützel* im folgenden auch als „aktuelle Liquidität"[24].

Bei den am Geldmarkt veräußerbaren Vermögensgegenständen handelt es sich, worauf wir bereits hingewiesen haben, üblicherweise nur um Privatdiskonten, die die beteiligten Kreditinstitute unter Einschaltung der Privatdiskont AG an- bzw. verkaufen. Zu den bei der Zentralbank veräußerbaren sog. „zentralbankfähigen" Vermögensgegenständen rechnen neben den Geldmarktpapieren (einschl. Privatdiskonten) — mit Einschränkungen — noch die rediskontfähigen Wechsel[25]. Als rediskontfähig werden diejenigen Wechsel einer Bank bezeichnet, zu deren Ankauf sich die Deutsche Bundesbank unter Berechnung eines Abschlags (Diskonts) und unter Anrechnung auf das Rediskontkontingent, d. h. auf den von der Bundesbank (maximal) eingeräumten Umfang der Wechseleinreichung, verpflichtet hat[26]. Aus dem zuletzt Gesagten folgt aber, daß rediskontfähige Wechsel nur insoweit zur aktuellen Liquidität gezählt werden können, als das Rediskontkontingent der jeweiligen Bank noch offen ist. Zu den am Kapitalmarkt veräußerbaren Vermögensgegenständen rechnen schließlich die an der Börse gehandelten Gläubigerpapiere und Teilhaberpapiere[27], letztere allerdings mit der Einschränkung, daß es sich bei ihnen um keine Beteiligungen handelt, die für die Geschäftstätigkeit einer Bank unverzichtbar erscheinen, d. h. die „... der Ergänzung des Leistungssortiments oder der

---

[22] Wir kommen auf die Verluste, die bei einer Veräußerung von Vermögensgegenständen möglicherweise hinzunehmen sind, im Kapitel D noch ausführlich zu sprechen.

[23] Vgl. *Krümmel*, Hans-Jacob, Liquiditätssicherung I, S. 254 und *Krümmel*, Hans-Jacob, Liquidität, S. 48.

[24] Vgl. *Stützel*, Wolfgang, Liquidität, S. 626. Am Rande sei hier allerdings darauf hingewiesen, daß Stützel mit dem Ausdruck „aktuelle Liquidität" nicht nur bestimmte Vermögensgegenstände bezeichnet. Vielmehr benutzt er diesen Ausdruck auch zur Bezeichnung der Eigenschaft bestimmter Wirtschaftssubjekte, über eben solche Vermögensgegenstände zu verfügen. Des weiteren rechnet Stützel zur aktuellen Liquidität auch die Zahlungsmittelbestände eines Wirtschaftssubjekts, die wir in dieser Arbeit jedoch vernachlässigen.

[25] Um Überschneidungen auszuschließen, unterstellen wir, daß die hier ins Auge gefaßten Wechsel nicht gleichzeitig auch die Geldmarktfähigkeit besitzen. Wechsel mit Geldmarktfähigkeit werden hier ausschließlich zu den Geldmarktpapieren gerechnet.

[26] Vgl. zum Wechseldiskontkredit bei der Zentralbank *Jarchow*, Hans-Joachim, Theorie, S. 117 ff., insbes. S. 124 ff.

Die Rediskontfähigkeit können Wechsel in jedem Falle nur dann erlangen, wenn sie den in § 19 Abs. 1 Nr. 1 BBankG enumerierten qualitativen Mindestanforderungen entsprechen.

[27] Zu den an der Börse gehandelten Gläubigerpapieren und Teilhaberpapieren vgl. z. B. *Deppe*, Hans-Dieter, Grundlagen, S. 195 ff.

Festigung und langfristigen Sicherung der Geschäftsbeziehungen mit Bankkunden ..." dienen[28].

Welche der soeben vorgestellten Möglichkeiten zur Beschaffung von Zentralbankgeld (einschließlich einer Kreditaufnahme am Geldmarkt) eine Bank im Falle der normalen Liquiditätsbelastung letzten Endes wählt, hängt von einer Vielzahl zum Teil nicht quantifizierbarer Faktoren ab. Genannt seien hier die Höhe der jeweiligen Geldbeschaffungskosten, die mit einer bestimmten Form der Geldbeschaffung möglicherweise einhergehende Beeinträchtigung des standing des Instituts[29], die Höhe und der Ausnutzungsgrad der Rediskontkontingente sowie die Erwartungen des Instituts hinsichtlich der Entwicklung der Zentralbankpolitik[30].

Die sonstigen Vermögensgegenstände stehen im Falle der normalen Liquiditätsbelastung für Veräußerungszwecke grundsätzlich nicht zur Debatte, rechnen also nicht zur aktuellen Liquidität[31]. Sie werden in der Regel nicht auf institutionalisierten (und organisierten) Märkten gehandelt und sind deshalb nur schwer, d. h. mit vergleichsweise hohen Verlusten oder auch vergleichsweise großem Zeitbedarf veräußerbar[32]. Die meisten der in Frage kommenden Vermögensgegenstände sind jedoch im Falle der normalen Liquiditätsbelastung für Veräußerungszwecke auch schon deshalb ungeeignet, weil sie für die laufende Geschäftstätigkeit einer Bank unverzichtbar erscheinen. Letzteres gilt insbesondere für die Debitoren[33] und die der Kapazitätsvorhaltung, d. h. der Erstellung der Bankleistungen dienenden Vermögensgegenstände[34]. Schließlich ist im vorliegenden Zusammenhang noch in Rechnung zu

---

[28] *Mülhaupt,* Ludwig, § 12 KWG, S. 1090.

[29] Nach Krümmel verschlechtern beispielsweise Kreditinstitute, die mehrfach nur vergleichsweise geringe (Bagatell-)Beiträge auf dem Geldmarkt nachfragen, ihr standing als Kreditnehmer auf diesem Markt. Vgl. *Krümmel,* Hans-Jacob, Liquiditätssicherung II, S. 65.

[30] Vgl. hierzu *Krümmel,* Hans-Jacob, Liquiditätssicherung II, S. 64 f., S. 93 ff. u. S. 101 und *Mülhaupt,* Ludwig, Einführung, S. 220.

[31] Vgl. zum folgenden auch *Krümmel,* Hans-Jacob, Liquidität, S. 53.

[32] Vgl. hierzu auch *Krümmel,* Hans-Jacob, Liquiditätssicherung I, S. 255.

[33] Ein Kreditinstitut, das Debitoren veräußern würde, liefe Gefahr, sein standing als Gläubiger bei seinen (derzeitigen und potentiellen) Kreditnehmern zu verlieren. Vgl. *Hintner,* Otto, Liquiditätsproblem, S. 411.

[34] Vgl. zum Charakter dieser Vermögensgegenstände *Mülhaupt,* Ludwig, § 12 KWG, S. 1090.

Am Rande sei hier noch darauf hingewiesen, daß die der Kapazitätsvorhaltung dienenden Vermögensgegenstände nicht in jedem Falle mit den „dauernden Anlagen" i. S. v. § 12 KWG übereinstimmen zu brauchen. Nicht alle „dauernden Anlagen", wie z. B. die Schiffe, dienen der Kapazitätsvorhaltung einer Bank. Und nicht alle der Kapazitätsvorhaltung dienenden Vermögensgegenstände, wie insbesondere die Betriebs- und Geschäftsausstattung, rechnen nach dem Gesetzestext zu den „dauernden Anlagen".

stellen, daß sich eine Veräußerung der betreffenden Vermögensgegenstände möglicherweise nicht geheim halten läßt. Wenn aber eine Bank sich nicht (ausschließlich) der für den Fall der normalen Liquiditätsbelastung üblichen Geldbeschaffungsmöglichkeiten bedient, kann ihr standing in den Augen ihrer Gläubiger Schaden nehmen, so daß sich möglicherweise aus der anfangs normalen eine abnormale Liquiditätsbelastung entwickelt.

### 3. Inhaltliche Beschreibung des (abnormalen) Maximalbelastungsfalles A

#### *a) Liquiditätsdispositionsunabhängige Zahlungen*

##### aa) Liquiditätsdispositionsunabhängige Auszahlungen

Der (abnormale) Maximalbelastungsfall A[35] soll zum einen dadurch gekennzeichnet sein, daß nur eine oder einige wenige Banken des Bankensystems einer Volkswirtschaft einem run ausgesetzt sind[36]. Zum anderen sollen die betroffenen Banken sich gegenüber den Auszahlungswünschen ihrer Einleger auf die vereinbarten Fristen der Kapitalüberlassung berufen, d. h. Auszahlungen nur insoweit leisten, als hierzu eine vertraglich „zwingend fällige" Verpflichtung besteht. Das unterstellte Auszahlungsverhalten hat nun allerdings zur Folge, daß die dem run ausgesetzten Banken mit vergleichsweise großer Wahrscheinlichkeit faktisch liquidiert werden. Letzteres ist deshalb der Fall, weil die Gläubiger dieser Banken, deren Begehren nach vorfälliger Auszahlung ja nicht stattgegeben wird, kaum davon ablassen werden, eine Begleichung ihrer Guthaben wenigstens bei Fälligkeit zu verlangen[37].

---

[35] Wir bezeichnen den betreffenden Belastungsfall deshalb als „*Maximalbelastungs*fall (A)", weil er von Stützel in der von ihm entwickelten sog. „*Maximalbelastungs*rechnung" zugrunde gelegt wird. Vgl. hierzu wie auch im folgenden *Stützel,* Wolfgang, Goldene Bankregel, S. 43. Vgl. auch *Fischer,* Otfrid, Geschäftspolitischer Bereich, S. 230.

Am Rande sei hier darauf hingewiesen, daß der Maximalbelastungsfall A auch der sog. „Goldenen Bankregel" zugrunde liegt. Vgl. hierzu *Stützel,* Wolfgang, Goldene Bankregel, S. 37.

[36] Auf Abgrenzungsfragen hinsichtlich der Anzahl der einen run ausgesetzten Banken siehe unter B.III.5.b).

[37] Vgl. hierzu insbesondere auch *Stucken,* Rudolf, Kreditpolitik, S. 84, mit empirischen Nachweisen.

Nach Auffassung Mülhaupts ist die Maximalbelastungsrechnung Stützels insofern widersprüchlich, als Stützel auf der einen Seite von einem run ausgehe, für den der Abruf auch noch nicht fälliger Einlagen geradezu typisch sei, er andererseits jedoch auch unterstelle, die Einleger würden sich an die formalen Fristen halten. Vgl. *Mülhaupt,* Ludwig, Einführung, S. 216. Die Kritik Mülhaupts trifft u. E. streng genommen zwar zu, sie läßt sich jedoch durch die Unterstellung entkräften, daß sich die betreffenden Banken zu einer vorfälligen Auszahlung nicht bereitfinden.

Auszahlungen aufgrund von Kreditzusagen sollen im Maximalbelastungsfall A keine vorgenommen werden. Letzteres ist — das sei hier in einem Vorgriff auf den vierten Abschnitt des vorliegenden Kapitels angemerkt — dadurch gerechtfertigt, daß Auszahlungen aufgrund von Kreditzusagen nicht zu den durch die aufsichtsrechtlichen Eigenkapitalanforderungen zu schützenden wirtschaftlichen Tatbeständen rechnen.

### bb) Liquiditätsdispositionsunabhängige Einzahlungen

Es ist evident, daß die einem run ausgesetzten Banken keine liquiditätsdispositionsunabhängigen Einzahlungen durch Einlagen bisheriger und neuer Einleger erhalten[38]. Einer eingehenderen Erörterung bedarf demgegenüber die Frage, ob und, falls ja, in welchem Umfang den Banken bei Vorliegen des Maximalbelastungsfalles A Tilgungseinzahlungen zufließen. Nach unserer Auffassung bestehen, was die freiwilligen Tilgungseinzahlungen anlangt, keine grundlegenden Unterschiede zwischen dem Maximalbelastungsfall A und dem Fall der normalen Liquiditätsbelastung. Insbesondere vermögen wir die Auffassung *Stützels* nicht einzusehen[39], nach der Tilgungseinzahlungen gerade dann in vergleichsweise großem Umfang ausbleiben, wenn eine Bank dem Maximalbelastungsfall (A) ausgesetzt ist[40]. Grundlegende Unterschiede gegenüber der Situation der normalen Liquiditätsbelastung können sich hier jedoch hinsichtlich der erzwungenen Tilgungseinzahlungen ergeben. Geht man nämlich davon aus, daß im Maximalbelastungsfall A die betroffenen Kreditinstitute (aller Wahrscheinlichkeit nach) faktisch liquidiert werden, dann besteht für diese Institute kein Grund mehr, ausstehende fällige Tilgungseinzahlungen nicht auf dem Wege der Inanspruchnahme von Kreditsicherheiten oder auch der Zwangsvollstreckung in das sonstige Vermögen des Schuldners zu veranlassen[41]. Gemessen am Umfang der gesamten Tilgungseinzahlungen werden die erzwungenen Tilgungseinzahlungen im Maximalbelastungsfall A somit einen im Vergleich zum Normalbelastungsfall hohen Anteil annehmen.

### *b) Liquiditätsdispositionsbedingte Einzahlungen*

Es bedarf keiner weiteren Begründung, daß ein Kreditinstitut, das einem run ausgesetzt ist, mangels hinreichender Bonität keine Kredite

[38] Vgl. hierzu auch *Hoffmann*, Horst, Dispositionsregeln, S. 201 f. und *Krümmel*, Hans-Jacob, Liquiditätssicherung I, S. 302 f.

[39] Vgl. hierzu auch *Czech*, Dieter Klaus, Fristentransformation, S. 158 f.

[40] Vgl. *Stützel*, Wolfgang, Goldene Bankregel, S. 42 f.

[41] Es mag zweifelhaft erscheinen, ob die erzwungenen Tilgungseinzahlungen hier nicht eher zu den liquiditätsdispositionsbedingten Einzahlungen zu rechnen sind. Wir haben jedoch von einer solchen Zuordnung abgesehen, um beide Arten von Tilgungseinzahlungen im Zusammenhang abhandeln zu können.

am Geldmarkt aufnehmen kann[42]. Dagegen stehen im Maximalbelastungsfall A — unterstellt man, daß das betreffende Kreditinstitut faktisch liquidiert wird, — sämtliche Vermögensgegenstände zur Verfügung, um durch ihre Veräußerung liquiditätsdispositionsbedingte Einzahlungen zu veranlassen. Eine Veräußerung entfällt naturgemäß jedoch bei solchen Vermögensgegenständen, die sich im Verlaufe der Liquidation des Kreditinstituts selbst liquidisieren.

### 4. Inhaltliche Beschreibung des (abnormalen) Maximalbelastungsfalles B

#### *a) Liquiditätsdispositionsunabhängige Zahlungen*

##### aa) Liquiditätsdispositionsunabhängige Auszahlungen

Will ein Kreditinstitut vermeiden, im Verlaufe eines run (faktisch) liquidiert zu werden, dann wird es sich — wie gesagt — i. d. R. nicht damit begnügen können, seine Gläubiger erst bei Fälligkeit zu befriedigen. Das Kreditinstitut muß vielmehr versuchen, durch bedingungslose Auszahlung auch noch nicht fälliger Guthaben seine Gläubiger „... zu beruhigen, wenigstens teilweise zum Verzicht auf Auszahlungen zu bewegen, und so den run zu überstehen“[43], es muß versuchen, „... den run in Geld zu ersticken“[44]. „Formal (noch) nicht fällige Verbindlichkeiten werden unter diesen Voraussetzungen ‚zwingend fällig‘“[45]. Aus demselben Grunde, also dem, einen run (zu überstehen bzw.) abzuwehren, kann sich die Bank auch nicht gegen Auszahlungen aufgrund zugesagter, bislang jedoch noch nicht beanspruchter Kredite sperren[46]. Im Falle eines run muß sogar in Rechnung gestellt werden, daß die (potentiellen) Schuldner sich der ihnen gegebenen Zahlungsversprechen nicht mehr sicher fühlen und deshalb die ihnen zugesagten Kredite in (annähernd) voller Höhe abzurufen wünschen[47].

---

[42] Vgl. hierzu auch *Hoffmann,* Horst, Dispositionsregeln, S. 252 und *Krümmel,* Hans-Jacob, Liquiditätssicherung I, S. 280.

[43] *Krümmel,* Hans-Jacob, Kreditrisiko, S. 186.

[44] *Krümmel,* Hans-Jacob, Kreditrisiko, S. 186. Vgl. im vorliegenden Zusammenhang auch *Krümmel,* Hans-Jacob, Liquiditätssicherung I, S. 258 u. S. 280 und *Stucken,* Rudolf, Kreditpolitik, S. 84.

[45] *Häberle,* Siegfried Georg, Risiko, S. 95.

[46] Vgl. *Krümmel,* Hans-Jacob, Liquiditätssicherung I, S. 266.

[47] Vgl. *Hoffmann,* Horst, Dispositionsregeln, S. 195 f.
Allerdings kann im vorliegenden Zusammenhang nicht ausgeschlossen werden, daß bestimmte Schuldner, zu denen die Bank in engerem Kontakt steht und die auch Kreditzusagen anderer Institute mit unbezweifelter Bonität besitzen, auf die Bank Rücksicht nehmen und auf eine Inanspruchnahme der ihnen zugesagten Kredite verzichten.

Ob es einer Bank gelingt, durch bedingungslose Auszahlungen an ihre Gläubiger und (potentiellen) Schuldner einen run abzuwehren, ist zweifelhaft. Offen bleiben hier vor allem die Fragen, ab wann die Bank einen solchen Versuch als gescheitert betrachten und auf den formalen Fälligkeiten beharren soll und ab wann bedingungslose Auszahlungen zu einer Begünstigung derjenigen Gläubiger führen, die die Zahlungen erhalten. Wir bezeichnen den in Rede stehenden Liquiditätsbelastungsfall im Anschluß an *Krümmel* ebenfalls als Maximalbelastungsfall[48], belegen ihn jedoch zum Zwecke der Unterscheidung gegenüber dem Maximalbelastungsfall A im folgenden mit dem Symbol „B".

### bb) Liquiditätsdispositionsunabhängige Einzahlungen

Es ist offenkundig, daß Kreditinstitute bei Vorliegen des (abnormalen) Maximalbelastungsfalles B — ebenso wie bei Vorliegen des Maximalbelastungsfalles A — keine liquiditätsdispositionsunabhängigen Einzahlungen durch Einlagen bisheriger und neuer Einleger erhalten. Unterschiede zwischen beiden Belastungsfällen sind jedoch hinsichtlich der Tilgungseinzahlungen zu machen. Während im Maximalbelastungsfall A, wie gesehen, durchaus mit (freiwilligen und erzwungenen) Tilgungseinzahlungen in nennenswertem Umfang zu rechnen ist, spielen solche Einzahlungen im Maximalbelastungsfall B, an der Höhe der zu leistenden Auszahlungen gemessen, in der Regel keine bedeutende Rolle. Soll der Versuch, den run abzuwehren, nicht von vornherein zur Erfolglosigkeit verurteilt sein, dann müssen die zu diesem Zweck zu leistenden Auszahlungen innerhalb einer sehr kurzen Zeitspanne erfolgen[49]. Bei der faktisch gegebenen Streuung der Tilgungszeitpunkte von Bankkrediten kann nun zwar der Eingang bedeutender Tilgungseinzahlungen während ebendieser Zeitspanne nicht ausgeschlossen, es kann jedoch auch nicht auf ihn gerechnet werden.

---

[48] Vgl. *Krümmel*, Hans-Jacob, Liquiditätssicherung I, S. 253 u. S. 280; *Krümmel*, Hans-Jacob, Bankpolitische Normen, S. 528 f.; *Krümmel*, Hans-Jacob, Kreditrisiko, S. 185; *Krümmel*, Hans-Jacob, Finanzpolitik, Sp. 1493 sowie *Krümmel*, Hans-Jacob, Liquidität, S. 51.

Am Rande sei hier darauf hingewiesen, daß Krümmel den betreffenden Belastungsfall als Maximalbelastungsfall im Sinne *Stützels*, den von Stützel selbst verwendeten Maximalbelastungsfall (A) hingegen als „Normalfall" bezeichnet. Vgl. zum letzteren *Krümmel*, Hans-Jacob, Liquiditätssicherung I, S. 267. Vgl. zur Abgrenzung der beiden Maximalbelastungsfälle auch *Kremkow*, Klaus-Dieter, Grundlagen, S. 260 ff., insbes. S. 265 ff.

[49] Aus diesem Grunde können die erzwungenen Tilgungseinzahlungen hier auch ohne weiteres zu den liquiditätsdispositionsunabhängigen Einzahlungen gerechnet werden. Der Zeitbedarf für ihre Veranlassung schließt eine Verwendung für liquiditätspolitische Zwecke im Maximalbelastungsfall B von vornherein aus.

*b) Liquiditätsdispositionsbedingte Einzahlungen*

Es liegt auf der Hand, daß ein Kreditinstitut bei Vorliegen des Maximalbelastungsfalles B mangels hinreichender Bonität keine Kredite am Geldmarkt aufnehmen kann. Eine Veräußerung solcher Vermögensgegenstände, die für die laufende Geschäftstätigkeit einer Bank unverzichtbar erscheinen, ist in diesem Belastungsfall so lange tabu, als die Bank glaubt, den run durch bedingungslose Auszahlungen, die allein auf ihrer aktuellen Liquidität beruhen, zum Stillstand bringen und danach ihre (laufende) Geschäftstätigkeit fortsetzen zu können. Gelingt dieses Unterfangen nicht, dann muß die Bank versuchen, weitere Auszahlungen zu leisten. Sie muß dann aber auf solche Vermögensgegenstände zurückgreifen, die für ihre (laufende) Geschäftstätigkeit unter normalen Bedingungen unverzichtbar erscheinen[50]. Gelingt es auch daraufhin nicht, den run (rasch) zum Stillstand zu bringen[51], dann wird die Bank schließlich doch liquidiert[52], freilich unter Bedingungen, die (wesentlich) schlechter als jene im Maximalbelastungsfall A sind.

### 5. Inhaltliche Beschreibung des (abnormalen) Maximalbelastungsfalles des generellen run

*a) Liquiditätsdispositionsunabhängige Zahlungen*

aa) Liquiditätsdispositionsunabhängige Auszahlungen

Für den (abnormalen) Maximalbelastungsfall des generellen run ist charakteristisch, daß, im Gegensatz zu den Maximalbelastungsfällen A und B, alle oder doch zumindest nahezu alle Banken des Bankensystems einer Volkswirtschaft einem run ausgesetzt sind. Über das Auszahlungsverhalten der Kreditinstitute im Falle eines generellen run bedarf es hier nur einiger weniger Anmerkungen. Geht man davon aus, daß den Kreditinstituten nicht ohnehin durch ein staatlich verordnetes Moratorium Auszahlungen untersagt sind[53], dann ist nach unserer Auf-

[50] In diesem Fall muß insbesondere auch eine Veräußerung von Debitoren in Erwägung gezogen werden. Geht es für eine Bank nur noch darum, einen run mit allen Mitteln abzuwehren, dann kann sie keine Rücksicht mehr auf ihr standing als Gläubiger nehmen. Vgl. hierzu auch *Hoffmann,* Horst, Dispositionsregeln, S. 243 f.

[51] Wir kommen auf die Erfolgsaussichten, einen run durch vorfällige Auszahlungen abzuwehren, später noch zu sprechen. Vgl. unter B.IV.2.b).

[52] Im Grunde genommen liegt ab dann aber nicht mehr der Maximalbelastungsfall B vor.

[53] So reagierte z. B. die Reichsregierung auf den durch den Schalterschluß der sog. „Danat-Bank" am 13. Juli 1931 ausgelösten allgemeinen run zunächst mit zwei sog. „allgemeinen Bankfeiertagen" am 14. und 15. Juli, an denen den Kreditinstituten Auszahlungen generell untersagt waren, und sie ließ

fassung in diesem Falle von einem Auszahlungsverhalten wie im Maximalbelastungsfall B auszugehen, d. h. von einer Bereitschaft der Kreditinstitute zu vorfälligen Auszahlungen an ihre Einleger und (potentiellen) Schuldner. Die Kreditinstitute werden zu diesem Zweck in aller Regel jedoch auf eine weitreichende Unterstützung durch die Zentralbank angewiesen sein, die ihnen, neben den herkömmlichen Möglichkeiten zur Beschaffung von Zentralbankgeld bei der Notenbank, durch eine (Blanko-)Kreditgewährung oder auch durch Ankauf bzw. Beleihung von ansonsten nicht zentralbankfähigen Vermögensgegenständen das für die betreffenden Auszahlungen benötigte Zentralbankgeld zukommen lassen muß[54]. Ein Auszahlungsverhalten wie im Maximalbelastungsfall A, das mit großer Wahrscheinlichkeit zu einer Liquidation (nahezu) aller Banken des Bankensystems führen und damit auch das gesamte Wirtschaftssystem funktionsunfähig machen würde, halten wir dagegen für politisch unrealisierbar.

### bb) Liquiditätsdispositionsunabhängige Einzahlungen

Es ist offenkundig, daß Kreditinstitute im Falle des generellen run keine liquiditätsdispositionsunabhängigen Einzahlungen durch Einlagen bisheriger und neuer Einleger erhalten. Hinsichtlich der Tilgungseinzahlungen ist die Lage gegenüber dem Maximalbelastungsfall B sogar noch verschärft, da die Fähigkeit der (unternehmerischen) Kreditkunden, Tilgungseinzahlungen zu leisten, hier in starkem Maße beeinträchtigt sein wird. Im Falle eines generellen run haben (nahezu) alle Banken einen Bedarf an Zentralbankgeld, so daß es den (unternehmerischen) Kreditkunden in der Regel nicht möglich sein wird, sich das zum Zwecke der Tilgung erforderliche Zentralbankgeld auf dem Wege der Umschuldung bei anderen Kreditinstituten zu beschaffen. Aber auch an eine Umschuldung unter Zuhilfenahme des (institutionalisierten und organisierten) Kapitalmarktes ist hier, soweit die betreffenden Unternehmen überhaupt Zugang zu ihm haben, nicht zu denken. Letzteres ist schon deshalb der Fall, weil ein solches Vorhaben viel zu lange dauern würde. Es würde aber auch daran scheitern, daß in Zei-

---

auch danach, bis zum 6. August 1931, nur schrittweise Barauszahlungen und Überweisungen wieder zu. Vgl. *Born,* Karl Erich, Bankenkrise, S. 108 ff.; *Stucken,* Rudolf, Kreditpolitik, S. 85 sowie *Walb,* Ernst, Bankkrise, S. 5.

[54] Von diesen beiden Möglichkeiten hat die Zentralbank während der deutschen Bankenkrise aus dem Jahre 1931, die am 13. Juli 1931 in einem generellen run kulminierte, vor allem jedoch deswegen keinen Gebrauch gemacht, weil sie die von einer umfangreichen Ausdehnung des Zentralbankgeldes hervorgerufene Inflationsgefahr befürchtete. Vgl. *Walb,* Ernst, Bankkrise, S. 21.

Zu den möglichen Maßnahmen von Staat und Notenbank im Falle eines generellen run vgl. auch *Krümmel,* Hans-Jacob, Liquiditätssicherung I, S. 280 und *Stucken,* Rudolf, Liquidität, S. 135 f. u. S. 139 f.

ten, in denen ein genereller run auf die Kreditinstitute stattfindet, durch mangelndes Vertrauen der Anlegerschaft in aller Regel auch der Kapitalmarkt deroutiert sein wird[55]. Sofern ein genereller run während einer Zeit stattfindet, in der sich die gesamte Volkswirtschaft oder darüber hinaus sogar bedeutende Teile der Weltwirtschaft in einer tiefgreifenden Krise befinden[56], ist zwar denkbar, daß die Kreditnehmer durch krisenbedingte Schrumpfungen ihrer Geschäftstätigkeit[57] in die Lage versetzt werden, ihre Kredite geringfügig zu tilgen[58]. Zusammenfassend können wir jedoch festhalten, daß Tilgungseinzahlungen im Falle eines generellen run kaum eine Rolle spielen.

### *b) Liquiditätsdispositionsbedingte Einzahlungen*

Eine Kreditaufnahme auf dem Geldmarkt kommt im Falle des generellen run, abgesehen von der mangelnden Bonität der betroffenen Kreditinstitute, schon deshalb nicht in Betracht, weil in einem solchen Falle (fast) alle Kreditinstitute (potentielle) Nachfrager nach Kredit sind. Daraus folgt aber auch, daß Kreditinstitute im Falle des generellen run (fast) keine Möglichkeit besitzen, Vermögensgegenstände an andere Kreditinstitute zu veräußern[59]. Berücksichtigt man nun zusätzlich, daß von den banktypischen Vermögensgegenständen im wesentlichen nur börsengängige Wertpapiere für eine Veräußerung an Nichtbanken in Frage kommen[60] und daß gleichzeitig mit dem generellen run in aller Regel auch der Kapitalmarkt deroutiert sein wird, dann können wir festhalten, daß im Falle des generellen run nur solche Vermögensgegenstände gegen Zentralbankgeld veräußert werden können, zu deren Ankauf die Zentralbank verpflichtet oder doch zumindest bereit ist[61]. Dagegen wandern in den beiden zuvor beschriebenen Maximalbelastungsfällen A und B die von den betroffenen Banken abgerufenen Einlagen zum überwiegenden Teil zu anderen Banken, deren Bonität

---

[55] Letzteres ist auch durch die Wirtschaftsgeschichte hinlänglich belegt. Vgl. *Hintner*, Otto, Liquiditätsproblem, S. 415; *Stucken*, Rudolf, Liquidität, S. 126 sowie *Walb*, Ernst, Bankkrise, S. 5.

[56] Die deutsche Bankenkrise aus dem Jahre 1931 stand z. B. in ursächlichem Zusammenhang mit der Weltwirtschaftskrise jener Zeit. Vgl. *Born*, Karl Erich, Bankenkrise, S. 31 ff.; *Stucken*, Rudolf, Kreditpolitik, S. 77 ff. sowie *Walb*, Ernst, Bankkrise, S. 8 ff.

[57] Es sei hier allerdings darauf hingewiesen, daß gerade in Krisenzeiten die Läger und Debitoren der Unternehmungen u. U. stark anwachsen.

[58] Vgl. *Stucken*, Rudolf, Liquidität, S. 81 f. u. S. 131.

[59] Vgl. *Hintner*, Otto, Liquiditätsproblem, S. 415; *Krümmel*, Hans-Jacob, Liquiditätssicherung I, S. 280 sowie *Stützel*, Wolfgang, Goldene Bankregel, S. 50 f.

[60] Vgl. hierzu auch *Müller*, Werner A., Bankenaufsicht, S. 76.

[61] Vgl. *Czech*, Dieter Klaus, Fristentransformation, S. 162 und *Stützer*, Rudolf, Wertpapieranlage, S. 59 f.

nicht in Zweifel steht[62]. Letztere werden durch den Einlagenzugang in die Lage versetzt, eine Nachfrage (auch) nach jenen Vermögensgegenständen zu entfalten, die nicht an die Zentralbank veräußert werden können[63].

## IV. Darlegung und Diskussion der Vorstellungen Krümmels über den relevanten Belastungsfall bei verschiedenen Einlegerschutzsystemen

### 1. Darlegung der Vorstellungen Krümmels

#### *a) Unterscheidung indirekter und direkter Einlegerschutzsysteme*

*Krümmel,* dessen Vorstellungen über den bei der Formulierung der aufsichtsrechtlichen Eigenkapitalanforderungen zu berücksichtigenden Belastungsfall wir unseren folgenden Erörterungen zugrunde legen wollen, unterscheidet zwei Vorkehrungen, um die Gläubiger von Kreditinstituten vor Vermögensverlusten zu schützen, das indirekte und das direkte Einlegerschutzsystem[1]. Das indirekte Einlegerschutzsystem bestehe aus einer Vielzahl von Vorschriften, deren Ziel es sei, die Solvenz der Kreditinstitute zu sichern[2]. Ihre Einhaltung werde den einzelnen Kreditinstituten von der Bankenaufsicht vorgeschrieben. Krümmel bezeichnet sie als „Solvenzsicherungsregeln"[3], „Wohlverhaltensregeln"[4] oder auch als „risikopolitische Regeln"[5]. Er nennt als wesentliche Solvenzsicherungsregeln Zulassungsvorschriften, Risikodeckungsvorschrif-

---

[62] Für die Herleitung des relevanten Belastungsfalles reicht es hin, hier (wie auch ansonsten) von einer geschlossenen Volkswirtschaft auszugehen. Dementsprechend brauchen wir keinen Geldabfluß ins Ausland zu berücksichtigen.

[63] Vgl. *Czech,* Dieter Klaus, Fristentransformation, S. 161 f. und *Hoffmann,* Horst, Dispositionsregeln, S. 220 ff.

Es geht uns im vorliegenden Zusammenhang wohlgemerkt nur um die für eine Nachfrageentfaltung notwendige Voraussetzung. Auf die Frage, ob die Banken, zu denen die Einlagen wandern, die betreffenden Vermögensgegenstände auch tatsächlich nachfragen und insbesondere bei welchem Preis sie hierzu bereit sind, werden wir im Kapitel D zurückkommen.

[1] Vgl. *Krümmel,* Hans-Jacob, Kreditrisiko, S. 183. Krümmel beschränkt sich im vorliegenden Zusammenhang — wie auch wir im folgenden — von vornherein auf solche Einlegerschutzvorkehrungen, die in der Bundesrepublik Deutschland praktische Bedeutung besitzen. Andere Möglichkeiten des Einlegerschutzes, wie z. B. die in den Vereinigten Staaten praktizierte Einlagenversicherung, läßt er außer Betracht.

[2] Krümmel bezeichnet das indirekte Einlegerschutzsystem nach dem ihm beigemessenen Zweck auch als „Solvenzsicherungs-System" (*Krümmel,* Hans-Jacob, Kreditrisiko, S. 187).

[3] *Krümmel,* Hans-Jacob, Kreditrisiko, S. 184.

[4] *Krümmel,* Hans-Jacob, Bankpolitische Normen, S. 529.

[5] *Krümmel,* Hans-Jacob, Bankpolitische Normen, S. 529.

ten, Vorschriften über die Liquiditätshaltung, Vorschriften für den Fall solvenzgefährdender Entwicklungen im Kreditgewerbe, Vorschriften über die Bonitätsprüfung bestimmter Kreditnehmer sowie Vorschriften über eine eventuelle Zinsbindung[6]. Unter den Solvenzsicherungsregeln interessieren uns im weiteren Verlauf der Untersuchung themengemäß ausschließlich die aufsichtsrechtlichen Eigenkapitalanforderungen. In der Aufzählung Krümmels wird mit den „Risikodeckungsvorschriften" allerdings nur auf die quantitativen Eigenkapitalanforderungen ausdrücklich hingewiesen.

Für das direkte Einlegerschutzsystem ist nach der Abgrenzung Krümmels das Vorhandensein sog. „kollektiver Einlagensicherungssysteme" konstitutiv[7]. Im deutschen Kreditwesen bestehen solche Sicherungssysteme im Einlagensicherungsfonds des privaten Bankgewerbes, in den Sicherungsfonds der Sparkassenorganisation und in den Sicherungseinrichtungen (Garantiefonds und Garantieverbund) der Kreditgenossenschaften[8]. Nach Krümmel betreibt „das direkte Einlegerschutzsystem ... keine unmittelbare Solvenzsicherung, leistet dagegen unmittelbar Zahlungen an jene Einleger, die von ihrer Bank Befriedigung nicht erlangen können"[9].

### b) *Der relevante Belastungsfall im indirekten Einlegerschutzsystem*

Nach *Krümmel* soll das indirekte Einlegerschutzsystem „... die Solvenz jeder einzelnen Bank unmittelbar sichern, so daß der einlegerschädigende run-Fall erst gar nicht auftritt, oder daß der run-Fall — tritt er wider Erwarten auf — überstanden werden kann"[10]. Das Ziel, die Solvenz bzw., was hier auf dasselbe hinausläuft, die Existenz der Kreditinstitute zu sichern, konkretisiert sich somit in den beiden Zielen

---

[6] Vgl. *Krümmel,* Hans-Jacob, Kreditrisiko, S. 184.

[7] Vgl. *Krümmel,* Hans-Jacob, Kreditrisiko, S. 183. Allerdings verweist Krümmel an anderer Stelle darauf, daß auch das Vorhandensein eines sog. „Überlaufsystems des gesamten Kreditgewerbes" anstelle der kollektiven Einlagensicherungssysteme an seinen Folgerungen nichts ändere. Vgl. *Krümmel,* Hans-Jacob, Bankpolitische Normen, S. 529. Krümmel meint mit dem „Überlaufsystem" vermutlich einen Einlagensicherungsfonds, dem sämtliche Kreditinstitute angeschlossen sein müssen, die (gesicherte) Einlagen entgegennehmen. Ein solcher Fonds wurde z. B. im sog. „Wettbewerbsbericht" der Bundesregierung aus dem Jahre 1968 angeregt. Vgl. S. 143 f. des Berichts.

[8] Vgl. zu diesen Sicherungssystemen die Schriften von Fritz *Nicklisch* (Rechtsfragen) und Dirk *Schmidt* (Einlagensicherung) sowie die dort angegebene Literatur.

[9] *Krümmel,* Hans-Jacob, Kreditrisiko, S. 183. Vgl. im vorliegenden Zusammenhang auch *Krümmel,* Hans-Jacob, Kreditrisiko, S. 187.

Um Mißverständnisse zu vermeiden, sei bereits hier darauf hingewiesen, daß die Abgrenzung Krümmels nicht für alle der genannten Sicherungssysteme gilt. Vgl. im einzelnen unter B.IV.2.a).

[10] *Krümmel,* Hans-Jacob, Kreditrisiko, S. 183.

der run-Vermeidung, als vorrangig anzustrebendem Ziel, und der run-Abwehr[11].

Mit der Abwehr eines run ist, wie wir im vorhergehenden Abschnitt gesehen haben, der Maximalbelastungsfall B identisch. Krümmel vertritt nun aber die Ansicht, daß dieser Belastungsfall auch im Hinblick auf das Ziel der run-Vermeidung als relevant anzusehen sei. Um einen run zu vermeiden, müsse die Bankenaufsicht von den Kreditinstituten „... ein geschäftspolitisches Verhalten verlangen ..., bei dem es jeder Bank *jederzeit* möglich (ist; J. B.), *alle* Verbindlichkeiten aus der Liquidation ihrer Aktiven zu befriedigen“[12]. Allerdings reiche diese Bedingung allein noch nicht hin. Hinzukommen müsse, daß diese Fähigkeit eines Kreditinstituts, also seine Einleger jederzeit befriedigen zu können, „... dem Einlegerpublikum im voraus so zwingend dargetan (wird; J. B.), daß es auch bei Nachrichten über eingetretene Kreditverluste von der fortdauernden Bonität seiner Bank überzeugt (bleibt; J. B.)“[13].

Krümmel ist insbesondere hinsichtlich der zuletzt genannten Bedingung skeptisch: Es sei zweifelhaft, ob sich die Einleger durch die Publikation plausibler Vorschriften, die die Solvenz im run-Fall sichern sollen, und des öffentlichen Nachweises ihrer Einhaltung durch die Kreditinstitute bei Nachrichten oder Gerüchten über bedeutende Vermögensverluste ihrer Bank von einem run abhalten ließen. Hierin läge letzten Endes die grundlegende Schwäche des indirekten Einlegerschutzsystems[14].

### c) *Der relevante Belastungsfall im direkten Einlegerschutzsystem*

Für den relevanten Belastungsfall ergeben sich nach Auffassung *Krümmels* im direkten Einlegerschutzsystem dann grundlegende Unterschiede gegenüber dem indirekten Einlegerschutzsystem, wenn die

[11] Vgl. hierzu auch *Krümmel,* Hans-Jacob, Bankpolitik, S. 14; *Krümmel,* Hans-Jacob, Liquiditätssicherung I, S. 279 f. sowie *Krümmel,* Hans-Jacob, Bankpolitische Normen, S. 528. Allerdings hebt Krümmel an den beiden zuletzt angegebenen Orten (expressis verbis) nur auf das Ziel der run-Vermeidung ab.

[12] *Krümmel,* Hans-Jacob, Bankpolitische Normen, S. 528 (Hervorhebung vom Verfasser). Vgl. hierzu auch *Krümmel,* Hans-Jacob, Kreditrisiko, S. 194.

[13] *Krümmel,* Hans-Jacob, Bankpolitische Normen, S. 528. An anderer Stelle spricht Krümmel davon, man müsse, um einen run zu vermeiden, dem Einlegerpublikum im „... voraus ... demonstrieren, daß man den run-Fall überstehen würde“ (*Krümmel,* Hans-Jacob, Kreditrisiko, S. 186 f.). Vgl. im vorliegenden Zusammenhang auch *Krümmel,* Hans-Jacob, Liquiditätssicherung II, S. 61 und *Krümmel,* Hans-Jacob, Bankpolitik, S. 15.

[14] Vgl. *Krümmel,* Hans-Jacob, Liquiditätssicherung I, S. 257 f.; *Krümmel,* Hans-Jacob, Bankpolitische Normen, S. 528 f.; *Krümmel,* Hans-Jacob, Kreditrisiko, S. 186 f. sowie *Krümmel,* Hans-Jacob, Bankpolitik, S. 16.

Einleger die Leistungsfähigkeit der für dieses System konstitutiven Einlagensicherungsfonds nicht in Zweifel ziehen und deshalb die Sicherheit ihrer Einlagen als von der Bonität ihrer Bank unabhängig ansehen. Hier sei nun nicht mehr der Maximalbelastungsfall B der relevante Belastungsfall. Nunmehr reiche es hin, bei der Formulierung der aufsichtsrechtlichen Eigenkapitalanforderungen den planmäßigen, nicht durch einen run gekennzeichneten Geschäftsablauf als Grundlage zu wählen. Die aufsichtsrechtlichen Solvenzsicherungsregeln hätten mithin auf die Vermögensverlustrisiken bzw. erwarteten Vermögensverluste aus dem planmäßigen bzw. laufenden Geschäft der Kreditinstitute abzustellen[15].

Nun können Vermögensverluste aus dem laufenden Geschäft zwar mit einer Liquiditätsbelastung einhergehen — sie können sowohl Ursache als auch Folge einer solchen Belastung sein —, sie müssen es jedoch nicht notwendigerweise. Sofern aber solche Vermögensverluste gemeinsam mit einer Liquiditätsbelastung auftreten, kann es sich bei dem betreffenden Belastungsfall definitionsgemäß nur um den Normalbelastungsfall handeln. Es erscheint deshalb gerechtfertigt, davon auszugehen, daß Krümmel im direkten Einlegerschutzsystem den Normalbelastungsfall als relevanten Liquiditätsbelastungsfall ansieht.

### 2. Diskussion der Vorstellungen Krümmels

#### *a) Unterscheidung indirekter und direkter Einlegerschutzsysteme*

Wie wir gesehen haben, ist nach *Krümmel* für das direkte Einlegerschutzsystem das Vorhandensein solcher (kollektiver) Einlagensicherungssysteme konstitutiv, die zwar nicht die Solvenz bzw. Existenz der ihnen angeschlossenen Kreditinstitute sichern, jedoch Zahlungen an jene Einleger leisten, die im Falle der Insolvenz ihrer Bank keine (vollständige) Befriedigung ihrer Forderungen erlangen konnten. Dem direkten Einlegerschutzsystem im Sinne Krümmels entspricht nun aber, mit Einschränkungen, allein der im privaten Bankgewerbe errichtete Einlagensicherungsfonds. Zwar besteht nach § 2 Abs. 2 des Statuts dieses Fonds auch die Möglichkeit, durch „Leistungen an Banken" und „Übernahme von Garantien" die Existenz angeschlossener Kreditinstitute zu sichern. Primäres Ziel des Fonds ist es jedoch, zum Ausgleich von Insolvenzschäden der Höhe nach begrenzte Zahlungen an bestimmte Gruppen von Gläubigern in Konkurs gegangener Kreditinstitute zu leisten[16]. Dagegen ist es das Ziel der Einlagensicherungssysteme im

[15] Vgl. *Krümmel*, Hans-Jacob, Bankpolitische Normen, S. 529 u. S. 531 und *Krümmel*, Hans-Jacob, Kreditrisiko, S. 187 u. S. 189 f.

[16] Vgl. hierzu die §§ 2 u. 6 des Statuts des Einlagensicherungsfonds des Bundesverbandes deutscher Banken e. V. vom Mai 1976. Vgl. im vorliegenden

Sparkassensektor und im Genossenschaftssektor, die Existenz der ihnen angeschlossenen Kreditinstitute zu sichern[17]. Zahlungen an Gläubiger insolventer Banken werden von diesen Sicherungseinrichtungen somit nicht geleistet. Aufgrund dieser Zuordnungsschwierigkeiten bedarf es u. E. einer Modifizierung des Begriffs „direktes Einlagensicherungssystem“. Dies kann, wie wir im folgenden sehen werden, allerdings derart geschehen, daß der von Krümmel für dieses System als relevant angesehene Belastungsfall nicht notwendigerweise eine inhaltliche Änderung erfährt.

Es ist im vorliegenden Zusammenhang prinzipiell gleichgültig, ob die Einlagensicherungssysteme Zahlungen an Gläubiger insolventer Banken leisten oder ob sie sich die Sicherung der Existenz der ihnen angeschlossenen Kreditinstitute zum Ziel gesetzt haben und auf diese Weise die Bankgläubiger vor Vermögensverlusten schützen. Für den von Krümmel für das direkte Einlegerschutzsystem als relevant angesehenen Belastungsfall ist allein maßgebend, daß mit den Einlagensicherungssystemen, neben den Kreditinstituten selbst, weitere Wirtschaftssubjekte unzweifelhafter Bonität für die Sicherheit der Einlagen haften. Dagegen ist gleichgültig, in welcher Art und Weise sich diese Haftung konkretisiert.

Im deutschen Kreditwesen haften nun aber neben den kollektiven Einlagensicherungsfonds der Institutsgruppen formal oder auch nur faktisch noch eine Reihe weiterer Wirtschaftssubjekte[18]. Zu denken ist hier in erster Linie an die Haftung der öffentlich-rechtlichen Körperschaften für die Einlagen der von ihnen getragenen Kreditinstitute sowie an die ggf. vorhandene (faktische) Haftung solcher Wirtschaftssubjekte für die Einlagen (gesamtwirtschaftlich) bedeutend erscheinender nicht öffentlich-rechtlicher Banken[19]. Aber auch Garantiezusagen pri-

---

Zusammenhang auch *Nicklisch*, Fritz, Rechtsfragen, S. 18 und *Schmidt*, Dirk, Einlagensicherung, S. 25.

[17] Vgl. hierzu Ziff. 2 f. der Mustersatzung für die Sparkassensicherungsfonds der Regionalverbände vom 11. Dezember 1975 und § 1 der Durchführungsbestimmungen zu der Sicherungseinrichtung des Bundesverbandes der Deutschen Volksbanken und Raiffeisenbanken e. V. vom 27. April 1977. Vgl. im vorliegenden Zusammenhang auch *Nicklisch*, Fritz, Rechtsfragen, S. 17 f. und *Schmidt*, Dirk, Einlagensicherung, S. 20 u. S. 34 ff.

[18] Vgl. zum folgenden auch *Szagunn*, Volkhard und *Voigt*, Heinz, Einlagensicherung, S. 29 ff.

[19] Die (faktische) Haftung öffentlich-rechtlicher Körperschaften für die Einlagen (gesamtwirtschaftlich) bedeutend erscheinender nicht öffentlich-rechtlicher Kreditinstitute wird in der Literatur überwiegend als gegeben angesehen. Vgl. z. B. *Kurze*, Thomas, Eigenkapitalausstattung, S. 34 f. und *Möschel*, Wernhard, Wirtschaftsrecht, S. 253. Dagegen gibt sich Krümmel in dieser Hinsicht eher skeptisch. Vgl. *Krümmel*, Hans-Jacob, Liquiditätssicherung I, S. 258 f., Fn. 9 f.

vater Wirtschaftssubjekte, wie insbesondere die Nachschußpflicht der Mitglieder von Kreditgenossenschaften[20], stehen hier grundsätzlich zur Debatte[21].

Wir können nach den soeben vorgenommenen Modifikationen zusammenfassend festhalten: Das indirekte Einlegerschutzsystem beruht ausschließlich auf der Vorgabe aufsichtsrechtlicher Vorschriften, deren Ziel es ist, die Solvenz bzw. Existenz der Kreditinstitute zu sichern. Weder erhalten die Banken in einem solchen System zur Aufrechterhaltung ihrer Solvenz bzw. Sicherung ihrer Existenz irgendwelche Unterstützung von dritten Wirtschaftssubjekten[22], noch erhalten die Einleger in Konkurs gegangener Kreditinstitute von dritten Wirtschaftssubjekten Zahlungen zum Ausgleich von Insolvenzschäden[23]. Dagegen haften im direkten Einlegerschutzsystem, neben der Bank selbst, noch dritte Wirtschaftssubjekte für die Sicherheit der Einlagen. In diesem System ist es jedoch prinzipiell gleichgültig, ob der Schutz der Bankgläubiger dadurch zu erreichen versucht wird, daß die Gläubiger in Konkurs gegangener Kreditinstitute zum Ausgleich von Insolvenzschäden Zahlungen erhalten, oder dadurch, daß die Gläubiger „indirekt" über die Sicherung der Solvenz bzw. Existenz der Kreditinstitute geschützt werden[24]. Wir können nunmehr daran gehen, die Vorstellungen *Krümmels* über den relevanten Belastungsfall im indirekten und im direkten Einlegerschutzsystem zu diskutieren.

### b) *Der relevante Belastungsfall im indirekten Einlegerschutzsystem*

Das Ziel, die Solvenz der Kreditinstitute für den Maximalbelastungsfall B zu sichern und somit einen run zu vermeiden oder zumindest abzuwehren, stellt nach unserer Auffassung kein (Sub-)Ziel dar, das sich notwendigerweise aus dem Gläubigerschutzziel ergeben müßte. Prima vista ist dem Ziel des Gläubigerschutzes nach unserer Ansicht nämlich bereits dann Genüge getan, wenn mit den aufsichtsrechtlichen

Auf die Haftung öffentlich-rechtlicher Körperschaften für die Einlagen der von ihnen getragenen Kreditinstitute werden wir im dritten Abschnitt des Kapitels C noch genauer eingehen.

[20] Auf die Nachschußpflicht der Mitglieder von Kreditgenossenschaften werden wir im dritten Abschnitt des Kapitels C noch zurückkommen.

[21] Vgl. hierzu auch *Bähre*, Inge Lore, Möglichkeiten, S. 411 und *Müller*, Werner A., Bankenaufsicht, S. 36.

[22] Ausgenommen sind hier nur solche Wirtschaftssubjekte, die, wie z. B. die Liko-Bank, lediglich bei Funktionsstörungen der (normalen) Geldbeschaffungsmärkte den Kreditinstituten Hilfe leisten.

[23] Vgl. hierzu auch *Voigt*, Heinz, Depositenschutz, S. 13.

[24] Soweit die Solvenz bzw. Existenz der Kreditinstitute von dritten Wirtschaftssubjekten gesichert wird, ist der Ausdruck „*direktes* Einlegerschutzsystem" im Grunde unrichtig gewählt. Wir behalten die Termini Krümmels um der Systematik willen jedoch bei.

Eigenkapitalanforderungen auf die Sicherung der Banksolvenz für den Maximalbelastungsfall A hingewirkt wird. Der Maximalbelastungsfall A ist ja vornehmlich dadurch gekennzeichnet, daß sämtliche Gläubiger eines Kreditinstituts bei Fälligkeit (und in vollem Umfang) befriedigt werden.

Nun sind die Ziele der run-Vermeidung bzw. run-Abwehr nach *Krümmel* aber nicht nur darauf gerichtet, „... die Gläubiger des einzelnen, mit einem Konkursrisiko bedrohten Instituts vor Vermögensverlusten zu sichern ...“[25]. Vielmehr sollen sie „... darüber hinaus eine große Kreise von Bankgläubigern treffende Kettenreaktion nach Möglichkeit ...“ ausschließen[26]. Krümmel schließt sich hier offenbar der in der Literatur[27] weithin vertretenen Meinung an, daß ein anfangs auf eine Bank oder einige wenige Banken beschränkter run stets die Gefahr in sich birgt, in einen generellen run auszuufern[28]. Letzteres kann insbesondere dann der Fall sein, wenn die Einleger die den run auslösenden Tatbestände nicht für eine auf das betreffende Kreditinstitut begrenzte Einzelerscheinung halten und deshalb auch die Sicherheit der Einlagen bei anderen Kreditinstituten als gefährdet ansehen[29]. Mit dem Ziel, einen run auf ein Kreditinstitut zu vermeiden, wird somit (auch) angestrebt, daß die möglicherweise zu einem generellen run führende Ansteckungsgefahr erst gar nicht auftritt. Ähnlich läßt sich auch das Ziel der run-Abwehr interpretieren. Gelingt es nämlich, einen run zum Stillstand zu bringen, dann entfällt die Ansteckungsgefahr für die Einleger der übrigen Kreditinstitute von selbst.

Es sprechen somit durchaus respektable Gründe dafür, einen run zu vermeiden oder doch zumindest abzuwehren. Allerdings erscheinen uns beide Ziele im indirekten Einlegerschutzsystem unrealistisch. Was das Ziel der run-Vermeidung anlangt, so teilen wir die Skepsis Krümmels gegenüber der Überzeugungskraft einer Publikation aufsichtsrechtlicher Solvenzsicherungsregeln und des öffentlichen Nachweises ihrer Einhaltung. Und eben aus diesem Grunde halten wir auch die Frage für müßig, ob es für dieses Ziel nicht schon hinreichen würde, bei der Formulierung der aufsichtsrechtlichen Eigenkapitalanforderungen den Maximalbelastungsfall A als Grundlage zu wählen.

---

25 *Krümmel,* Hans-Jacob, Liquiditätssicherung I, S. 249.

26 *Krümmel,* Hans-Jacob, Liquiditätssicherung I, S. 249.

27 Vgl. zum folgenden *Becker,* Wolf-Dieter, Geldpolitische Implikationen, S. 248 f. und die dort angegebene Literatur; *Hartmann,* Manfred, Ökonomische Aspekte, S. 19 f.; *Stucken,* Rudolf, Liquidität, S. 92; *Tochtermann,* Axel, Haftsummenzuschlag, S. 43 sowie den Wettbewerbsbericht, S. 139.

28 Vgl. hierzu auch *Krümmel,* Hans-Jacob, Liquiditätssicherung I, S. 279.

29 Vgl. *Krümmel,* Hans-Jacob, Liquiditätssicherung I, S. 257 u. S. 279 und *Stützel,* Wolfgang, Bankpolitik, Tz. 51, S. 30.

Um einen run abzuwehren, müssen die Banken, worauf wir bereits hingewiesen haben, Auszahlungen an ihre Gläubiger und (potentiellen) Schuldner innerhalb einer sehr kurzen Zeitspanne und in relativ großem Umfang leisten. Da die Kreditinstitute aber aus Rentabilitätsgründen[30] aktuelle Liquidität nur in vergleichsweise geringem Umfang vorhalten werden[31], dürfte es ihnen kaum gelingen, allein auf der Grundlage dieser Vermögensgegenstände einen run abzuwehren. Sie wären aus diesem Grunde vielmehr darauf angewiesen, zur Abwehr eines run auch solche Vermögensgegenstände zu veräußern, die nicht zu ihrer aktuellen Liquidität gehören. Gerade für diese Vermögensgegenstände gibt es in der Regel jedoch keine institutionalisierten (und organisierten) Märkte, so daß eine rasche Veräußerung, zumindest in größerem Umfang, schon rein technisch gar nicht möglich ist[32].

Im Hinblick auf das Ziel der run-Abwehr müßte die Bankenaufsicht in erster Linie die von den Kreditinstituten vorzuhaltende aktuelle Liquidität reglementieren. Wir brauchen hierauf jedoch nicht weiter einzugehen. Einer Untersuchung über die aufsichtsrechtlichen Eigenkapitalanforderungen können die geltenden aufsichtsrechtlichen Liquiditätsanforderungen (der Grundsätze II u. III BAK) zugrunde gelegt werden.

Im Zusammenhang mit dem Ziel der run-Abwehr ist schließlich noch auf ein weiteres Problem hinzuweisen: Die Bankenaufsicht müßte in diesem Fall eine Grenze festlegen, bei deren Erreichen sie den Abwehrversuch als gescheitert ansieht, und sie müßte diese Grenze bei der Formulierung ihrer Eigenkapitalanforderungen in den Kalkül ziehen. Wo eine solche Grenze konkret festzulegen wäre, läßt sich allerdings nicht ohne weiteres angeben. Sie würde, als eine politische Entscheidung, wohl in erster Linie von ihrer Durchsetzbarkeit bestimmt[33].

---

[30] Vgl. *Häberle,* Siegfried Georg, Risiko, S. 95, Fn. 1.

[31] So betrugen, um ein Beispiel zu nennen, am Jahresende 1981 der Kassenbestand, die Guthaben bei der Deutschen Bundesbank sowie die bundesbankfähigen Wechsel aller Bankengruppen lediglich 0,03 % der Einlagen und aufgenommenen Kredite von Nichtbanken und Kreditinstituten sowie der Inhaberschuldverschreibungen im Umlauf. Geldmarktpapiere besitzen die Kreditinstitute nach Angaben der Deutschen Bundesbank (Währungspolitische Institutionen, S. 61) seit dem Frühjahr 1975 praktisch keine mehr. Rechnet man die Wertpapiere (einschließlich Bankschuldverschreibungen) zu den oben angeführten Vermögensgegenständen hinzu, dann erhöht sich der betreffende Prozentsatz zwar auf 0,13. Es ist hier jedoch zu bedenken, daß die Wertpapiere nur zum Teil zur aktuellen Liquidität gerechnet werden können (siehe nochmals unter B.III.2.b)). Die Zahlen wurden errechnet anhand der Tabellen 1 und 2 der Statistischen Beihefte zu den Monatsberichten der Deutschen Bundesbank vom August 1982, Nr. 8, Reihe 1: Bankenstatistik nach Bankengruppen.

[32] Vgl. hierzu auch *Häberle,* Siegfried Georg, Risiko, S. 95.

[33] Wir kommen auf diesen und ähnliche Aspekte im Verlaufe der Arbeit noch mehrfach zu sprechen.

Als Ergebnis unserer bisherigen Überlegungen können wir festhalten, daß sich die Ziele der run-Vermeidung und der run-Abwehr im indirekten Einlegerschutzsystem in der Regel nicht erreichen lassen werden. Dagegen halten wir das Ziel, die Solvenz der Kreditinstitute für den Fall der Maximalbelastung A zu sichern, in diesem Einlegerschutzsystem nicht nur für prinzipiell erreichbar, sondern für das Gläubigerschutzziel auch als hinreichend. Die Bankenaufsicht verlangt dann im Grunde nur, daß die Kreditinstitute das einhalten können müssen, wozu sie sich vertraglich verpflichtet haben[34]; sie verlangt lediglich, daß die Kreditinstitute in der Lage sein müssen, ihre sämtlichen Verbindlichkeiten zu den vertraglich vereinbarten Fälligkeiten befriedigen zu können. Mehr kann die Bankenaufsicht nach unserer Auffassung durch ihre qualitativen und quantitativen Eigenkapitalanforderungen im indirekten Einlegerschutzsystem praktisch nicht bewirken, und mehr wird denn auch in der Eigenkapitalvorschrift des § 10 Abs. 1 Satz 1 KWG nicht gefordert. Als relevanter Belastungsfall für die Formulierung der aufsichtsrechtlichen Eigenkapitalanforderungen ergibt sich im indirekten Einlegerschutzsystem somit der Maximalbelastungsfall A, der Maximalbelastungsfall im Sinne *Stützels*.

### c) Der relevante Belastungsfall im direkten Einlegerschutzsystem

Im Gegensatz zu *Krümmel*, der bei Vorliegen eines direkten Einlegerschutzsystems der Formulierung aufsichtsrechtlicher Eigenkapitalanforderungen den Normalbelastungsfall zugrunde legen will[35], halten wir auch hier den Maximalbelastungsfall A für maßgeblich. Letzteres ist schon deshalb der Fall, weil u. E. zweifelhaft ist, ob die von Krümmel in diesem Zusammenhang gesetzte Prämisse jetzt und alle Zeit ohne Einschränkungen zutrifft. Krümmel geht ja davon aus, daß die Einleger Vertrauen in die Leistungsfähigkeit der jeweiligen Sicherungseinrichtungen besitzen und deshalb auch bei Nachrichten oder Gerüchten über bedeutende Vermögensverluste ihrer Kreditinstitute von einem run absehen[36]. Des weiteren kann nach unserer Auffassung

[34] Vgl. im vorliegenden Zusammenhang auch *Czech*, Dieter Klaus, Fristentransformation, S. 99 u. S. 110 f.; *Hoffmann*, Horst, Dispositionsregeln, S. 1 ff. u. S. 175 f. sowie *Krümmel*, Hans-Jacob, Liquiditätssicherung I, S. 249.

[35] Daß der Normalbelastungsfall im direkten Einlegerschutzsystem den relevanten Belastungsfall darstellt, wird im Ergebnis auch von Müller und von Süchting behauptet. Vgl. *Müller*, Werner A., Bankenaufsicht, S. 101, S. 104 u. S. 107; *Müller*, Werner A., Novellierung, S. 367 u. S. 370 f. sowie *Süchting*, Joachim, Scheinargumente, S. 216 f.

[36] Krümmel selbst zeigt im Hinblick auf die (kollektiven) Einlagensicherungssysteme keine Zweifel daran, daß die Einleger, soweit sie bislang noch nicht durch eine Bankinsolvenz geschädigt worden sind, Vertrauen in die Leistungsfähigkeit dieser Sicherungseinrichtungen besitzen. Vgl. *Krümmel*, Hans-Jacob, Kreditrisiko, S. 187. Demgegenüber meint jedoch Inge Lore

auch nicht von vornherein ausgeschlossen werden, daß ein Kreditinstitut sich freiwillig in Liquidation begibt. Vor allem sind wir aber der Ansicht, daß die Bankenaufsicht bei der Formulierung ihrer Eigenkapitalanforderungen nicht weniger verlangen darf, als die Kreditinstitute aufgrund vertraglicher Zusagen ohnehin halten können müssen. Aus all diesen Gründen ist u. E. auch im direkten Einlegerschutzsystem der Maximalbelastungsfall A die sachgerechte Grundlage für die Formulierung der aufsichtsrechtlichen Anforderungen an das haftende Eigenkapital der Kreditinstitute.

## V. Zur Relevanz des Maximalbelastungsfalles des generellen run für die Formulierung der aufsichtsrechtlichen Anforderungen an das haftende Eigenkapital der Kreditinstitute

Unter den von uns ins Auge gefaßten Belastungsfällen bleibt abschließend noch zu überprüfen, ob der Maximalbelastungsfall des generellen run als relevanter Belastungsfall für die Formulierung der aufsichtsrechtlichen Eigenkapitalanforderungen angesehen werden kann. In diesem Falle können die Kreditinstitute — wie gezeigt[1] — nicht zentralbankfähige Vermögensgegenstände mangels hinreichender Nachfrage nicht oder allenfalls unter Hinnahme so hoher Disagios abtreten, daß diese den Zweck der Veräußerung letztlich vereiteln[2]. Der (potentielle) Veräußerungserlös der betreffenden Vermögensgegenstände nähert sich mehr oder weniger stark dem Wert Null. Wollte nun die Bankenaufsicht die Gläubiger von Kreditinstituten auch für den Fall des generellen run durch die Formulierung von Eigenkapitalanforderungen schützen, dann müßte sie, sieht man zunächst von Eingriffen des Staates und Hilfeleistungen der Zentralbank ab, den Kreditinstituten ein haftendes Eigenkapital in (annähernder) Höhe der Differenz „Gesamtkapital abzüglich mutmaßlicher Veräußerungserlös der zentralbankfähigen Vermögensgegenstände“ vorschreiben. Die Bankenaufsicht könnte den Kreditinstituten mithin nur gestatten, in Höhe des mutmaßlichen Veräußerungserlöses der zentralbankfähigen Vermögensgegenstände Fremdkapital auf- bzw. anzunehmen. Solche (quantitativen) Eigenkapitalanforderungen wären nun aber sowohl in betriebswirtschaftlicher Sicht völlig unsinnig als auch im Hinblick auf die gesamt-

Bähre, es sei nicht zu erwarten, „... daß der einzelne Bankkunde die Sicherungsvorkehrungen der jeweiligen Gruppe ... kennt“ (*Bähre,* Inge Lore, Bankenaufsicht, S. 3).

[1] Siehe unter B.III.5.b).

[2] Vgl. im vorliegenden Zusammenhang auch *Hornbach,* Friedrich, Bonitäts- und Solvenzsicherung, S. 63 und *Krümmel,* Hans-Jacob, Bankbeteiligungen, S. 126.

wirtschaftlichen (Transformations-)Aufgaben der Banken[3] indiskutabel. Darüber hinaus wären sie bei näherem Hinsehen aber auch nicht sachgerecht. Letzteres ergibt sich schon daraus, daß die Kreditinstitute in Anbetracht der abnorm hohen, den Veräußerungszweck vereitelnden Disagios vermutlich von selbst auf eine Veräußerung der betreffenden Vermögensgegenstände verzichten werden. Sollten dennoch einzelne Kreditinstitute versuchen, solche Vermögensgegenstände zu veräußern, dann müßte die Bankenaufsicht eine derartige Verschleuderung von Vermögen im Hinblick auf ihr Gläubigerschutzziel ohnehin untersagen. Darüber hinaus ist im vorliegenden Zusammenhang zu bedenken, daß ein genereller run erfahrungsgemäß nicht über eine längere Zeit hinweg andauert. Der Staat oder auch die Zentralbank müssen, wie bereits gesagt, den run durch geeignete Maßnahmen (generelles Moratorium, (Blanko-)Kreditgewährung oder auch Ankauf bzw. Beleihung von ansonsten nicht zentralbankfähigen Vermögensgegenständen durch die Zentralbank) zum Stillstand bringen. Ist der run aber zum Stillstand gebracht, so liegt auch keine Entwertung der nicht zentralbankfähigen Vermögensgegenstände mehr vor, und die nur latent vorhandenen (Veräußerungs-)Verluste sind verschwunden. Den Belastungsfall des generellen run als Grundlage für die Formulierung der aufsichtsrechtlichen Eigenkapitalanforderungen zu wählen, ist somit nicht nur faktisch unmöglich, eine solche Wahl ist auch der Sache nach unnötig.

## VI. Ergebnis: Der Maximalbelastungsfall A als relevanter Belastungsfall für die Formulierung der aufsichtsrechtlichen Anforderungen an das haftende Eigenkapital der Kreditinstitute

Als Ergebnis unserer in diesem Kapital angestellten Überlegungen können wir festhalten, daß die Bankenaufsicht — gleichgültig ob ein indirektes oder ein direktes Einlegerschutzsystem vorliegt — den Maximalbelastungsfall A als relevanten Belastungsfall für die Formulierung ihrer qualitativen und quantitativen Anforderungen an das haftende Eigenkapital der Kreditinstitute wählen sollte[1]. Die Bankenaufsicht sollte bei der Formulierung ihrer Eigenkapitalanforderungen mithin

---

[3] In der Literatur werden folgende gesamtwirtschaftliche (Transformations-)Aufgaben von Kreditinstituten genannt: der Ausgleich räumlicher, betragsmäßiger und fristenmäßiger Diskrepanzen zwischen Kreditangebot und Kreditnachfrage auf der einen Seite und die als „Risikentransformation" bezeichnete (primäre) Verlagerung des mit einer Kreditgewährung oder auch einem Beteiligungserwerb verbundenen Vermögensverlustrisikos von den Einlegern auf die (Gesellschafter der) Banken auf der anderen Seite. Vgl. *Rudolph,* Bernd, Kreditvergabeentscheidung, S. 10 f. und die dort angegebene Literatur.

[1] Wir werden im folgenden auf die Beifügung des Symbols „A" gelegentlich auch verzichten.

berücksichtigen, daß die Kreditinstitute möglicherweise liquidiert werden, d. h. daß alle Bankgläubiger fristgerecht zu befriedigen sind[2]. Mit der Frage, welche qualitativen und quantitativen Anforderungen die Bankenaufsicht an das haftende Eigenkapital der Kreditinstitute unter Berücksichtigung des relevanten Maximalbelastungsfalles zu stellen hat, wollen wir uns nunmehr in den beiden folgenden Kapiteln befassen.

[2] Die Frage, welchen Belastungsfall die deutsche Bankenaufsicht bei der Formulierung ihrer Eigenkapitalanforderungen tatsächlich zugrunde legt, haben wir bisher bewußt offen gelassen. Wir werden hierauf im Verlauf der beiden folgenden Kapitel noch zurückkommen.

## C. Die qualitativen Anforderungen an das haftende Eigenkapital der Kreditinstitute

### I. Gang der Untersuchung

Im folgenden Kapitel wollen wir zunächst der Frage nachgehen, welche Eigenschaften bestimmte wirtschaftliche Tatbestände besitzen müssen, um aufsichtsrechtlich als haftendes Eigenkapital[1] anerkannt werden zu können. Für die Abgrenzung des haftenden Eigenkapitals von Kreditinstituten hat die *Studienkommission ‚Grundsatzfragen der Kreditwirtschaft'*[2] — wir bezeichnen sie im folgenden kurz als *„Studienkommission"* — in ihrem im Jahre 1979 vorgelegten „Bericht" drei „Grundsätze" bzw., wie wir es auch ausdrücken können, drei qualitative Eigenkapitalanforderungen diskutiert und teils mit Mehrheit, teils einhellig als sachgerecht anerkannt[3]. Diese Grundsätze — nämlich der „Grundsatz der Teilnahme am laufenden Verlust", der „Grundsatz des eingezahlten Eigenkapitals" und der „Grundsatz der Dauerhaftigkeit" — sollen im zweiten Abschnitt des vorliegenden Kapitels im einzelnen vorgestellt und im Hinblick auf ihre Sachgerechtigkeit für die Abgrenzung des haftenden Eigenkapitals von Kreditinstituten überprüft werden. Auf der Grundlage der dort gewonnenen Ergebnisse, d. h. der nach unserem Dafürhalten als sachgerecht anzusehenden qualitativen Eigenkapitalanforderungen, wollen wir dann im dritten Abschnitt untersuchen, welche wirtschaftlichen Tatbestände[4] diese Anforderungen erfüllen und demgemäß als haftendes Eigenkapital im Sinne der Eigenkapitalvorschrift des § 10 Abs. 1 Satz 1 KWG anerkannt werden müßten. In diesem Zusammenhang wollen wir auch überprüfen, ob und inwieweit die im geltenden deutschen Aufsichtsrecht als haftendes Eigenkapital anerkannten wirtschaftlichen Tatbestände[5] mit den von uns

---

[1] Wenn wir im folgenden der Kürze wegen mitunter nur den Ausdruck „Eigenkapital" verwenden, meinen wir, wenn aus dem jeweiligen Zusammenhang nichts anderes hervorgeht, stets das *haftende* Eigenkapital.

[2] Zu Einsetzung, Auftrag und Tätigkeit dieser Kommission vgl. *Bericht der Studienkommission,* Tz. 1 ff., S. 1 ff.

[3] Vgl. *Bericht der Studienkommission,* Tz. 1115 ff., S. 350 ff.

[4] Am Rande sei bereits hier darauf hingewiesen, daß wir im Rahmen des vorliegenden Kapitels lediglich einige *ausgewählte* wirtschaftliche Tatbestände im Hinblick auf ihre Eignung als haftendes Eigenkapital von Kreditinstituten überprüfen können werden.

[5] In § 10 Abs. 2 - 5 KWG enumeriert die Bankenaufsicht, welche wirtschaftlichen Tatbestände sie bei inländischen Kreditinstituten verschiedener

herausgearbeiteten inhaltlich übereinstimmen, und welche Änderungen des geltenden Rechts im Falle von Abweichungen angezeigt erscheinen[6].

## II. Darstellung und Beurteilung der von der Studienkommission ‚Grundsatzfragen der Kreditwirtschaft' diskutierten Grundsätze für die Abgrenzung des haftenden Eigenkapitals von Kreditinstituten

### 1. Der Grundsatz der Teilnahme am laufenden Verlust

Der von der Mehrheit der *Studienkommission* vertretene „Grundsatz der Teilnahme am laufenden Verlust" besagt, daß aufsichtsrechtlich nur solche wirtschaftlichen Tatbestände als haftendes Eigenkapital anerkannt werden können, die den Kreditinstituten nicht nur zur Deckung von Verlusten im Falle einer Liquidation zur Verfügung stehen, sondern die darüber hinaus auch schon zur Deckung von Verlusten aus dem laufenden Bankgeschäft herangezogen werden können[1].

Der Grundsatz der Teilnahme am laufenden Verlust erscheint uns für die Abgrenzung des haftenden Eigenkapitals von Kreditinstituten nicht sachgerecht. Es ist hier zwar einzuräumen, daß die Teilnahme von haftendem Eigenkapital am laufenden Verlust für die Sicherung der Existenz eines Kreditinstituts u. U. von wesentlicher Bedeutung sein kann. Da jedoch, wie wir im vorhergehenden Kapitel ausführlich dargelegt haben, dem Ziel des Gläubigerschutzes[2] bereits dann Genüge getan ist, wenn im Falle der Liquidation eines Kreditinstituts alle Gläubiger fristgerecht befriedigt werden können, reicht es auch hin, wenn

---

Rechtsformen als haftendes Eigenkapital anerkennt. Welche wirtschaftlichen Tatbestände als haftendes Eigenkapital von Zweigstellen ausländischer Unternehmen anerkannt werden, führt die Bankenaufsicht dagegen in § 53 Abs. 2 Satz 4 KWG an. Aus Raumgründen wollen wir uns im Rahmen der vorliegenden Arbeit jedoch ausschließlich auf solche inländische Kreditinstitute beschränken, die in der Rechtsform einer Aktiengesellschaft, einer Genossenschaft sowie einer öffentlich-rechtlichen Sparkasse betrieben werden. Zum haftenden Eigenkapital bei Zweigstellen ausländischer Unternehmen vgl. neben den einschlägigen Kommentaren zum KWG auch *Eicke*, Jürgen, Haftkapital, S. 520 ff.

[6] Wir möchten an dieser Stelle nochmals darauf hinweisen, daß wir in dieser Arbeit die qualitativen (und quantitativen) Eigenkapitalanforderungen lediglich im Hinblick auf das Gläubigerschutzziel untersuchen. Mit den Eigenkapitalanforderungen möglicherweise verbundene wettbewerbspolitische (oder auch andere wirtschaftspolitische) Probleme lassen wir dagegen außer Betracht.

[1] Vgl. *Bericht der Studienkommission*, Tz. 1115, S. 350 f.

[2] Es sei hier darauf hingewiesen, daß sich auch die Studienkommission bei ihren Überlegungen expressis verbis vom Ziel des Gläubigerschutzes leiten läßt. Vgl. *Bericht der Studienkommission*, Tz. 1114, S. 350.

die als haftendes Eigenkapital anzuerkennenden wirtschaftlichen Tatbestände erst in diesem Falle zur Deckung von Verlusten bereitstehen[3].

### 2. Der Grundsatz des eingezahlten Eigenkapitals

Der von der Mehrheit der *Studienkommission* vertretene „Grundsatz des eingezahlten Eigenkapitals"[4] besagt, daß aufsichtsrechtlich nur solche wirtschaftlichen Tatbestände als haftendes Eigenkapital anerkannt werden können, die durch eine Überlassung von Vermögensgegenständen in den Verfügungsbereich der Kreditinstitute zu einer Übertragung von Verfügungsmacht an diese Institute geführt haben[5]. Bei diesen Vermögensgegenständen wird es sich in der Regel zwar um (Zentralbank-)Geld handeln[6], es können jedoch auch andere Vermögensgegenstände wie z. B. Forderungen, Beteiligungen oder Gegenstände des Sachvermögens in den Verfügungsbereich von Kreditinstituten übertragen werden[7]. Demgegenüber stellen Haftungszusagen, mit denen sich dritte Wirtschaftssubjekte verpflichtet haben, einem Kreditinstitut zur Deckung von Verlusten Vermögensgegenstände in begrenzter oder unbegrenzter Höhe zu überlassen, nach Auffassung der Kommissionsmehrheit keine als haftendes Eigenkapital anzuerkennenden wirtschaftlichen Tatbestände dar.

Die Kommissionsmehrheit begründet ihre Auffassung in erster Linie damit, daß der Grundsatz der Teilnahme am laufenden Verlust nur dann erfüllt sei, „... wenn es (das Eigenkapital; J. B.) sich bereits unmittelbar im Vermögen des Kreditinstituts befindet ... und es nicht erst eines Zeit in Anspruch nehmenden und in seinem Erfolg ungewissen Rückgriffs auf das Vermögen haftender Dritter bedarf"[8].

---

[3] Diese Auffassung wird auch von der Kommissionsminderheit vertreten. Vgl. *Bericht der Studienkommission*, Tz. 1124, S. 353 f. Vgl. zu dieser Auffassung des weiteren noch *Holdijk*, Rudolf, Eigenkapitalprobleme, S. 185 f.; *Geiger*, Helmut, Thesen, S. 10 sowie *Viehoff*, Felix, Eigenkapitalausstattung, S. 213.

[4] In der Literatur wird anstatt von „eingezahltem Eigenkapital" auch von „investiertem Eigenkapital" (vgl. z. B. *Fischer*, Otfrid, Bankbilanz-Analyse, S. 329) und von „internem Eigenkapital" (vgl. *Philipp*, Fritz, *Berger*, Karl-Heinz u. a., Bestimmung, S. 6) gesprochen.

[5] Vgl. zum letzteren insbesondere *Menrad*, Siegfried, Kostenbegriff, S. 41 ff. Obwohl von der Kommissionsmehrheit nicht ausdrücklich erwähnt, sei hier am Rande darauf hingewiesen, daß es prinzipiell gleichgültig ist, ob die betreffenden Vermögensgegenstände von außerhalb in das Vermögen der Kreditinstitute eingebracht worden sind oder ob ihr Vorhandensein auf unterlassenen Gewinnausschüttungen beruht.

[6] Vgl. hierzu auch *Menrad*, Siegfried, Rechnungswesen, S. 36.

[7] Vgl. hierzu auch *Schork*, Anm. 6 zu § 10 KWG, S. 6 f.

[8] *Bericht der Studienkommission*, Tz. 1115, S. 350 f.

Wir brauchen uns mit diesem Argument jedoch nicht weiter zu befassen[9]. Da wir der Ansicht sind, daß schon der Grundsatz der Teilnahme am laufenden Verlust für die Abgrenzung des haftenden Eigenkapitals der Kreditinstitute nicht sachgerecht ist, vermögen wir auch dem Grundsatz des eingezahlten Eigenkapitals, soweit er aus dem zuerst genannten Grundsatz herrührt, keine Sachgerechtigkeit zuzubilligen[10]. Für den Zweck des Gläubigerschutzes reicht es, wie gesagt, hin, wenn die Kreditinstitute im Falle einer Liquidation über ein Vermögen verfügen, das genügt, um alle Gläubiger fristgerecht befriedigen zu können. Ob die zur Befriedigung der Gläubigeransprüche dienenden Vermögensgegenstände sich in diesem Falle bereits im Vermögen der Kreditinstitute befinden oder ob sie erst an die Kreditinstitute bzw. — was hier auf dasselbe hinausläuft — direkt an die Gläubiger, die Insolvenzschäden erlitten haben, übertragen werden müssen, ist dagegen prinzipiell gleichgültig[11].

Der Grundsatz des eingezahlten Eigenkapitals wird von der Kommissionsmehrheit jedoch auch mit einem mehr pragmatischen Argument begründet[12]. Würde die Bankenaufsicht neben dem eingezahlten Eigenkapital grundsätzlich auch nicht eingezahltes Eigenkapital in Gestalt von Haftungszusagen dritter Wirtschaftssubjekte als haftendes Eigenkapital von Kreditinstituten anerkennen, dann müßte sie nach Auffassung der Kommissionsmehrheit jeweils überprüfen, ob bei Eintritt des „Haftungsfalles" ein Vermögenszufluß in Höhe der als haftendes Eigenkapital anerkannten Haftungszusagen mit hinreichender Wahrscheinlichkeit zu erwarten ist. Auszunehmen seien hier nur Haftungszusagen des Staates, dessen Bonität außer Zweifel stehe. Eine solche Bonitätsprüfung würde aber nach Ansicht der Kommissionsmehrheit die Möglichkeiten der Bankenaufsicht übersteigen[13].

---

[9] Ansonsten wäre auch zu überprüfen, ob der Grundsatz der Teilnahme am laufenden Verlust in jedem Falle die Einzahlung des haftenden Eigenkapitals voraussetzt. In der Literatur wird ein solcher Zusammenhang insbesondere im Hinblick auf die aus der sog. „Anstaltslast" sich ggf. ergebende Verpflichtung der Gewährträger öffentlich-rechtlicher Sparkassen, ihren Kreditinstituten zur Deckung laufender Verluste Vermögensgegenstände zu überlassen, in Zweifel gezogen. Vgl. *Geiger*, Helmut, Eigenkapitalausstattung, S. 194; *Gessler*, Ernst, Bankengesetzgebung, S. 13; *Holdijk*, Rudolf, Eigenkapitalprobleme, S. 197 sowie *Müller*, Werner A., Abgrenzung, S. 285.

[10] Vgl. in diesem Sinne auch *Licht*, Wolfgang, Haftsummenzuschlag, S. 862.

[11] Vgl. in diesem Sinne *Arnold*, Hans, Risikentransformation, S. 57 f.; *Gessler*, Ernst, Bankengesetzgebung, S. 13; *Krümmel*, Hans-Jacob, Bankpolitische Normen, S. 533; *Mülhaupt*, Ludwig, § 12 KWG, S. 1088; *Philipp*, Fritz, *Berger*, Karl-Heinz u. a., Bestimmung, S. 6 sowie *Stützel*, Wolfgang, Elementarkategorien, S. 777.

[12] Vgl. zum folgenden *Bericht der Studienkommission*, Tz. 1117, S. 315 f. u. Tz. 1205, S. 381 f.

Wir können auch der zuletzt angeführten Begründung für den Grundsatz des eingezahlten Eigenkapitals nicht zustimmen. Zunächst ist nicht einzusehen, weshalb es der Bankenaufsicht praktisch nicht möglich sein sollte, die Bonität solcher Wirtschaftssubjekte zu überprüfen, deren Haftungszusagen, gemessen am Gesamtumfang der Haftungszusagen der jeweiligen Kreditinstitute, relativ groß sind. Letzteres ist insbesondere dann der Fall, wenn die betreffenden Wirtschaftssubjekte ihre Vermögenslage durch die Veröffentlichung testierter Bilanzen dokumentieren (müssen)[14]. Da in diesem Falle nur die Bonität einer vergleichsweise geringen Anzahl von Wirtschaftssubjekten zu überprüfen ist[15], halten wir eine Bonitätsprüfung durch die Bankenaufsicht grundsätzlich für nicht zu aufwendig. Als zu aufwendig wäre eine Bonitätsprüfung hier allenfalls dann anzusehen, wenn der absolute Betrag der betreffenden Haftungszusagen sehr gering ist. Die Bankenaufsicht könnte sich dagegen jedoch schützen, indem sie für die einzelnen Haftungszusagen eine Bagatellgrenze festlegt, jenseits derer sie eine Bonitätsprüfung (und damit eine Anerkennung als haftendes Eigenkapital) ablehnt. Ab welcher relativen Größe und Bagatellgrenze die Bankenaufsicht eine Bonitätsprüfung durchführen kann, läßt sich prima vista freilich nicht angeben. Die betreffenden (Grenz-)Werte können nur von der Bankenaufsicht selbst und unter pragmatischen Gesichtspunkten festgelegt werden.

Aber auch dort, wo eine Bonitätsprüfung aus praktischen Gründen ausscheidet, weil eine größere Anzahl von Wirtschaftssubjekten relativ kleine Haftungszusagen abgegeben hat, kann eine (zumindest teilweise) Anerkennung dieser Haftungszusagen als haftendes Eigenkapital nach unserer Auffassung nicht von vornherein ausgeschlossen werden. Kann nämlich die Bankenaufsicht in diesem Falle mit der von ihr als hinreichend angesehenen Wahrscheinlichkeit davon ausgehen, daß zumindest ein bestimmter Prozentsatz der gesamten Haftungszusagen im Haftungsfalle auch tatsächlich realisiert wird[16], dann ist eine Bonitätsprü-

---

[13] Auf die Schwierigkeiten und Umstände einer Bonitätsprüfung der haftenden Wirtschaftssubjekte wird auch in der Literatur hingewiesen. Vgl. *Krümmel*, Hans-Jacob, Bankbeteiligungen, S. 122, Fn. 8; *Philipp*, Fritz, *Berger*, Karl-Heinz u. a., Bestimmung, S. 11 f. sowie *Welcker*, Johannes, Neuordnung, S. 78 f. Freilich leiten die genannten Autoren daraus nicht die Auffassung her, nur eingezahltes Eigenkapital könne aufsichtsrechtlich als haftendes Eigenkapital anerkannt werden.

[14] Vgl. zum letzteren auch *Philipp*, Fritz, *Berger*, Karl-Heinz u. a., Bestimmung, S. 12.

[15] Im Grenzfall ist nur die Bonität eines Wirtschaftssubjekts zu überprüfen.

[16] Auf Einzelheiten, insbesondere auf die hinter dem beschriebenen Sachverhalt steckenden statistischen Voraussetzungen und Gesetzmäßigkeiten, werden wir im dritten Abschnitt des vorliegenden Kapitels, wenn wir die Eignung des sog. „Rückgriffskapitals" als haftendes Eigenkapital überprüfen, und insbesondere auch im Kapitel D eingehen.

fung der betreffenden Wirtschaftssubjekte aus Gründen der Wirtschaftlichkeit zwar nicht möglich, sie ist jedoch in diesem Falle auch nicht nötig.

Als Ergebnis unserer vorhergehenden Überlegungen können wir somit festhalten, daß der von der Kommissionsmehrheit vertretene „Grundsatz des eingezahlten Eigenkapitals" nicht sachgerecht erscheint, um das haftende Eigenkapital von Kreditinstituten abzugrenzen. Vielmehr sind wir zu der Auffassung gelangt, daß die Bankenaufsicht neben eingezahltem Eigenkapital prinzipiell auch nicht eingezahltes Eigenkapital als haftendes Eigenkapital von Kreditinstituten anerkennen kann.

### 3. Der Grundsatz der Dauerhaftigkeit

#### *a) Zur Notwendigkeit getrennter Grundsätze für das eingezahlte und nicht eingezahlte Eigenkapital*

Der „Grundsatz der Dauerhaftigkeit" wird von der *Studienkommission* einhellig als sachgerechter Grundsatz für die Abgrenzung des haftenden Eigenkapitals der Kreditinstitute angesehen[17]. Nach ihrer Auffassung erfüllen Mittel, die „nur kurzfristig oder zeitlich begrenzt ... (überlassen werden; J. B.), nicht den Zweck, dem Kreditinstitut eine zuverlässige Haftungsgrundlage für seine Geschäftstätigkeit zu sichern"[18]. Die (gesamte) Studienkommission bezieht sich hierbei offenkundig lediglich auf das eingezahlte Eigenkapital. Dieses Vorgehen ist, was die Kommissionsmehrheit anlangt, in sich konsequent. Nach ihrer Auffassung kann ja nur eingezahltes Eigenkapital als haftendes Eigenkapital anerkannt werden. Da nach unserer Ansicht jedoch auch nicht eingezahltes Eigenkapital als haftendes Eigenkapital anerkannt werden kann, ist der Grundsatz der Dauerhaftigkeit auch für diese Form des haftenden Eigenkapitals inhaltlich zu beschreiben und zu beurteilen[19].

#### *b) Der Grundsatz der Dauerhaftigkeit des eingezahlten Eigenkapitals*

Der Grundsatz der Dauerhaftigkeit des eingezahlten Eigenkapitals läßt sich nach unserer Meinung in verschieden strenger Weise formu-

---

[17] Vgl. *Bericht der Studienkommission*, Tz. 1118 ff., S. 352 f.

[18] *Bericht der Studienkommission*, Tz. 1118, S. 352.

[19] Die Kommissionsminderheit, nach deren Auffassung ja auch nicht eingezahltes Eigenkapital als haftendes Eigenkapital anerkannt werden kann, äußert sich zum Grundsatz der Dauerhaftigkeit des nicht eingezahlten Eigenkapitals nicht eigens, sondern handelt ihn im Zusammenhang mit dem Grundsatz des eingezahlten Eigenkapitals ab. Wir werden auf die entsprechende Auffassung der Kommissionsminderheit noch hinweisen.

lieren. In seiner strengen Fassung besagt dieser Grundsatz, daß als haftendes Eigenkapital nur solche wirtschaftlichen Tatbestände anerkannt werden können, bei denen die Bankenaufsicht mit der von ihr als hinreichend angesehenen Wahrscheinlichkeit davon ausgehen kann, daß die betreffenden Tatbestände — soweit sie nicht bereits schon zum Ausgleich von Verlusten aus dem laufenden Geschäft gedient haben — im Falle einer Liquidation der Kreditinstitute noch vorliegen und somit zur Deckung der dort auftretenden Verluste herangezogen werden können. Als (eingezahltes) haftendes Eigenkapital können demgemäß nur solche wirtschaftlichen Tatbestände anerkannt werden, bei denen entweder eine Kapitalrückzahlung[20] mit hinreichender Wahrscheinlichkeit erst dann erfolgt, nachdem sämtliche Gläubiger[21] (fristgerecht) befriedigt worden sind, oder, sollte letzteres nicht der Fall sein, bei denen die Bankenaufsicht mit hinreichender Wahrscheinlichkeit davon ausgehen zu können glaubt, daß zurückgezahltes haftendes Eigenkapital durch Einzahlungen neuer Kapitalgeber in vollem Umfang substituiert wird. Welche Wahrscheinlichkeit die Bankenaufsicht im Hinblick auf ihr Gläubigerschutzziel als „hinreichend“ ansehen sollte, läßt sich mangels eindeutiger sachlicher Kriterien nicht ohne weiteres angeben. Hier kann nur festgehalten werden, daß die als „hinreichend“ anzusehende Wahrscheinlichkeit sich an den Risikovorstellungen der Bankgläubiger orientieren und insofern mit gehöriger Vorsicht gewählt werden sollte[22]. Allerdings wird auch bei der Wahl dieser Größe ihre politische Durchsetzbarkeit eine maßgebliche Rolle spielen.

Eine weniger strenge Formulierung des Grundsatzes der Dauerhaftigkeit (des eingezahlten Eigenkapitals) hat zur Folge, daß die Bankenaufsicht grundsätzlich bereit ist, auch solche wirtschaftlichen Tatbestände als haftendes Eigenkapital anzuerkennen, die keine der beiden soeben genannten Bedingungen erfüllen. Die Bankenaufsicht kann von der strengen Fassung des Grundsatzes der Dauerhaftigkeit nach unserem Dafürhalten immer dann abweichen, wenn sie zu der Ansicht gelangt, daß durch eine Rückzahlung des haftenden Eigenkapitals die Sicherheit der Gläubiger mit hinreichender Wahrscheinlichkeit nicht beeinträchtigt wird. Letzteres ist u. E. zum einen dann der Fall, wenn

---

[20] Spiegelbildlich zur Einzahlung erfolgt die Rückzahlung des Eigenkapitals durch eine (Rück-)Übertragung von Vermögensgegenständen an die jeweiligen Kapitalgeber.

[21] Soweit die „nachrangigen Verbindlichkeiten“ als haftendes Eigenkapital anerkannt werden, rechnen die betreffenden Gläubiger, wie bereits eingangs dieser Arbeit erwähnt, logischerweise nicht zu den durch die aufsichtsrechtlichen Eigenkapitalanforderungen zu schützenden Gläubigern von Kreditinstituten.

[22] Wir werden auf diesen Aspekt im Kapitel D, wo wir uns mit der Quantifizierung des Ausfallrisikos von Krediten befassen, noch zurückkommen.

den Gläubigern das Recht zusteht, für den Fall der (Eigen-)Kapitalrückzahlung eine hinreichende Besicherung ihrer Forderungen zu verlangen, und vor einer solchen Besicherung die Rückzahlung unzulässig ist. Zum anderen halten wir die genannte Voraussetzung auch dann für erfüllt, wenn die Wirtschaftssubjekte, an welche das haftende Eigenkapital zurückgezahlt wird, in Höhe des jeweiligen Kapitalbetrages für die Verbindlichkeiten ihrer (ehemaligen) Kreditinstitute (nach-)haften und die Bonität dieser Wirtschaftssubjekte in den Augen der Bankenaufsicht nicht in Zweifel steht[23].

Im letzteren Falle ist die Eignung des mit einer Nachhaftung verknüpften eingezahlten haftenden Eigenkapitals für den Zweck des Gläubigerschutzes naturgemäß um so höher zu veranschlagen, je länger die Nachhaftung dauert. Nach unserer Auffassung wäre es ideal, wenn die Nachhaftung bis zur Liquidation der jeweiligen Kreditinstitute oder doch zumindest so lange andauern würde, bis sämtliche Verbindlichkeiten, die zum Zeitpunkt der Kapitalrückzahlung Bestand hatten, beglichen sind[24]. In jedem Falle sollte sich die Bankenaufsicht für eine Anerkennung als haftendes Eigenkapital aber ausbedingen, daß die Nachhaftung eine bestimmte, im einzelnen von ihr selbst festzulegende (Mindest-)Frist andauert[25]. Darüber hinaus kann die Bankenaufsicht eine Anerkennung solcher Tatbestände, die die strenge Fassung des Grundsatzes der Dauerhaftigkeit nicht erfüllen, auch noch davon abhängig machen, daß sie eine Reihe weiterer, auf die Verbesserung ihrer Haftungsqualität zielender Bedingungen erfüllen. Um Wiederholungen zu vermeiden, wollen wir diese Bedingungen jedoch erst im Zusammenhang mit der Überprüfung der nachrangigen Verbindlichkeiten im einzelnen vorstellen[26].

### *c) Der Grundsatz der Dauerhaftigkeit des nicht eingezahlten Eigenkapitals*

Der Grundsatz der Dauerhaftigkeit des nicht eingezahlten Eigenkapitals besagt nach unserer Auffassung, daß Haftungszusagen dritter Wirtschaftssubjekte aufsichtsrechtlich in der Höhe als haftendes Eigen-

---

[23] Auf Einzelheiten werden wir im dritten Abschnitt des vorliegenden Kapitels eingehen.

[24] Verbindlichkeiten, die nach dem Zeitpunkt der (Eigen-)Kapitalrückzahlung prolongiert werden, unterliegen im (Ideal-)Fall der begrenzten Nachhaftung logischerweise nur bis zum Zeitpunkt ihrer Prolongation, d. h. bis zur formalen Fälligkeit oder bis zum Ablauf der Kündigungsfrist bei frühest möglicher Kündigung einem Schutz durch die Nachhaftung.

[25] Wir werden hierauf im dritten Abschnitt des vorliegenden Kapitels nochmals zurückkommen, wenn wir uns mit der Eignung der nachrangigen Verbindlichkeiten als haftendes Eigenkapital befassen.

[26] Vgl. unter C.III.5).

kapital anerkannt werden können, in der sie im Bedarfsfalle[27] mit hinreichender Wahrscheinlichkeit[28] zu einem Zufluß von Zentralbankgeld[29] an die jeweiligen Kreditinstitute oder direkt an die Gläubiger führen[30]. In welcher Höhe bei gegebener und als hinreichend angesehener Wahrscheinlichkeit mit einem Zufluß von Zentralbankgeld aufgrund von Haftungszusagen zu rechnen ist, hängt in denjenigen Fällen, in denen die Bankenaufsicht die Bonität der haftenden Wirtschaftssubjekte zu überprüfen vermag, vom Ergebnis der jeweiligen Bonitätsprüfung ab. Demgegenüber ist in den Fällen, in denen wegen der Anzahl der haftenden Wirtschaftssubjekte eine Bonitätsprüfung weder möglich noch nötig ist, entscheidend, wie die Bankenaufsicht die in diesem Zusammenhang maßgebenden statistischen Tatbestände — insbesondere das Wirksamwerden des sog. „Gesetzes der großen Zahl" und den Grad der (wirtschaftlichen) Abhängigkeit der Haftenden — einschätzt[31].

Um das Risiko zu begrenzen, daß der tatsächliche Vermögenszufluß aufgrund von Haftungszusagen geringer als der von der Bankenaufsicht erwartete ist, aber auch um dem Sachverhalt Rechnung zu tragen, daß der Vermögenszufluß „... unter Umständen nur mit einer mehr oder weniger großen zeitlichen Verzögerung realisiert werden ..." kann[32], wird in der Literatur die Forderung erhoben, daß dem eingezahlten „... Eigenkapital bei der Bestimmung des insgesamt anzurechnenden Eigenkapitals grundsätzlich die dominierende Rolle zukommt"[33]. Im einzelnen wird vorgeschlagen, das nicht eingezahlte Eigenkapital nur bis zu einer Höhe von 50 % des eingezahlten Eigenkapitals bzw., was auf dasselbe hinausläuft, bis zu einer Höhe von maximal 33 1/3 % des

---

27 Wir haben bereits begründet, daß es für den Zweck des Gläubigerschutzes auch dann hinreicht, wenn die Haftungszusagen erst im Falle der Liquidation in Anspruch genommen werden können.

28 Demgegenüber halten wir die Forderung Gesslers nach „absoluter Sicherheit" (vgl. *Gessler*, Ernst, Bankengesetzgebung, S. 13), d. h. nach einem Wahrscheinlichkeitsgrad von eins, für zu hoch gegriffen. Ohne Zweifel hinsichtlich ihrer vollständigen Realisierbarkeit sind bestenfalls die Haftungszusagen des Staates, u. U. nicht einmal diese.

29 Wir gehen hier wie im folgenden davon aus, daß die betreffenden Wirtschaftssubjekte ausschließlich zur Leistung von Zentralbankgeld verpflichtet sind. Sollten die Wirtschaftssubjekte hingegen auch zur Leistung anderer Vermögensgegenstände berechtigt (oder sogar verpflichtet) sein, dann wären diese mit ihren mutmaßlichen Veräußerungserlösen für den Zeitpunkt der Leistungspflicht zu bewerten.

30 Vgl. *Bericht der Studienkommission*, Tz. 1122, S. 353. Wir nehmen hier auf die Auffassung der Kommissionsminderheit Bezug.

31 Auf Einzelheiten werden wir im dritten Abschnitt dieses Kapitels, wenn wir uns mit der Eignung des Rückgriffskapitals als haftendes Eigenkapital befassen, und im Kapitel D eingehen.

32 *Philipp*, Fritz, *Berger*, Karl-Heinz u. a., Bestimmung, S. 12.

33 *Philipp*, Fritz, *Berger*, Karl-Heinz u. a., Bestimmung, S. 12 f. Vgl. hierzu auch *Erdland*, Alexander, Eigenkapital, S. 283 f.

gesamten haftenden Eigenkapitals als haftendes Eigenkapital anzuerkennen[34]. Mißt man, was unter dem (alleinigen) Aspekt des Gläubigerschutzes vertretbar erscheint, dem an zweiter Stelle genannten Argument möglicher Zahlungsverzögerungen keine allzu große Bedeutung bei, dann vermögen wir diese Privilegierung des eingezahlten haftenden Eigenkapitals nicht einzusehen. Vielmehr halten wir es prinzipiell für denkbar, eingezahltes haftendes Eigenkapital in vollem Umfang durch nicht eingezahltes haftendes Eigenkapital zu ersetzen[35].

### 4. Ergebnis: Der Grundsatz der Dauerhaftigkeit als sachgerechter Grundsatz für die Abgrenzung des haftenden Eigenkapitals von Kreditinstituten

Als Ergebnis unserer vorhergehenden Überlegungen können wir festhalten, daß, stellt man allein auf den Gläubigerschutz ab, die von der Kommissionsmehrheit vertretenen Grundsätze der Teilnahme am laufenden Verlust und des eingezahlten Eigenkapitals nicht sachgerecht erscheinen, um das haftende Eigenkapital von Kreditinstituten abzugrenzen. Die als haftendes Eigenkapital zur Debatte stehenden Tatbestände brauchen u. E. weder am laufenden Verlust der Kreditinstitute teilzunehmen, noch brauchen sie notwendigerweise bereits eingezahlt zu sein, um die ihnen zugedachte Gläubigerschutzfunktion erfüllen zu können. Dagegen sind wir der Ansicht, daß der Grundsatz der Dauerhaftigkeit, wie wir ihn soeben für das eingezahlte und das nicht eingezahlte Eigenkapital inhaltlich festgelegt haben, sachgerecht ist, um das haftende Eigenkapital der Kreditinstitute im Hinblick auf den Zweck des Gläubigerschutzes abzugrenzen.

---

[34] Vgl. *Philipp,* Fritz, *Berger,* Karl-Heinz u. a., Bestimmung, S. 13. Vgl. im vorliegenden Zusammenhang auch *Holdijk,* Rudolf, Eigenkapitalprobleme, S. 194 f. und *Kurze,* Thomas, Eigenkapitalausstattung, S. 184. Die beiden zuletzt genannten Autoren beziehen sich allerdings nur auf das haftende Eigenkapital von öffentlich-rechtlichen Sparkassen. Für öffentlich-rechtliche Sparkassen steht, worauf wir im dritten Abschnitt des vorliegenden Kapitels noch eingehen werden, ein „Haftungszuschlag" für Anstaltslast und Gewährträgerhaftung als nicht eingezahltes Eigenkapital zur Debatte.

[35] Vgl. in diesem Sinne auch *Krümmel,* Hans-Jacob, Bankzinsen, S. 208, Fn. 59.

Wir werden im folgenden Abschnitt III dieses Kapitels jedoch sehen, daß Begrenzungen der geschilderten Art aus pragmatischen und wettbewerbspolitischen Gründen in Frage kommen können.

## III. Überprüfung ausgewählter wirtschaftlicher Tatbestände im Hinblick auf ihre Eignung als haftendes Eigenkapital von Kreditinstituten

### 1. Überblick über die in die Untersuchung einbezogenen Kreditinstitute und wirtschaftlichen Tatbestände sowie über den Gang der Untersuchung

Im folgenden Abschnitt wollen wir der Frage nachgehen, ob und inwieweit bestimmte wirtschaftliche Tatbestände den Grundsatz der Dauerhaftigkeit erfüllen und dementsprechend als haftendes Eigenkapital von Kreditinstituten anzuerkennen sind. Um den Rahmen der vorliegenden Arbeit nicht zu sprengen, müssen wir dabei sowohl im Hinblick auf die in die Untersuchung einzubeziehenden Kreditinstitute als auch im Hinblick auf die zu überprüfenden wirtschaftlichen Tatbestände Einschränkungen machen.

Was die zuerst genannte Einschränkung betrifft, so werden in die folgende Untersuchung lediglich die Aktienbanken, die Kreditgenossenschaften und die öffentlich-rechtlichen Sparkassen einbezogen. Unsere Betrachtung wird zusätzlich noch dadurch eingeschränkt, daß wir uns in diesem Zusammenhang lediglich auf die jeweils rechtlich selbständigen Unternehmungen beziehen. Probleme, die sich für die Abgrenzung des haftenden Eigenkapitals aufgrund des Zusammenschlusses von Kreditinstituten ergeben können[1], müssen dagegen aus Raumgründen hier unberücksichtigt bleiben.

Unter den in Frage kommenden wirtschaftlichen Tatbeständen wollen wir all jene in unsere Betrachtung einbeziehen, die für die genannten Institute bereits im geltenden deutschen Aufsichtsrecht als haftendes Eigenkapital anerkannt werden. Daneben sollen aber auch solche Tatbestände den Gegenstand unserer Untersuchung bilden, die zwar zur Zeit noch nicht als haftendes Eigenkapital anerkannt werden, deren Anerkennung jedoch in besonderem Maße Gegenstand der aktuellen bankaufsichtsrechtlichen Diskussion ist[2].

---

[1] In der Literatur wird in diesem Zusammenhang von der „Mehrfachbelegung des (haftenden) Eigenkapitals" oder auch vom „Aufbau von Kreditpyramiden" gesprochen. Vgl. zum Sachverhalt und zur Kritik an der Mehrfachbelegung des haftenden Eigenkapitals u. a. *Becker*, Jürgen, Quotenkonsolidierung, S. 490 ff.; *Bericht der Studienkommission*, Tz. 639, S. 198 u. Tz. 672 ff., S. 208 ff.; *Philipp*, Fritz, *Berger*, Karl-Heinz u. a., Bestimmung, S. 41 ff.; *Schierenbeck*, Henner, Mehrfachnutzung, S. 150 ff. sowie *Schneider*, Uwe H., Bankenaufsicht, S. 1256 ff.

[2] Wir haben hier insbesondere den Bericht der Studienkommission und die zu diesem Bericht verfaßte Stellungnahme von Philipp, Berger u. a., aber auch das von Welcker in Zusammenarbeit mit dem Deutschen Institut für Wirtschaftsforschung erstattete Gutachten über die ‚Neuordnung der Bankenaufsicht' im Auge.

Im folgenden sollen nun die betreffenden wirtschaftlichen Tatbestände jeweils zunächst inhaltlich beschrieben werden. Wir teilen sie ein in das Grundkapital, das Ergänzungskapital[3], das Rückgriffskapital[4], die nachrangigen Verbindlichkeiten und die Vermögenseinlagen stiller Gesellschafter. Im Anschluß daran wollen wir sodann die Eignung dieser Tatbestände als haftendes Eigenkapital für die jeweiligen Kreditinstitute überprüfen[5]. In diesem Zusammenhang werden wir auch der Frage nachgehen, ob und inwieweit die von uns gefundenen Ergebnisse mit den gegenwärtigen Regelungen des deutschen Aufsichtsrechts übereinstimmen und welche Änderungen des geltenden Rechts im Falle von Abweichungen angezeigt erscheinen.

## 2. Die Eignung des Grundkapitals als haftendes Eigenkapital

### a) Inhaltliche Beschreibung des Grundkapitals

Als „Grundkapital" bezeichnen wir das eingezahlte und auf den Eigenkapitalkonten der Gesellschafter[6] in der Bilanz offen ausgewiesene Eigenkapital der Kreditinstitute. Im Zusammenhang mit der inhaltlichen Beschreibung des Grundkapitals ist es zweckmäßig, auf folgendes Problem einzugehen:

Im Bericht der Studienkommission wird angeregt, Kredite an Gesellschafter von Kreditinstituten bei der Bestimmung des haftenden Eigenkapitals dann in Abzug zu bringen, wenn sie „... nicht ausreichend bankküblich gesichert sind oder nicht marktmäßig verzinst werden"[7].

---

[3] Den Ausdruck „Ergänzungskapital" verwenden wir als Sammelbezeichnung für die offenen Rücklagen und den Bilanz- bzw. Reingewinn.

[4] Die (teilweise) Unterteilung des (haftenden) Eigenkapitals in Grundkapital, Ergänzungskapital und Rückgriffskapital geht zurück auf Meithner (vgl. *Meithner,* Karl, Bilanzen, S. 276) und wird auch in der jüngeren Literatur des öfteren benutzt. Vgl. zum letzteren *Feyerabend,* Friedrich-Karl, Haftsummenzuschlag, S. 32 ff.; *Holdijk,* Rudolf, Eigenkapitalprobleme, S. 39 ff.; *Köppen,* Joachim von, Eigenkapital, S. 71 ff. sowie *Kurze,* Thomas, Eigenkapitalausstattung, S. 14 ff. Es ist hier allerdings darauf hinzuweisen, daß wir von den genannten Autoren sowohl hinsichtlich der Bezeichnung als auch hinsichtlich der inhaltlichen Beschreibung der betreffenden Tatbestände mitunter abweichen werden.

[5] Für die nachrangigen Verbindlichkeiten und die Vermögenseinlagen stiller Gesellschafter ist allerdings eine Unterscheidung nach den einzelnen Kreditinstituten nicht nötig.

[6] Zu den Gesellschaftern der Kreditinstitute rechnen hier nicht die „stillen Gesellschafter", wohl aber prinzipiell die Gewährträger der öffentlich-rechtlichen Sparkassen.

[7] *Bericht der Studienkommission,* Tz. 1167, S. 368. Vgl. im vorliegenden Zusammenhang auch *Bericht der Studienkommission,* Tz. 1106, S. 346 u. Tz. 1168 ff., S. 369 und *Philipp,* Fritz, *Berger,* Karl-Heinz u. a., Bestimmung, S. 11. Allerdings wird von letzteren lediglich ein Abzug von Krediten an die Gesellschafter einer OHG oder einer KG zur Debatte gestellt.

Zur Begründung dieses Vorschlags werden zwei Argumente ins Feld geführt: Zum einen wird behauptet, daß eine Kreditgewährung an Gesellschafter im Grunde zu einer Rückzahlung von haftendem Eigenkapital führen[8] bzw. — wie die Studienkommission sich auch etwas vorsichtiger ausdrückt — „... die Kreditgewährung wirtschaftlich einer Rückzahlung des haftenden Eigenkapitals ..." nahekommen würde[9]. Auf der anderen Seite wird angeführt, daß Kredite an Gesellschafter, die nicht banküblich gesichert sind oder auch nicht zu bankmäßigen Konditionen begeben wurden, besonders risikoreich seien. Nach Auffassung der Studienkommission besteht „... bei solchen Krediten die Gefahr eines mißbräuchlichen Einflusses durch die Gesellschafter ..."[10].

Wir vermögen das an erster Stelle genannte Argument nicht einzusehen. Nach unserer Sicht der Dinge ist mit einer Gewährung von Gesellschafterkrediten für das jeweilige Kreditinstitut lediglich ein Vermögenstausch, nicht jedoch eine Rückzahlung von Eigenkapital verbunden. Das Kreditinstitut erwirbt in diesem Falle eine Forderung gegen die Gesellschafter und verliert in Höhe dieser Forderung Zentralbankgeld (oder andere Vermögensgegenstände). Eine Rückzahlung von Eigenkapital würde demgegenüber nur dann vorliegen, wenn das Kreditinstitut mit der Übertragung von Zentralbankgeld (oder anderen Vermögensgegenständen) an seine Gesellschafter keine neuen Vermögensgegenstände in Gestalt von Forderungen gegen die betreffenden Gesellschafter erwerben würde. Mit dem soeben Gesagten wird keineswegs in Abrede gestellt — und damit kommen wir zu dem an zweiter Stelle genannten Argument —, daß es sich bei Krediten an Gesellschafter um risikobehaftete, ja sogar um besonders risikobehaftete Kredite handeln kann[11]. Der genuine Ort, um risikobehaftete Kredite bei der Formulierung der aufsichtsrechtlichen Anforderungen an das haftende Eigenkapital der Kreditinstitute zu berücksichtigen, liegt jedoch, wie wir im Kapitel D sehen werden, in den quantitativen und nicht in den qualitativen Eigenkapitalanforderungen der Bankenaufsicht.

### *b) Die Eignung des Grundkapitals als haftendes Eigenkapital der Aktienbanken*

Als Grundkapital von in der Rechtsform einer AG betriebenen Kreditinstituten ist gemäß der von uns gewählten Abgrenzung des Grund-

[8] Vgl. *Bericht der Studienkommission,* Tz. 640, S. 199.

[9] *Bericht der Studienkommission,* Tz. 677, S. 210.

[10] *Bericht der Studienkommission,* Tz. 676, S. 210. Vgl. hierzu auch *Dürre,* Günter, Bankinsolvenzen, S. 192.

[11] Wir werden die (Vermögensverlust-)Risiken, die Krediten drohen können, im Kapitel D der vorliegenden Arbeit noch eingehend erörtern.

kapitals das auf den Kapitalkonten der Aktionäre offen ausgewiesene und im Aktiengesetz ebenfalls als „Grundkapital“ bezeichnete Eigenkapital[12] abzüglich des Betrages der eigenen Aktien[13] und der ausstehenden Einlagen auf das Grundkapital (i. S. d. AktG)[14] anzusehen.

Eine Rückzahlung von Grundkapital an die Aktionäre vor der Liquidation der Gesellschaft läßt das Aktiengesetz in zweifacher Weise zu: auf dem Wege der sog. „ordentlichen Kapitalherabsetzung“ gemäß §§ 222 ff. AktG auf der einen und auf dem Wege der sog. „Kapitalherabsetzung durch Einziehung von Aktien“ gemäß §§ 237 ff. AktG auf der anderen Seite[15]. Dagegen ist eine Rückgewähr von Einlagen an die Aktionäre gemäß § 57 Abs. 1 Satz 1 AktG unzulässig.

Ob das Grundkapital von Aktienbanken den Grundsatz der Dauerhaftigkeit (des eingezahlten Eigenkapitals) in der strengen Fassung zu erfüllen vermag, ob also die Bankenaufsicht mit der von ihr als hinreichend angesehenen Wahrscheinlichkeit davon ausgehen kann, daß das Grundkapital im Falle einer Liquidation auch tatsächlich noch vorhanden ist, läßt sich mangels eindeutiger sachlicher Kriterien nicht ohne weiteres angeben. Zwar klingt nach unserer Auffassung auch die Vermutung plausibel, die Aktienbanken würden schon aus Rücksicht auf eventuelle Kapitalabzüge ihrer derzeitigen Gläubiger und auf ihr standing in den Augen potentieller Gläubiger von einer Herabsetzung des Grundkapitals aller Wahrscheinlichkeit nach absehen. Wir sind jedoch auf diese, letzten Endes doch spekulativ bleibende Begründung

---

[12] Vgl. z. B. § 151 Abs. 1 Passivseite Nr. I AktG. Daß mit dem Ausdruck „Grundkapital“ somit zwei verschiedene wirtschaftliche Tatbestände gemeint sein können, sei hier als terminologische Ungereimtheit in Kauf genommen.

[13] „Der Erwerb eigener Aktien kommt wirtschaftlich einer Rückzahlung von Eigenkapitalanteilen ... gleich“ (*Menrad,* Siegfried, Rechnungswesen, S. 287 f.). Vgl. hierzu auch *Vormbaum,* Herbert, Finanzierung, S. 128.

Wir gehen hier zunächst davon aus, daß für eigene Aktien keine speziellen Rücklagen gebildet werden (müssen). Im letzteren Falle wäre es, worauf wir im Zusammenhang mit der Überprüfung des Ergänzungskapitals der Aktienbanken noch zurückkommen werden, formal korrekter, bei der Ermittlung des haftenden Eigenkapitals den Betrag der eigenen Aktien nicht vom Grundkapital in Abzug zu bringen, sondern gegen die betreffende „Rücklage für eigene Aktien“ aufzurechnen.

[14] Die ausstehenden Einlagen auf das Grundkapital (i. S. d. AktG) rechnen wir zum nicht eingezahlten Eigenkapital, und zwar auch dann, wenn sie nach § 63 Abs. 1 Satz 1 AktG vom Vorstand der jeweiligen Gesellschaft bereits eingefordert worden sind. Vgl. zur Begründung unter C.III.4.a).

[15] Neben den beiden genannten Formen der Kapitalherabsetzung kennt das Aktiengesetz auch noch die Form der sog. „vereinfachten Kapitalherabsetzung“ gemäß §§ 229 ff. AktG. Diese Form ist jedoch für den Zweck einer Rückzahlung von Grundkapital an die Aktionäre unzulässig. Nach § 229 Abs. 1 Satz 1 AktG darf die vereinfachte Kapitalherabsetzung nur dazu verwendet werden, um „... Wertminderungen auszugleichen, sonstige Verluste zu decken oder Beträge in die gesetzliche Rücklage einzustellen ...“.

gar nicht angewiesen. Das Aktiengesetz enthält nämlich eine Reihe von Vorschriften, die bewirken, daß das Grundkapital von Aktienbanken zumindest den Grundsatz der Dauerhaftigkeit in der weniger strengen Fassung erfüllt und schon deshalb als haftendes Eigenkapital anzuerkennen ist.

Was die oben zuerst genannte Möglichkeit der ordentlichen Kapitalherabsetzung anlangt, so schreibt § 225 Abs. 1 Satz 1 AktG vor, daß „den Gläubigern, deren Forderungen begründet worden sind, bevor die Eintragung des Beschlusses (über die Kapitalherabsetzung in das Handelsregister; J. B.) bekannt gemacht worden ist, ..., wenn sie sich binnen sechs Monaten nach der Bekanntmachung zu diesem Zweck melden, Sicherheit zu leisten (ist; J. B.), soweit sie nicht Befriedigung verlangen können". Des weiteren dürfen nach § 225 Abs. 2 Satz 1 AktG „Zahlungen an die Aktionäre ... auf Grund der Herabsetzung des Grundkapitals erst geleistet werden, nachdem seit der Bekanntgabe der Eintragung sechs Monate verstrichen sind und nachdem den Gläubigern, die sich rechtzeitig gemeldet haben, Befriedigung oder Sicherheit gewährt worden ist". Hinsichtlich einer Kapitalherabsetzung durch Einziehung von Aktien sind nach § 237 Abs. 2 Satz 1 AktG „... die Vorschriften über die ordentliche Kapitalherabsetzung zu befolgen". Weiterhin gilt nach § 237 Abs. 2 Satz 3 „für die Zahlung des Entgelts, das Aktionären ... (aufgrund der Kapitalherabsetzung; J. B.) gewährt wird, ... § 225 Abs. 2 sinngemäß". In § 10 Abs. 2 Nr. 2 KWG wird, mit den von uns gewonnenen Ergebnissen übereinstimmend, „das eingezahlte Grund(...)kapital abzüglich des Betrages der eigenen Aktien" als haftendes Eigenkapital von Aktienbanken anerkannt.

### *c) Die Eignung des Grundkapitals als haftendes Eigenkapital der Kreditgenossenschaften*

Als Grundkapital von in der Rechtsform einer eG betriebenen Kreditinstituten ist das auf den Kapitalkonten der sog. „Genossen" offen ausgewiesene und im Genossenschaftsgesetz als „Geschäftsguthaben" bezeichnete Eigenkapital[16] anzusehen. Die Geschäftsguthaben stellen den Betrag dar, „... der auf den Geschäftsanteil *eingezahlt* wurde"[17]. Als Geschäftsanteil gilt nach § 7 Nr. 1 GenG der „... Betrag, bis zu welchem sich die einzelnen Genossen mit Einlagen beteiligen können ..."[18].

---

[16] Vgl. z. B. § 33 d Abs. 1 Passivseite Nr. I GenG.

[17] *Heinen*, Edmund, Handelsbilanzen, S. 252 (Hervorhebung vom Verfasser). Vgl. auch § 7 Nr. 1 GenG.

[18] Vgl. zur Abgrenzung von Geschäftsguthaben und Geschäftsanteil auch *Geist*, Herbert, Beteiligung, S. 35 f. und die dort angegebene Literatur.

Eine Rückzahlung von Grundkapital ist vor der Liquidation der Genossenschaft nach den Vorschriften des Genossenschaftsgesetzes in zweifacher Weise möglich: Auf der einen Seite besteht nach § 22 Abs. 1 GenG die Möglichkeit, durch Herabsetzungen des Geschäftsanteils oder der auf den Geschäftsanteil zu leistenden Einzahlungen ggf. auch die Geschäftsguthaben herabzusetzen; auf der anderen Seite hat nach § 65 Abs. 1 GenG „jeder Genosse ... das Recht, mittels Aufkündigung seinen Austritt aus der Genossenschaft zu erklären“[19].

Was die zuerst angeführte Möglichkeit einer Herabsetzung der Geschäftsguthaben anlangt, so erfüllt das Grundkapital eingetragener Kreditgenossenschaften zumindest den Grundsatz der Dauerhaftigkeit in der weniger strengen Fassung. Nach § 22 Abs. 2 Satz 1 GenG ist nämlich „den Gläubigern der Genossenschaft ..., wenn sie sich binnen sechs Monaten nach der Bekanntmachung (der Eintragung der Kapitalherabsetzung in das Genossenschaftsregister; J. B.) bei der Genossenschaft zu diesem Zweck melden, Sicherheit zu leisten, soweit sie nicht Befriedigung verlangen können“.

Da das Genossenschaftsgesetz für die Möglichkeit der Rückzahlung von Grundkapital auf dem Wege einer Kündigung durch die Genossen keine hinreichenden Gläubigerschutzvorschriften vorsieht[20], kommt hier von vornherein nur die strenge Fassung des Grundsatzes der Dauerhaftigkeit des eingezahlten Eigenkapitals in Betracht. Ob diese Voraussetzung erfüllt ist, läßt sich mangels eindeutiger sachlicher Kriterien allerdings nicht ohne weiteres angeben. In der Literatur wird im vorliegenden Zusammenhang zwar argumentiert, daß „... sich das Ausscheiden und der Eintritt von Mitgliedern die Waage (hält; J. B.), so daß ... in aller Regel faktisch das Eigenkapital nicht abnimmt“[21]. Gegenüber dieser Auffassung sind nach unserer Ansicht jedoch Vorbehalte zu machen. Schon weil „... die Mitgliedschaft in einer bestimmten Genossenschaft nur dann sinnvoll ist, wenn das Mitglied innerhalb

---

Ausstehende Einlagen auf die Geschäftsanteile rechnen wir unabhängig davon, ob sie bereits eingefordert worden sind oder nicht, zum Rückgriffskapital der Kreditgenossenschaften.

Als Abzugsposten sind die ausstehenden Einlagen bei der Ermittlung des Grundkapitals nicht in Ansatz zu bringen. Nach § 33 e Abs. 1 GenG sind nämlich „rückständige Einzahlungen auf den Geschäftsanteil ... entweder in die Bilanz zu dem Nennwert mit dem gleichen Betrage auf der Seite der Aktiven und der Passiven je gesondert einzusetzen oder in einem Vermerk zu der Bilanz auszuweisen“.

[19] Wegen der den Zeitraum der Kündigung betreffenden Vorschriften vgl. § 65 Abs. 2 GenG.

[20] Solche Vorschriften sind ja für die weniger strenge Fassung des Grundsatzes der Dauerhaftigkeit des eingezahlten Eigenkapitals konstitutiv.

[21] *Bericht der Studienkommission*, Tz. 1120, S. 353. Vgl. hierzu auch *Köppen*, Joachim von, Eigenkapital, S. 76.

eines gewissen örtlichen Bereichs domiziliert und der Genossenschaft ein bestimmtes sachbezogenes Förderungsinteresse entgegenbringt ..."[22], ist es u. E. fraglich, ob die Bankenaufsicht mit der von ihr als hinreichend angesehenen Wahrscheinlichkeit von dem geschilderten Substitutionseffekt ausgehen kann. Sollte die Bankenaufsicht den Substitutionseffekt aber nicht als hinreichend wahrscheinlich erachten, dann könnte sie dem dadurch Rechnung tragen, daß sie nur einen bestimmten, von ihr festzulegenden Prozentsatz der gesamten Geschäftsguthaben als haftendes Eigenkapital eingetragener Kreditgenossenschaften anerkennt[23]. Allerdings teilt die Bankenaufsicht die soeben vorgetragenen Bedenken im Ergebnis nicht. In § 10 Abs. 2 Nr. 3 KWG werden die Geschäftsguthaben der Genossen, soweit sie nicht zum Schluß des Geschäftsjahres ausscheiden, in voller Höhe als haftendes Eigenkapital von eingetragenen Kreditgenossenschaften anerkannt.

### *d) Die Eignung des Grundkapitals als haftendes Eigenkapital der Sparkassen*

Als Grundkapital von in der Rechtsform einer öffentlich-rechtlichen Sparkasse betriebenen Kreditinstituten ist zunächst das auf den Kapitalkonten der Gesellschafter oder, genauer, der Gewährträger dieser Institute offen ausgewiesene und in der Literatur als „Dotationskapital" bezeichnete Eigenkapital anzusehen[24].

In der Literatur wird nun die Auffassung vertreten, daß Dotationskapital, welches der Gewährträger durch eine Kreditaufnahme bei der Sparkasse „finanziert" hat, der das Dotationskapital zugedacht ist, erst sukzessive in Höhe der Tilgungseinzahlungen auf den betreffenden Kredit als haftendes Eigenkapital anerkannt werden kann[25]. Zur Begründung wird ins Feld geführt, daß „... im Moment der Kreditgewährung ... die ‚Kapitalzuführung' aus einem rein bilanztechnischen Vorgang, nämlich dem Forderungszugang auf der einen und der Erhöhung der Kapitalziffer auf der anderen Seite" bestünde[26].

---

[22] *Birck*, Heinrich, Eigenkapitalausstattung, S. 110. Vgl. hierzu auch *Viehoff*, Felix, Eigenkapitalausstattung, S. 210.

[23] Insofern würden dann in die qualitativen Eigenkapitalanforderungen der Bankenaufsicht auch quantitative Aspekte einfließen. Wir werden auf solche Aspekte im weiteren Verlauf unserer Untersuchung noch vereinzelt stoßen, ohne jedoch auf diese gesondert hinzuweisen.

[24] Vgl. *Erdland*, Alexander, Eigenkapital, S. 268 f.; *Köppen*, Joachim von, Eigenkapital, S. 75 sowie *Kurze*, Thomas, Eigenkapitalausstattung, S. 186. Es ist für unsere nachfolgenden, mehr grundsätzlichen Überlegungen unerheblich, daß die Sparkassen, mit einigen wenigen Ausnahmen, gegenwärtig kein Dotationskapital besitzen.

[25] Vgl. *Bericht der Studienkommission*, Tz. 1203, S. 380 sowie *Holdijk*, Rudolf, Eigenkapitalprobleme, S. 209 f. und die dort angegebene Literatur.

[26] *Holdijk*, Rudolf, Eigenkapitalprobleme, S. 209 f.

Wir können diese Auffassung nicht teilen. Zunächst scheitert eine Zurechnung von bei einer Sparkasse aufgenommenen Krediten auf das Dotationskapital dieser Sparkasse schon an der „... Tatsache, daß ... sowohl im Verwaltungs- als auch im Vermögenshaushalt der Kommunen das Prinzip der Gesamtdeckung der Ausgaben durch die Einnahmen gilt (und; J. B.) zu den der Gesamtdeckung unterliegenden Einnahmen ... auch die aus Kreditaufnahmen stammenden Mittel" zählen[27]. Aber selbst wenn man davon ausgeht, daß eine solche Zurechnung vorgenommen wird, vermögen wir die obengenannte Begründung nicht einzusehen. Wie bereits im Zusammenhang mit der inhaltlichen Beschreibung des Grundkapitals erörtert wurde, bringen die Gewährträger in dem geschilderten Falle Vermögensgegenstände in Form von Forderungen gegen sich selbst in die jeweiligen Kreditinstitute ein, und dementsprechend hat auch eine Mehrung des Dotationskapitals dieser Institute stattgefunden. Im Rahmen der Kredittilgung kommt es dann lediglich zu einer Vermögensumschichtung, die jedoch mit keinen kapitalmäßigen Konsequenzen für die betreffenden Kreditinstitute verbunden ist.

Ob und inwieweit eine Rückzahlung von Dotationskapital an die Gewährträger von Sparkassen möglich ist, hängt von der Satzung der jeweiligen Institute ab und läßt sich infolgedessen nicht allgemeingültig angeben. Da die Gewährträger für die Verbindlichkeiten ihrer Sparkassen jedoch unbeschränkt haften[28] und ihre Bonität für den Zweck der Formulierung der aufsichtsrechtlichen Eigenkapitalanforderungen u. E. als unzweifelhaft angesehen werden kann[29], erfüllt das Dotationskapital in jedem Falle den Grundsatz der Dauerhaftigkeit in der weniger strengen Fassung[30] und ist schon deshalb als haftendes Eigenkapital der Sparkassen anzuerkennen. In § 10 Abs. 2 Nr. 4 KWG, in dem die Bankenaufsicht anführt, welche wirtschaftlichen Tatbestände sie als haftendes Eigenkapital von Sparkassen anerkennt, wird das Dotationskapital nicht berücksichtigt. Die Bankenaufsicht hat damit jedoch wohl lediglich den bei der Verabschiedung des Kreditwesengesetzes im Jahre 1961 faktisch vorliegenden Gegebenheiten Rechnung getragen, nach denen die Sparkassen, mit einigen wenigen Ausnahmen,

---

27 *Holdijk*, Rudolf, Eigenkapitalprobleme, S. 210 f. (mit Nachweisen). Vgl. hierzu auch *Bericht der Studienkommission*, Tz. 1203, S. 380.

28 Wir werden das entsprechende Rechtsinstitut der „Gewährträgerhaftung" im Zusammenhang mit dem Rückgriffskapital der Sparkassen noch genauer vorstellen.

29 Wir werden hierauf im Kapitel D, wenn wir uns mit der Quantifizierung des Ausfallrisikos von Krediten befassen, noch genauer eingehen.

30 Durch eine Rückzahlung von Dotationskapital würde dann die Sicherheit der Gläubiger (mit hinreichender Wahrscheinlichkeit) nicht beeinträchtigt.

zu jener Zeit kein Dotationskapital besaßen[31]. Dementsprechend kann aus der fehlenden Berücksichtigung des Dotationskapitals im Kreditwesengesetz auch nicht geschlossen werden, daß es von der Bankenaufsicht nicht als haftendes Eigenkapital der Sparkassen anerkannt wird[32]. Im Interesse der Rechtsklarheit sollte das Dotationskapital deshalb in der Regelung des § 10 Abs. 2 Nr. 4 KWG ausdrücklich berücksichtigt werden[33].

Im Bericht der Studienkommission werden im Hinblick auf eine Verbesserung der Eigenkapitalausstattung der Sparkassen drei „Modelle zur bürgerschaftlichen Beteiligung an öffentlich-rechtlichen Sparkassen", unter ihnen auch das Modell eines sog. „Stammkapitals" diskutiert[34]. Das zuletzt genannte Modell „... sieht vor, daß die Sparkasse ein Stammkapital bildet und hiervon bis zu 50 % ... den Bürgern ihres Geschäftsgebietes öffentlich zur Zeichnung anbietet ..."[35]. Da das Stammkapital nach den Vorschriften des Aktiengesetzes gebildet werden soll[36], wäre das auf den Kapitalkonten der „Bürger" offen ausgewiesene Eigenkapital abzüglich des Betrages der ‚eigenen (Stamm-)Kapitalanteile' sowie abzüglich der ausstehenden Einlagen auf das Stammkapital als Grundkapital von Sparkassen anzusehen. Da es ebenso wie das Grundkapital der Aktienbanken zumindest den Grundsatz der Dauerhaftigkeit in der weniger strengen Fassung erfüllt, wäre das Stammkapital auch als haftendes Eigenkapital der Sparkassen anzuerkennen[37]. In § 10 Abs. 2 Nr. 4 KWG wird das Stammkapital (noch) nicht berücksichtigt. Sollten die Sparkassen jedoch in Zukunft tatsächlich ein Stammkapital in der geschilderten Form bilden, dann müßte diese Vorschrift entsprechend der für das Grundkapital der Aktienbanken geltenden Regelungen ergänzt werden.

---

[31] Vgl. *Hornbach*, Friedrich, Bonitäts- und Solvenzsicherung, S. 145 und *Schork*, Anm. 40 zu § 10 KWG, S. 19.

[32] Die Bankenaufsicht erkennt denn auch das in Einzelfällen vorhandene Dotationskapital als haftendes Eigenkapital an. Vgl. *Szagunn / Neumann / Wohlschieß*, Anm. 22 zu § 10 KWG, S. 144.

[33] Vgl. *Bericht der Studienkommission*, Tz. 1202, S. 380; *Hornbach*, Friedrich, Bonitäts- und Solvenzsicherung, S. 223 f. sowie den *Wettbewerbsbericht*, S. 70.

[34] Vgl. *Bericht der Studienkommission*, Tz. 1111, S. 348 f., insbes. S. 349.

[35] *Bericht der Studienkommission*, Tz. 1111, S. 349.
Wer die restlichen Anteile am Stammkapital übernehmen soll, wird im Bericht der Studienkommission zwar nicht explizit angeführt. Naheliegend wäre es nach unserer Auffassung jedoch, wenn die Gewährträger die betreffenden Anteile übernehmen und ihren Sparkassen auf diese Weise faktisch Dotationskapital zur Verfügung stellen würden.

[36] Vgl. *Bericht der Studienkommission*, Tz. 1197, S. 378.

[37] Vgl. im Ergebnis auch *Bericht der Studienkommission*, Tz. 1197, S. 378.

### 3. Die Eignung des Ergänzungskapitals als haftendes Eigenkapital

#### *a) Inhaltliche Beschreibung des Ergänzungskapitals*

Als „Ergänzungskapital“ bezeichnen wir, wie bereits erwähnt, die in der Bilanz offen ausgewiesenen Rücklagen sowie den Bilanz- bzw. Reingewinn eines Kreditinstituts. Die offenen Rücklagen eines Kreditinstituts (wie auch einer jeden Nichtbank-Unternehmung) lassen sich prinzipiell in gesetzliche und in freie Rücklagen einteilen. „Gesetzliche Rücklagen sind solche, zu deren Bildung die Gesellschaften auf Grund gesetzlicher Vorschriften verpflichtet sind“[38] und deren Verwendung in den betreffenden Gesetzen abschließend geregelt ist[39]. Freie Rücklagen werden demgegenüber nicht aufgrund gesetzlicher Vorschriften gebildet. Ihre Bildung beruht entweder auf der Satzung der jeweiligen Kreditinstitute — in der Literatur werden die so gebildeten freien Rücklagen als „satzungsmäßige“ oder „statutarische“ Rücklagen bezeichnet[40] — oder auch auf einer eigenständigen Entscheidung der für die Bildung freier Rücklagen befugten Organe oder Personen[41]. Freie Rücklagen können mit oder ohne Zweckbestimmung gebildet werden[42]. Ihre Verwendung ist, mit einer, hier nicht weiter interessierenden Ausnahme im Aktiengesetz[43], gesetzlich nicht geregelt[44].

Im Zusammenhang mit der inhaltlichen Beschreibung des Ergänzungskapitals von Kreditinstituten sind auch die sog. „Sonderposten mit Rücklageanteil“ von Interesse. Als „Sonderposten mit Rücklageanteil“ werden in § 152 Abs. 5 AktG diejenigen Kapitalbestandteile bezeichnet, „... die auf Grund steuerlicher Vorschriften erst bei ihrer Auflösung zu versteuern sind ...“. „Der Rücklageanteil dieser Posten ergibt sich später nach Abzug der Steuern. In Höhe der letzteren liegen

---

[38] *Heinen,* Edmund, Handelsbilanzen, S. 260 (im Original zum Teil fett gedruckt). Es sei hier darauf hingewiesen, daß Heinen, wie auch die nachstehend zitierten Autoren — namentlich Menrad und Vormbaum —, ausschließlich auf die Vorschriften des Aktiengesetzes Bezug nehmen. Demgegenüber beziehen sich unsere Ausführungen nicht von vornherein auf spezielle gesetzliche Regelungen.

[39] Vgl. zum letzteren *Menrad,* Siegfried, Rechnungswesen, S. 291.

[40] Vgl. z. B. *Heinen,* Edmund, Handelsbilanzen, S. 262 und *Menrad,* Siegfried, Rechnungswesen, S. 291.

[41] Vgl. hierzu auch *Vormbaum,* Herbert, Finanzierung, S. 388.

[42] Vgl. *Menrad,* Siegfried, Rechnungswesen, S. 291 und *Vormbaum,* Herbert, Finanzierung, S. 388 f.

Satzungsmäßige Rücklagen werden in der Regel zweckbestimmt sein, sie müssen es jedoch nicht notwendigerweise. Das Umgekehrte gilt vermutlich hinsichtlich der nicht satzungsmäßig gebildeten freien Rücklagen.

[43] Vgl. die Vorschriften des § 150 Abs. 3 Nr. 1 u. 2 AktG.

[44] Vgl. *Menrad,* Siegfried, Rechnungswesen, S. 291.

Steuerstundungen vor, und da deren Höhe ungewiß ist, handelt es sich insofern um Rückstellungen"[45].

Der Bilanzgewinn[46] eines Kreditinstituts (wie auch einer jeden Nichtbank-Unternehmung) bestimmt sich[47] aus dem als Saldo der Rechnungsgrößen „Ertrag" und „Aufwand" definierten (positiven oder negativen) (Jahres-)Erfolg[48] (Jahresüberschuß oder Jahresfehlbetrag) zuzüglich (abzüglich) eines eventuell vorhandenen Gewinnvortrags (Verlustvortrags) aus dem Vorjahr sowie zuzüglich (abzüglich) eventueller Entnahmen aus offenen Rücklagen (eventueller Einstellungen aus dem Jahresüberschuß in offene Rücklagen)[49].

### *b) Die Eignung des Ergänzungskapitals als haftendes Eigenkapital der Aktienbanken*

Das Aktiengesetz unterscheidet in § 151 Abs. 1 Passivseite Nr. II drei verschiedene Arten (versteuerter) offener Rücklagen: gesetzliche Rücklage, Rücklage für eigene Aktien und andere Rücklagen (freie Rücklagen). Bei der gesetzlichen Rücklage ist im vorliegenden Zusammenhang von besonderer Bedeutung, daß sie nur zur Deckung von Verlusten oder zu einer Erhöhung des Grundkapitals, nicht jedoch (unmittelbar) zum Zwecke einer Ausschüttung an die Aktionäre aufgelöst werden darf[50]. Sieht man von der Möglichkeit einer Umwandlung in Grundkapital zunächst ab, dann erfüllt die gesetzliche Rücklage i. S. d. AktG sogar den Grundsatz der Dauerhaftigkeit in der strengen Fassung. Berücksichtigt man zusätzlich auch diese Möglichkeit, dann erfüllt die gesetzliche Rücklage, ebenso wie das Grundkapital der Aktienbanken selbst, zumindest den Grundsatz der Dauerhaftigkeit in der weniger strengen Fassung. Im Ergebnis kann somit die gesetzliche Rücklage i. S. d. AktG in vollem Umfang und ohne Bedenken als haftendes Eigenkapital der Aktienbanken anerkannt werden.

---

[45] *Menrad,* Siegfried, Rechnungswesen, S. 292 (im Original zum Teil kursiv gedruckt).

[46] Falls die im folgenden definierte Rechnungsgröße negativ ist, liegt anstatt eines Bilanzgewinns ein Bilanzverlust vor.

[47] Wir legen unseren folgenden Ausführungen der Einfachheit halber die Vorschriften des § 157 Abs. 1 AktG über die Gliederung der Gewinn- und Verlustrechnung zugrunde.

[48] Vgl. *Menrad,* Siegfried, Rechnungswesen, S. 39. Vgl. zur Definition der Rechnungsgrößen „Aufwand" und „Ertrag" *Menrad,* Siegfried, Rechnungswesen, S. 50 f.

[49] Vgl. im einzelnen § 157 Abs. 1 Nr. 28 bis 32 AktG.

[50] Vgl. wegen Einzelheiten § 150 Abs. 3 u. 4 AktG. Die Auflösung der gesetzlichen Rücklage zu Ausschüttungszwecken ist somit nur indirekt, auf dem Umweg über eine Grundkapitalerhöhung möglich.

Bei der „Rücklage für eigene Aktien" handelt es sich (ebenfalls) um eine gesetzliche Rücklage im eingangs definierten Sinne. Nach § 150 a Abs. 1 Satz 1 AktG ist „in eine Rücklage für eigene Aktien ... ein Betrag einzustellen, der dem nach § 155 auf der Aktivseite der Bilanz für die eigenen Aktien anzusetzenden Betrag entspricht". Sie darf nach Satz 2 dieser Vorschrift „... nur aufgelöst werden, soweit die eigenen Aktien ausgegeben, veräußert oder eingezogen werden oder soweit ... auf der Aktivseite ein niedrigerer Betrag angesetzt wird". Die Rücklage für eigene Aktien ist u. E. dann zum haftenden Eigenkapital der Aktienbanken zu rechnen, wenn bei der Ermittlung des haftenden Eigenkapitals der Betrag der eigenen Aktien bereits vom Grundkapital i. S. d. AktG in Abzug gebracht worden ist[51]. Die betreffende Rücklage erfüllt dann nämlich ebenso wie das Grundkapital i. S. d. AktG zumindest den Grundsatz der Dauerhaftigkeit in der weniger strengen Fassung. Formal korrekter wäre es nach unserer Ansicht jedoch, auf das geschilderte Verfahren zu verzichten und statt dessen die auf der Aktivseite der Bankbilanz ausgewiesenen eigenen Aktien und die für diese Bilanzposition zu bildenden Rücklagen bei der Ermittlung des haftenden Eigenkapitals gegeneinander aufzurechnen. Im letzteren Falle würden die Rücklagen für eigene Aktien dann nicht zum haftenden Eigenkapital der Aktienbanken rechnen, während das Grundkapital i. S. d. AktG nur noch um den Betrag der ausstehenden Einlagen zu korrigieren wäre. Eine gelegentliche Präzisierung des § 10 Abs. 2 Nr. 2 KWG in der geschilderten Weise halten wir für angebracht.

Die Auflösung freier Rücklagen zum Zwecke einer Ausschüttung an die Aktionäre ist von Gesetzes wegen nicht untersagt. Über die Auflösung nicht zweckbestimmter freier Rücklagen entscheiden die für die Feststellung des Jahresabschlusses zuständigen Organe, das sind nach § 172 AktG Vorstand und Aufsichtsrat oder nach § 173 AktG die Hauptversammlung[52]. Sind die freien Rücklagen zweckbestimmt, dann verhindert „eine solche Zweckbestimmung ... (zwar; J. B.) eine beliebige Auflösung (etwa zwecks Ausschüttung) ..."[53]. Eine Auflösung dieser Rücklagen ist jedoch dann möglich, wenn sie zuvor von der Zweckbestimmung befreit worden sind. Die Befreiung von der Zweckbestimmung erfolgt im Falle satzungsmäßiger Rücklagen durch eine entsprechende Änderung der Satzung, die nach § 119 Abs. 1 Nr. 5 i. V. m. § 179 Abs. 1 Satz 1 AktG der Hauptversammlung der jeweiligen AG obliegt. Sind die zweckbestimmten Rücklagen hingegen nicht satzungsmäßig gebildet worden, dann erfolgt die Befreiung von der Zweckbe-

[51] Es wurde bereits erwähnt, daß in § 10 Abs. 2 Nr. 2 KWG in dieser Weise verfahren wird.

[52] Vgl. hierzu auch *Heinen,* Edmund, Handelsbilanzen, S. 262.

[53] *Menrad,* Siegfried, Rechnungswesen, S. 291.

stimmung durch eine Entscheidung derjenigen Organe, die die Zweckbestimmung vorgenommen haben, also durch die für die Feststellung des Jahresabschlusses zuständigen Organe[54].

Ob die freien Rücklagen der Aktienbanken den Grundsatz der Dauerhaftigkeit in der strengen Fassung[55] zu erfüllen vermögen, läßt sich, da eindeutige sachliche Kriterien nicht sichtbar sind, wiederum nicht ohne weiteres angeben. Dafür, daß die freien Rücklagen der Aktienbanken diese Fassung des Grundsatzes der Dauerhaftigkeit erfüllen, spricht allerdings die Vermutung, daß die Aktienbanken aus Rücksicht auf eventuelle Kapitalabzüge ihrer derzeitigen Gläubiger und auf ihr standing in den Augen potentieller Gläubiger von einer Auflösung freier Rücklagen zu Ausschüttungszwecken aller Wahrscheinlichkeit nach absehen werden. Im Ergebnis folgt die Bankenaufsicht den soeben wiedergegebenen Überlegungen, indem sie in § 10 Abs. 2 Nr. 2 KWG die versteuerten Rücklagen der Aktienbanken in vollem Umfang als haftendes Eigenkapital anerkennt. Würde die Bankenaufsicht hingegen Zweifel daran hegen, ob die freien Rücklagen den Grundsatz der Dauerhaftigkeit erfüllen, dann könnte sie diesem Umstand dadurch Rechnung tragen, daß sie nur einen bstimmten, von ihr festzulegenden Prozentsatz der gesamten freien Rücklagen als haftendes Eigenkapital der Aktienbanken anerkennt.

Nach § 10 Abs. 3 Satz 2 KWG werden solche „... Passivposten, die auf Grund steuerlicher Vorschriften erst bei ihrer Auflösung zu versteuern sind“[56] nicht als haftendes Eigenkapital der Kreditinstitute anerkannt[57]. Zur Begründung dieser Vorschrift wird in der Literatur angeführt, daß die in ihrer Höhe ungewisse Steuerschuld eine auch nur teilweise Anerkennung unversteuerter Rücklagen als haftendes Eigenkapital verbiete[58]. Die genannte Auffassung erscheint uns jedoch zu restriktiv. Wird nämlich der Prozentwert der bei einer Auflösung der betreffenden Posten voraussichtlich zu zahlenden Steuerschuld von der Bankenaufsicht sehr vorsichtig, d. h. relativ hoch angesetzt, dann spricht nach

---

[54] Vgl. hierzu auch *Vormbaum*, Herbert, Finanzierung, S. 388 f.

[55] In Ermangelung hinreichender Gläubigerschutzvorschriften für den Fall einer Kapitalrückzahlung kommt hier nur die strenge Fassung dieses Grundsatzes in Betracht.

[56] Wie bereits erwähnt, werden die betreffenden Posten im Aktiengesetz als ‚Sonderposten mit Rücklageanteil‘ bezeichnet.

[57] § 10 Abs. 3 Satz 2 KWG gilt im übrigen für alle Kreditinstitute, die unter die Vorschriften des § 10 KWG fallen, und nicht etwa nur für Aktienbanken. Unsere nachfolgenden Ausführungen gelten dementsprechend auch für das Ergänzungskapital der Kreditgenossenschaften und der Sparkassen und brauchen deshalb bei deren Überprüfung nicht eigens wiederholt zu werden.

[58] Vgl. *Schork*, Anm. 55 zu § 10 KWG, S. 166. Vgl. auch *Szagunn / Neumann / Wohlschieß*, Anm. 29 zu § 10 KWG, S. 146.

unserer Ansicht nichts dagegen, den verbleibenden Rücklageanteil als haftendes Eigenkapital anzuerkennen[59] und insofern wie freie Rücklagen zu behandeln.

Über die Verwendung des Bilanzgewinns beschließt nach § 174 Abs. 1 Satz 1 AktG die Hauptversammlung. Sie bestimmt, welcher Betrag des Bilanzgewinns an die Aktionäre ausgeschüttet und welcher Betrag nach § 58 Abs. 3 Satz 1 AktG in die offenen Rücklagen eingestellt oder als Gewinn in das nächste Geschäftsjahr vorgetragen werden soll. Der für die Ausschüttung bestimmte Teil des Bilanzgewinns rechnet naturgemäß nicht zum haftenden Eigenkapital der Aktienbanken[60]. Dagegen ist der Betrag des Bilanzgewinns, dessen Zuweisung zu den Rücklagen beschlossen ist, materiell den Rücklagen gleichzustellen und deshalb wie diese, ggf. mit einem Abschlag, als haftendes Eigenkapital der Aktienbanken anzuerkennen. Der Gewinnvortrag schließlich wird dem Ergebnis des nächsten Geschäftsjahres zugerechnet und steht bei der Beschlußfassung über seine Verwendung, soweit ein Bilanzgewinn vorliegt, wieder voll zur Disposition. Ob der Gewinnvortrag in Anbetracht dessen den Grundsatz der Dauerhaftigkeit in der strengen Fassung erfüllt, ist nach unserem Dafürhalten sehr zweifelhaft. Die Bankenaufsicht teilt im Ergebnis diese Skepsis. In § 10 Abs. 3 Satz 1 KWG wird nur derjenige Teil des Reingewinns als haftendes Eigenkapital der Kreditinstitute anerkannt, dessen Zuweisung zu den Rücklagen oder — was für die Aktienbanken allerdings keine unmittelbare Bedeutung hat — zum Grundkapital (im eingangs definierten Sinne) beschlossen ist[61].

Es liegt auf der Hand, daß auf der Aktivseite der Bilanz ausgewiesene (Bilanz-)Verluste[62] bei der Bestimmung des haftenden Eigenkapitals in Abzug zu bringen sind. § 10 Abs. 3 Satz 1 KWG schreibt ein solches Verfahren denn auch vor.

### *c) Die Eignung des Ergänzungskapitals als haftendes Eigenkapital der Kreditgenossenschaften*

Die offenen Rücklagen von (Kredit-)Genossenschaften setzen sich aus dem Reservefonds nach § 7 Nr. 3 GenG, dem Reservefonds nach § 73 Abs. 3 GenG und den freien Rücklagen zusammen[63].

---

[59] Vgl. hierzu auch *Siebel,* Ulf R., Eigenkapital, S. 56.

[60] Vgl. hierzu wie im folgenden auch *Fischer,* Otfrid, Bankbilanz-Analyse, S. 349.

[61] Demgegenüber ist nach Auffassung von Philipp, Berger u. a. ein etwaiger Gewinnvortrag als haftendes Eigenkapital von Aktienbanken anzuerkennen. Vgl. *Philipp,* Fritz, *Berger,* Karl-Heinz u. a., Bestimmung, S. 11.

[62] Vgl. § 151 Abs. 1 Aktivseite Nr. V AktG.

Nach § 7 Nr. 3 GenG hat das Statut einer Genossenschaft „die Bildung eines Reservefonds, welcher zur Deckung eines aus der Bilanz sich ergebenden Verlustes zu dienen hat ...", zu bestimmen. Auf einen Anteil an diesem Fonds haben ausscheidende Genossen nach § 73 Abs. 2 Satz 2 GenG keinen Anspruch, so daß mit ihrem Ausscheiden auch keine Rückzahlung von Eigenkapital aus dem betreffenden Fonds verbunden ist. Der Generalversammlung der jeweiligen Genossenschaft obliegt es nach § 16 Abs. 1 GenG jedoch, die festgelegte Höhe des Fonds durch eine Änderung des Statuts herabzusetzen. Dann kann es zu einer Rückzahlung von Eigenkapital durch Ausschüttungen zu Lasten des satzungsmäßig zu bildenden Reservefonds kommen. Es fehlen nun zwar wieder eindeutige sachliche Kriterien, um beurteilen zu können, ob der Reservefonds nach § 7 Nr. 3 GenG den Grundsatz der Dauerhaftigkeit in der strengen Fassung zu erfüllen vermag. Dafür, daß der betreffende Reservefonds die strenge Fassung des Grundsatzes der Dauerhaftigkeit erfüllt, spricht allerdings — wie schon bei den freien Rücklagen der Aktienbanken — die Vermutung, daß die Kreditgenossenschaften aus Rücksicht auf eventuelle Kapitalabzüge ihrer derzeitigen Gläubiger und auf ihr standing in den Augen potentieller Gläubiger von einer Herabsetzung dieses Reservefonds aller Wahrscheinlichkeit nach absehen werden.

Nach § 73 Abs. 3 Satz 1 GenG kann „das Statut ... Genossen, die ihren Geschäftsanteil voll eingezahlt haben, für den Fall des Ausscheidens einen Anspruch auf Auszahlung eines Anteils an einem zu diesem Zweck zu bildenden *anderen* Reservefonds einräumen"[64]. Diese „anderen" Reservefonds, die nach § 33 d Abs. 1 B II 2 GenG in der Jahresbilanz in einer eigenen Position auszuweisen sind, können ihrer Zweckbestimmung entsprechend zunächst nicht als haftendes Eigenkapital von Kreditgenossenschaften anerkannt werden. Nur soweit die Bankenaufsicht mit hinreichender Wahrscheinlichkeit davon ausgehen zu können glaubt, daß die „anderen" Reservefonds jeweils nur bis zu einem bestimmten maximalen Prozentsatz durch ausscheidende Genossen beansprucht werden, kann sie den Restbetrag, der dann den Grundsatz der Dauerhaftigkeit in der strengen Fassung erfüllen würde, nach unserer Ansicht als haftendes Eigenkapital anerkennen. Im Ergebnis ist die Bankenaufsicht weniger bedenklich. Nach § 10 Abs. 2 Nr. 3 KWG sind, was die Ansprüche der Genossen an den „anderen" Reservefonds anlangt, bei der Ermittlung des haftenden Eigenkapitals der

---

[63] Vgl. hierzu wie im folgenden auch *Geist*, Herbert, Beteiligung, S. 28 ff. sowie *Lang / Weidmüller*, Anm. 6 f. zu § 7 GenG, S. 124, Anm. 4 zu § 73 GenG, S. 382 u. Anm. 7 zu § 73 GenG, S. 384.

[64] Hervorhebung vom Verfasser.

Kreditgenossenschaften nur die Ansprüche solcher Genossen in Abzug zu bringen, die zum Schluß des jeweiligen Geschäftsjahres ausscheiden.

Was schließlich die freien Rücklagen der Kreditgenossenschaften betrifft, so gelten die Ausführungen über die freien Rücklagen der Aktienbanken hier analog. Das KWG erkennt die offenen Rücklagen der Kreditgenossenschaften, mit den hinsichtlich des „anderen“ Reservefonds gemachten Einschränkungen, in § 10 Abs. 2 Nr. 3 in voller Höhe als haftendes Eigenkapital an.

### *d) Die Eignung des Ergänzungskapitals als haftendes Eigenkapital der Sparkassen*

Die offenen Rücklagen von Sparkassen lassen sich in die sog. „Sicherheitsrücklagen“, deren Bildung die Sparkassengesetze der Länder in einer bestimmten Höhe vorschreiben[65], und die über die Sicherheitsrücklagen hinausreichenden freien Rücklagen[66] einteilen[67]. Die Eignung beider Arten von Rücklagen als haftendes Eigenkapital steht unabhängig davon, ob eine Rückzahlung dieser Eigenkapitalbestandteile an die Gewährträger mit hinreichender Wahrscheinlichkeit ausgeschlossen werden kann[68], u. E. außer Zweifel. Da, wie bereits im Zusammenhang mit der Überprüfung des Grundkapitals der Sparkassen erwähnt, die Gewährträger für die Verbindlichkeiten ihrer Sparkassen unbeschränkt haften und die Bonität der Gewährträger für den Zweck der Formulierung der aufsichtsrechtlichen Eigenkapitalanforderungen als unzweifelhaft angesehen werden kann, erfüllen beide Arten von Rücklagen in jedem Falle den Grundsatz der Dauerhaftigkeit in der weniger strengen Fassung und sind schon deshalb in vollem Umfang als haftendes Eigenkapital anzuerkennen. In § 10 Abs. 2 Nr. 4 KWG wird entsprechend verfahren.

---

[65] Vgl. wegen Einzelheiten z. B. § 29 Abs. 2 ff. SparkassenG für Baden-Württemberg.

[66] Die Bildung freier Rücklagen ist allerdings nur in den Bundesländern Bayern, Hessen, Nordrhein-Westfalen und Saarland zulässig. Vgl. *Schlierbach*, Helmut, Sparkassenrecht, S. 183.

[67] Vgl. hierzu auch *Hornbach*, Friedrich, Bonitäts- und Solvenzsicherung, S. 144 f. und *Schlierbach*, Helmut, Sparkassenrecht, S. 181 ff.

[68] Letzteres wäre im Hinblick auf die Sicherheitsrücklagen vermutlich wohl schon deshalb zu bejahen, da kaum zu erwarten ist, daß die gesetzlichen (Mindest-)Anforderungen über die Höhe dieser Rücklagen reduziert werden.

### 4. Die Eignung des Rückgriffskapitals als haftendes Eigenkapital

#### *a) Inhaltliche Beschreibung des Rückgriffskapitals*

Als „Rückgriffskapital"[69] bezeichnen wir das nicht eingezahlte Eigenkapital der Kreditinstitute. Zum Rückgriffskapital rechnen wir neben Haftungszusagen dritter Wirtschaftssubjekte auch ausstehende (Grund-) Kapitaleinlagen von Gesellschaftern, also z. B. ausstehende Einlagen auf das Grundkapital i. S. d. AktG bei Aktienbanken oder ausstehende Einlagen auf die Geschäftsanteile bei Kreditgenossenschaften. In diesem Zusammenhang ist gleichgültig, ob die betreffenden Einlagen bereits eingefordert worden sind oder (noch) nicht[70]. Sofern letzteres der Fall ist, können die ausstehenden Einlagen nach unserer Auffassung ohne weiteres als nicht eingezahltes Eigenkapital angesehen werden[71]. Sie stellen keine Vermögensgegenstände (in Gestalt von Forderungen) dar, mittels derer Eigenkapital in die Kreditinstitute eingebracht wurde. Die Kreditinstitute können über die betreffenden Tatbestände faktisch nicht verfügen, sie können sie insbesondere nicht gegen Zentralbankgeld veräußern. Demgegenüber handelt es sich bei den eingeforderten ausstehenden Einlagen nach unserer Ansicht zwar streng genommen um Forderungen der Kreditinstitute (an die jeweiligen Gesellschafter) und insofern liegt im Grunde auch eine Einzahlung von Eigenkapital vor. Da die praktische Bedeutung ausstehender Einlagen auf das Grundkapital jedoch minimal sein dürfte, erscheint es vertretbar, auf eine Differenzierung der ausstehenden Einlagen nach dem Kriterium ihrer „Einforderung" zu verzichten[72], und somit auch die bereits eingeforderten ausstehenden Einlagen zum Rückgriffskapital zu rechnen.

Im folgenden soll nun die Eignung des Rückgriffskapitals von Aktienbanken, Kreditgenossenschaften und Sparkassen als haftendes Eigenkapital untersucht werden. Hierbei kann jedoch nicht auf alle denkbaren Formen des Rückgriffskapitals dieser Kreditinstitute eingegangen werden. Vielmehr wollen wir uns in unseren nachfolgenden Ausführungen auf solche Formen beschränken, die in der Literatur in

---

[69] Wir verwenden diesen Ausdruck im Anschluß an Mülhaupt. Vgl. *Mülhaupt*, Ludwig, § 12 KWG, S. 1088. Als Synonyme werden in der Literatur u. a. auch die Ausdrücke „Gewährleistungskapital" (vgl. z. B. *Meithner*, Karl, Bilanzen, S. 276) und „externes Eigenkapital" (vgl. *Philipp*, Fritz, *Berger*, Karl-Heinz u. a., Bestimmung, S. 6) benutzt.

[70] Vgl. hierzu auch *Philipp*, Fritz, *Berger*, Karl-Heinz u. a., Bestimmung, S. 7 f. u. S. 13 ff.

[71] Vgl. hierzu wie im folgenden auch *Adler / Düring / Schmaltz*, Tz. 40 ff. zu § 151 AktG, S. 184 f.

[72] Würden die bereits eingeforderten ausstehenden Einlagen hingegen als (risikobehaftete) Forderungen behandelt, dann wären sie, wie andere Forderungen auch, im Rahmen der quantitativen Eigenkapitalanforderungen zu berücksichtigen. Die betreffenden Tatbestände wären dann aber logischerweise dem eingezahlten haftenden Eigenkapital zuzurechnen.

besonderem Maße diskutiert werden. Für die Aktienbanken sind dies die ausstehenden Einlagen auf das Grundkapital i. S. d. AktG, für die Kreditgenossenschaften die sog. „Nachschuß- bzw. Haftpflicht" der Genossen sowie die ausstehenden Einlagen auf die Geschäftsanteile und für die Sparkassen die aus der sog. „Gewährträgerhaftung" und der sog. „Anstaltslast" sich ggf. ergebende Haftung ihrer Gewährträger[73].

### *b) Die Eignung des Rückgriffskapitals als haftendes Eigenkapital der Aktienbanken*

Als Rückgriffskapital von Aktienbanken werden in der Literatur insbesondere die ausstehenden Einlagen auf das Grundkapital i. S. d. AktG genannt[74]. Um Wiederholungen zu vermeiden, wollen wir im folgenden zunächst diejenigen Fälle außer acht lassen, in denen die ausstehenden Einlagen über eine zu große Anzahl von Wirtschaftssubjekten verstreut sind, als daß die Bankenaufsicht deren Bonität überprüfen könnte. Unsere weiter unten vorzunehmenden Ausführungen über das Rückgriffskapital von Kreditgenossenschaften, bei denen diese Bedingungen in aller Regel vorliegen, lassen sich dann sinngemäß auf die hier vernachlässigten Fälle übertragen[75]. Ob und in welchem Umfang die Bankenaufsicht in den Fällen, in denen sie die Bonität der haftenden Wirtschaftssubjekte zu überprüfen vermag, ausstehende Einlagen auf das Grundkapital i. S. d. AktG als haftendes Eigenkapital anerkennt, ist vom Ergebnis der jeweiligen Bonitätsprüfung abhängig und läßt sich dementsprechend nicht allgemeingültig angeben[76].

---

[73] Außer acht bleiben somit z. B. (privatrechtliche) Bürgschaften dritter Wirtschaftssubjekte für Kreditinstitute.

[74] Vgl. *Philipp*, Fritz, *Berger*, Karl-Heinz u. a., Bestimmung, S. 7 u. S. 14 f. und *Welcker*, Johannes, Neuordnung, S. 78 f.

Wegen des zulässigen Umfangs ausstehender Einlagen bei Aktiengesellschaften vgl. § 36 a AktG.

[75] Ob die soeben genannten Fälle überhaupt praktische Relevanz besitzen, ist ohnehin fraglich. Nach § 10 Abs. 2 Satz 1 AktG ist eine Ausgabe von Aktien „vor der vollen Leistung des Nennbetrags oder des höheren Ausgabebetrags" nur dann zulässig, wenn es sich bei ihnen um auf den Namen lautende Aktien handelt. Vermutlich dürften letztere aber nur bei (Aktien-) Gesellschaften mit vergleichsweise eng gestreutem Aktienbesitz (nennenswerte) Bedeutung erlangen können.

[76] Es würde den Rahmen der vorliegenden Arbeit sprengen, auf die Möglichkeiten und Probleme einer Bonitätsprüfung durch die Bankenaufsicht auch nur ansatzweise einzugehen. Da wir jedoch der Ansicht sind, daß sich — zumindest sofern die betreffenden Wirtschaftssubjekte Nichtbanken darstellen — zwischen den von der Bankenaufsicht und den von den Kreditinstituten selbst durchgeführten Bonitätsprüfungen methodisch keine grundlegenden Unterschiede ergeben, kann hier auf die einschlägige bankwirtschaftliche Literatur zur Bonitäts- (bzw. Kreditwürdigkeits-)prüfung verwiesen werden. Vgl. hierzu *Hagenmüller*, Karl-Friedrich, Kreditwürdigkeitsprüfung, Sp. 1224 ff. und die dort angegebene Literatur sowie *Weinrich*, Günter, Kreditwürdigkeitsprognosen.

Eine Begrenzung des insgesamt als haftendes Eigenkapital von Aktienbanken anerkannten Rückgriffskapitals (auf einen bestimmten Prozentsatz des eingezahlten haftenden Eigenkapitals) kann sich allerdings aus wettbewerbspolitischen Gründen ergeben. Letzteres ist dann der Fall, wenn Kreditinstitute anderer Rechtsformen solchen Begrenzungen unterliegen. Wie wir sogleich sehen werden, können bei (Kredit-)Genossenschaften mit unbeschränkter Haftpflicht und bei Sparkassen Begrenzungen der geschilderten Art auftreten[77].

Eine Anerkennung ausstehender Einlagen als haftendes Eigenkapital der Aktienbanken ist in § 10 Abs. 2 Nr. 2 KWG nicht vorgesehen. Soweit lediglich der Zweck des Gläubigerschutzes zur Debatte steht, ist diese Regelung nach dem soeben Gesagten zu restriktiv. Eine entsprechende Ergänzung der betreffenden Vorschrift in Richtung einer grundsätzlichen Anerkennung von ausstehenden Einlagen als haftendes Eigenkapital der Aktienbanken erscheint uns deshalb angezeigt[78].

### *c) Die Eignung des Rückgriffskapitals als haftendes Eigenkapital der Kreditgenossenschaften*

Als Rückgriffskapital von Kreditgenossenschaften werden in der Literatur insbesondere die Nachschußpflicht bzw. Haftpflicht der Ge-

[77] Nach Philipp, Berger u. a. sind ausstehende Einlagen von Aktienbanken in den hier betrachteten Fällen „... zu maximal 75 % des Betrages anzurechnen, der von den jeweiligen Inhabern an freiem Vermögen nachgewiesen wird, höchstens jedoch 75 % der ausstehenden Einlage" (*Philipp*, Fritz, *Berger*, Karl-Heinz u. a., Bestimmung, S. 15). Während es sich bei der zuerst genannten Begrenzung jedoch um einen Tatbestand der Bonitätsprüfung handelt, den wir hier nicht weiter betrachten wollen, ist die zuletzt angeführte Begrenzung nach unserer Ansicht in erster Linie wettbewerbspolitisch zu verstehen. Nach Auffassung der genannten Autoren sind nämlich sowohl die ausstehenden Einlagen von Aktienbanken, die sich in breit gestreutem Besitz befinden, als auch die ausstehenden Einlagen und Nachschußpflichten von Kreditgenossenschaften mit beschränkter Haftpflicht zu 75 % ihres Gesamtbetrags als haftendes Eigenkapital anzuerkennen. Vgl. *Philipp*, Fritz, *Berger*, Karl-Heinz u. a., Bestimmung, S. 13 ff.

[78] Die Anerkennung von Rückgriffskapital als haftendes Eigenkapital auf der Grundlage einer vorhergehenden Bonitätsprüfung durch die Bankenaufsicht ist im deutschen Aufsichtsrecht im übrigen nichts prinzipiell Neues. Bei den in der Rechtsform eines Einzelkaufmanns, einer OHG oder auch einer KG betriebenen Kreditinstituten kann nach § 10 Abs. 4 Satz 2 KWG „nachgewiesenes freies Vermögen des Inhabers oder der persönlich haftenden Gesellschafter ... auf Antrag in einem vom Bundesaufsichtsamt zu bestimmenden Umfang als haftendes Eigenkapital berücksichtigt werden". Vgl. wegen Einzelheiten zu dieser Vorschrift, insbesondere auch zur Methode der Bonitätsprüfung, anhand derer die Bankenaufsicht den Umfang des als haftendes Eigenkapital anerkannten freien Vermögens bestimmt, die einschlägigen Kommentare zum Kreditwesengesetz (z. B. *Bähre / Schneider*, Anm. 4 zu § 10 KWG, S. 132 f.) und die dort angegebenen Hinweise auf die entsprechenden Vorschriften der Bankenaufsicht. Vgl. im vorliegenden Zusammenhang auch *Philipp*, Fritz, *Berger*, Karl-Heinz u. a., Bestimmung, S. 13.

nossen[79] und die ausstehenden Einlagen auf die Geschäftsanteile untersucht[80]. Letztere brauchen im folgenden jedoch nicht weiter erörtert zu werden. Das im Zusammenhang mit der Nachschußpflicht bei (Kredit-)Genossenschaften mit beschränkter Haftpflicht zu Sagende läßt sich nämlich auch auf die ausstehenden Einlagen übertragen. Die beiden Formen von Rückgriffskapital sind in allen hier wesentlichen Merkmalen materiell gleich.

Nach § 6 Nr. 3 GenG muß das Statut einer Genossenschaft „Bestimmungen darüber (enthalten; J. B.), ob die Genossen für den Fall, daß die Gläubiger im Konkurs der Genossenschaft nicht befriedigt werden, Nachschüsse zur Konkursmasse unbeschränkt, beschränkt auf eine bestimmte Summe (Haftsumme) oder überhaupt nicht zu leisten haben". Es erscheint nun notwendig, die Eignung der beschränkten und der unbeschränkten Nachschußpflicht als haftendes Eigenkapital von Kreditgenossenschaften getrennt zu prüfen.

Betrachten wir zunächst die Genossenschaften mit beschränkter Haftpflicht. Hier dürfte die Anzahl der zum Nachschuß verpflichteten Genossen in aller Regel zu groß sein, als daß die Bankenaufsicht die Bonität eines jeden einzelnen Genossen überprüfen könnte[81]. In der Literatur wird nun aber die u. E. zutreffende Auffassung vertreten, daß gerade bei (Kredit-)Genossenschaften (mit beschränkter Haftpflicht) diejenigen statistischen Voraussetzungen erfüllt seien, derentwegen eine Bonitätsprüfung der haftenden Wirtschaftssubjekte entfallen kann. Verwiesen wird in diesem Zusammenhang insbesondere auf die „sehr große Zahl" von Genossen und die dementsprechend vergleichsweise geringe Nachschußpflicht, die auf die einzelnen Genossen entfällt, und auf das hohe Maß an „Risikostreuung" bzw. „Diversifikation", das hinsichtlich der Nachschußpflicht aller Genossen besteht; darüber hinaus wird auch die Vorschrift des § 105 Abs. 3 GenG ins Feld geführt, nach der „Beträge, zu deren Leistung einzelne Genossen (im Rahmen ihrer Nachschußpflicht; J. B.) unvermögend sind, ... auf die übrigen

---

[79] Der Ausdruck „Haftpflicht" ist im Grunde genommen ungenau. Wie wir sogleich sehen werden, besteht nach den Bestimmungen des Genossenschaftsgesetzes keine direkte Haftpflicht der Genossen gegenüber den Gläubigern, sondern lediglich eine Nachschußpflicht gegenüber der Genossenschaft. Vgl. hierzu auch *Schäfer*, Erich, Unternehmung, S. 60 und *Vormbaum*, Herbert, Finanzierung, S. 115.

[80] Vgl. z. B. *Philipp*, Fritz, *Berger*, Karl-Heinz u. a., Bestimmung, S. 8 u. S. 13 f. und *Welcker*, Johannes, Neuordnung, S. 79.

[81] Sollte dennoch einmal eine Kreditgenossenschaft einige wenige Genossen aufweisen, deren Bonität die Bankenaufsicht faktisch überprüfen kann, so gilt das soeben hinsichtlich des Rückgriffskapitals der Aktienbanken Gesagte sinngemäß.

verteilt" werden[82]. Daraus wird nun aber auch der Schluß gezogen, daß ein Abrufrisiko[83] hinsichtlich der Nachschußpflicht der Genossen nicht bestehe, d. h. daß die Nachschußpflicht jederzeit in voller Höhe realisiert werden könne. Der Gesamtbetrag der Haftsummen einer (Kredit-) Genossenschaft mit beschränkter Haftpflicht sei aus diesem Grunde in voller Höhe als haftendes Eigenkapital anzuerkennen[84].

Die zuletzt wiedergegebene Auffassung erscheint nicht ausreichend begründet. Selbst wenn wir zunächst unterstellen, daß die genannten statistischen Voraussetzungen in (nahezu) idealer Weise erfüllt wären, daß also die Kreditgenossenschaften eine *sehr* große Zahl von Mitgliedern und extrem diversifizierte Nachschußpflichten aufweisen würden[85], hätte eine Anerkennung des Gesamtbetrages der Haftsummen zu 100 % zur Voraussetzung, daß, unter Berücksichtigung der ersatzweisen Nachschußpflicht nach § 105 Abs. 3 GenG, sämtliche Genossen ihre Nachschußpflicht in vollem Umfang zu erfüllen vermögen. Ob die Bankenaufsicht mit hinreichender Wahrscheinlichkeit hiervon ausgehen kann, läßt sich mangels eindeutiger sachlicher Kriterien wiederum nicht ohne weiteres angeben.

Gegen die geschilderte Ansicht spricht u. E. jedoch in jedem Falle, daß die betreffenden statistischen Voraussetzungen in aller Regel nicht in (nahezu) idealer Weise erfüllt sind. Die räumliche Begrenzung von Kreditgenossenschaften bewirkt zum einen, daß die Zahl der Genossenschaftsmitglieder in aller Regel keine statistischen Idealbedingungen genügende „große Zahl" erreichen dürfte. Sie hat zum anderen aber auch zur Folge, daß die die wirtschaftliche Lage und Entwicklung der Genossen betreffenden Risiken (im statistischen Sinne) voneinander abhängig sind, so daß auch ihre Nachschußpflichten nicht so stark diversifiziert sein dürften, daß sie statistischen Idealbedingungen genügen.

---

[82] Vgl. zu den genannten Argumenten *Deppe*, Hans-Dieter, Haftungszuschlag, S. 260 f.; *Feyerabend*, Friedrich-Karl, Haftsummenzuschlag, S. 100 ff.; *Hahn*, Oswald, Problematik, S. 55; *Licht*, Wolfgang, Haftsummenzuschlag, S. 862; *Philipp*, Fritz, *Berger*, Karl-Heinz u. a., Bestimmung, S. 13 f.; *Tochtermann*, Axel, Haftsummenzuschlag, S. 132 f. *Viehoff*, Felix, Eigenkapitalausstattung, S. 213 u. S. 217; *Welcker*, Johannes, Neuordnung, S. 79 sowie *Bericht der Studienkommission*, Tz. 1158, S. 365 (hier wird auf die Auffassung der Kommissionsminderheit Bezug genommen; dagegen lehnt die Kommissionsmehrheit angesichts der von ihr vertretenen qualitativen Eigenkapitalanforderungen eine Berücksichtigung der Nachschußpflicht bei der Ermittlung des haftenden Eigenkapitals der Kreditgenossenschaften ab; vgl. *Bericht der Studienkommission*, Tz. 1150, S. 362).

[83] Vgl. zur Terminologie auch *Erdland*, Alexander, Eigenkapital, S. 19.

[84] Vgl. die in der vorhergehenden Fn. 82 aufgeführten Autoren mit Ausnahme von Deppe, Feyerabend, Licht und von Philipp, Berger u. a.

[85] Wir werden auf die genannten statistischen Voraussetzungen im Kapitel D dieser Arbeit noch ausführlicher zu sprechen kommen, so daß wir auf weitergehende Erläuterungen an dieser Stelle verzichten können.

Gegen eine Anerkennung des Gesamtbetrages der Haftsummen zu 100 % kann schließlich noch eingewandt werden, daß im Falle des Ausscheidens alter Genossenschaftsmitglieder eine (vollständige) Substitution der Nachschußpflichten durch den Eintritt neuer Mitglieder genauso zweifelhaft ist wie die Substitution des an sie zurückgezahlten Grundkapitals[86]. Unser Einwand wird nur dadurch etwas entkräftet, daß nach § 115 b GenG i. V. m. §§ 75 u. 76 Abs. 4 GenG ausgeschiedene Genossen bis zu maximal 18 Monaten nachhaften.

Im Ergebnis bleibt somit ein Bonitäts- bzw. Abrufrisiko, das bei der Bestimmung des haftenden Eigenkapitals insbesondere durch einen Abschlag vom Gesamtbetrag der Haftsummen berücksichtigt werden kann. Es liegt jedoch kein eindeutiges sachliches Kriterium zur Hand, um ohne weiteres angeben zu können, in welcher Höhe ein solcher Abschlag vorzunehmen bzw., was auf dasselbe hinausläuft, zu wieviel Prozent der Gesamtbetrag der Haftsummen als haftendes Eigenkapital anzuerkennen ist. Prima vista läßt sich hier nur soviel sagen, daß die Höhe des Risikoabschlages davon abhängt, wie die Bankenaufsicht die genannten statistischen Tatbestände einschätzt und welchen Wahrscheinlichkeitsgrad sie als hinreichend ansieht.

Wie wir im weiteren Verlauf unserer Untersuchung sehen werden, kann es Gründe dafür geben, (z. B.) bei (Kredit-)Genossenschaften mit unbeschränkter Haftpflicht und bei Sparkassen das insgesamt als haftendes Eigenkapital anerkannte Rückgriffskapital auf einen bestimmten Prozentsatz des eingezahlten haftenden Eigenkapitals zu begrenzen. Aus wettbewerbspolitischen Gründen wäre eine solche Grenze dann auch für das Rückgriffskapital von (Kredit-)Genossenschaften mit beschränkter Haftpflicht festzulegen. Das KWG erkennt in § 10 Abs. 2 Nr. 3 i. V. m. § 1 Abs. 1 Nr. 1 ZuschlagsVO bei (Kredit-)Genossenschaften mit beschränkter Haftpflicht 75 % des Gesamtbetrages der Haftsummen in Form eines Zuschlags — des sog. „Haftsummenzuschlags" — als haftendes Eigenkapital an, sofern „der Zuschlag ... die Hälfte des ohne den Zuschlag vorhandenen haftenden Eigenkapitals ... nicht ..." übersteigt[87].

---

[86] Vgl. nochmals unter C.III.2.c).

Demgegenüber spricht die Möglichkeit, die Haftsummen auf dem Wege einer Satzungsänderung herabzusetzen, für sich allein nicht gegen eine Anerkennung des Gesamtbetrages der Haftsummen zu 100 %. Nach § 120 GenG sind in diesem Falle nämlich dieselben Gläubigerschutzvorschriften wie im Falle einer Herabsetzung des Grundkapitals, insbesondere auch die Vorschrift des § 22 Abs. 2 GenG über die Stellung von Sicherheiten zu beachten.

[87] § 1 Abs. 3 ZuschlagsVO. Nach § 1 Abs. 2 ZuschlagsVO sind „Haftsummen ... von Mitgliedern, die zum Schluß des Geschäftsjahres ausscheiden, ... bei der Berechnung des Zuschlages nicht zu berücksichtigen".

Ungleich schwieriger als bei (Kredit-)Genossenschaften mit beschränkter Haftpflicht erscheint zunächst die Quantifizierung der Nachschußpflicht bei (Kredit-)Genossenschaften mit unbeschränkter Haftpflicht[88]. Während bei ersteren wenigstens die maximale Nachschußpflicht als Gesamtbetrag der Haftsummen ohne weiteres bekannt ist, läßt sich im Falle der Genossenschaft mit unbeschränkter Haftpflicht schon die maximale Nachschußpflicht gar nicht fixieren. Die Bankenaufsicht ist daher auf eine pragmatische Lösung angewiesen. Es erscheint vertretbar, die unbeschränkte Nachschußpflicht der Genossen pauschal durch einen Zuschlag auf das eingezahlte haftende Eigenkapital zu berücksichtigen. *Philipp, Berger* u. a. schlagen einen Satz von 50 % vor[89]. Allerdings läßt sich dieser Satz nicht objektiv ableiten, so daß er von der Bankenaufsicht prinzipiell auch höher oder niedriger angesetzt werden kann. Die geltende aufsichtsrechtliche Regelung ist demgegenüber restriktiver. Nach § 10 Abs. 2 Nr. 3 KWG i. V. m. § 1 Abs. 1 Nr. 2 ZuschlagsVO wird bei (Kredit-)Genossenschaften mit unbeschränkter Haftpflicht ein (Haftsummen-)Zuschlag grundsätzlich nur bis in Höhe des Doppelten des Gesamtbetrages der Geschäftsanteile als haftendes Eigenkapital anerkannt[90]. Ein Zuschlag von 50 % des eingezahlten haftenden Eigenkapitals wird dagegen nicht obligatorisch gewährt. Vielmehr stellt dieser Satz nach § 1 Abs. 3 ZuschlagsVO lediglich die Obergrenze für die Anerkennung der Nachschußpflicht als haftendes Eigenkapital von (Kredit-)Genossenschaften (mit beschränkter und) mit unbeschränkter Haftpflicht dar[91].

### *d) Die Eignung des Rückgriffskapitals als haftendes Eigenkapital der Sparkassen*

Als Rückgriffskapital von öffentlich-rechtlichen Sparkassen werden in der Literatur die aus der sog. „Gewährträgerhaftung" und aus der

[88] Nach Tochtermann, der sich wiederum auf eine Auskunft des Deutschen Genossenschafts- und Raiffeisenverbandes bezieht, bestehen im kreditgenossenschaftlichen Bereich zur Zeit ausnahmslos (Kredit-)Genossenschaften mit beschränkter Haftpflicht. Vgl. *Tochtermann*, Axel, Haftsummenzuschlag, S. 38, Fn. 1. Unsere nachfolgenden Ausführungen haben somit keine unmittelbare praktische Bedeutung, und wir können es schon aus diesem Grunde bei einigen wenigen grundsätzlichen Anmerkungen bewenden lassen.

[89] Vgl. *Philipp*, Fritz, *Berger*, Karl-Heinz u. a., Bestimmung, S. 14.

[90] Nach § 1 Abs. 2 ZuschlagsVO sind „... Geschäftsanteile von Mitgliedern, die zum Schluß des Geschäftsjahres ausscheiden, ... bei der Berechnung des Zuschlages nicht zu berücksichtigen".

[91] Am Rande sei hier zuletzt noch auf folgendes hingewiesen: Mit der Nachschußpflicht von Kreditgenossenschaften erkennt die Bankenaufsicht einen Tatbestand als haftendes Eigenkapital an, der erst im Falle der Liquidation zur Deckung von Verlusten zur Verfügung steht. Daraus könnte nun der Schluß gezogen werden, daß die Bankenaufsicht, mit dem von uns gewonnenen Ergebnis übereinstimmend, den Maximalbelastungsfall A als relevanten Belastungsfall ansieht. Wie wir im Kapitel D dieser Arbeit jedoch sehen werden, steht diese Folgerung auf recht schwachen Beinen.

sog. „Anstaltslast“ resultierenden (Haftungs-)Verpflichtungen der Gewährträger dieser Kreditinstitute diskutiert[92]. Als Gewährträgerhaftung wird die in den Sparkassengesetzen der Länder[93] verankerte Verpflichtung der Gewährträger öffentlich-rechtlicher Sparkassen[94] bezeichnet, für die Verbindlichkeiten ihrer Sparkasse unbeschränkt zu haften. Sie „... hat den Charakter einer öffentlich-rechtlichen Ausfallbürgschaft, d. h. der Gewährträger kann von den Gläubigern der Sparkasse erst in Anspruch genommen werden, wenn das Vermögen der Sparkasse nicht ausreicht, die Gläubigerverbindlichkeiten zu erfüllen“[95]. Die Anstaltslast stellt demgegenüber die formal-gesetzlich zwar nicht geregelte, jedoch nach h. M. als verbindliche Rechtsnorm anerkannte Verpflichtung der Gewährträger gegenüber ihren Sparkassen dar, diese für die Dauer ihres Bestehens ordnungsgemäß instand zu halten[96].

Die Anstaltslast ist der Gewährträgerhaftung zeitlich vorgelagert, denn durch die Verpflichtung zu einer ordnungsgemäßen Instandhaltung der Sparkassen wird die Aufrechterhaltung ihrer Solvenz impliziert und somit auch eine Inanspruchnahme der Gewährträgerhaftung durch die Gläubiger vermieden. Die Gewährträgerhaftung selbst kommt allenfalls bei der Auflösung einer Sparkasse zum Zuge[97]. Durch die aufgrund der Anstaltslast sich ergebende Verpflichtung der Gewährträger, ihre Sparkassen instand zu halten, werden nun zwar mittelbar auch die Gläubiger vor Verlusten geschützt[98]. Da das Rechtsinsti-

---

[92] Vgl. z. B. *Philipp*, Fritz, *Berger*, Karl-Heinz u. a., Bestimmung, S. 8 u. S. 15 und *Welcker*, Johannes, Neuordnung, S. 79 f.

[93] Vgl. zum folgenden etwa § 8 Abs. 4 SparkassenG für Baden-Württemberg.

[94] Nach § 8 Abs. 1 SparkassenG für Baden-Württemberg ist „die Körperschaft des öffentlichen Rechts, die eine Sparkasse errichtet hat, ... Gewährträger dieser Sparkasse“, während nach § 2 Abs. 1 Nr. 1 - 3 grundsätzlich Stadtkreise, Landkreise oder auch Zweckverbände Sparkassen errichten können.

[95] *Schlierbach*, Helmut, Anstaltslast, S. 448.

[96] Vgl. hierzu insbesondere *Oebbecke*, Janbernd, Eigenkapitalausstattung, S. 43 ff. und die dort angegebene Literatur.

Oebbecke selbst kommt allerdings zu dem Ergebnis, daß „eine Rechtspflicht, wie sie unter dem Namen ‚Anstaltslast‘ im sparkassenrechtlichen Schrifttum im Verhältnis zwischen Sparkasse und Gewährträgerkommune angenommen wird, ... nicht begründet“ ist (*Oebbecke*, Janbernd, Eigenkapitalausstattung, S. 69). Zu den Maßnahmen zur Erfüllung der Anstaltslast vgl. insbesondere auch *Schlierbach*, Helmut, Sparkassenrecht, S. 98 f.

[97] Vgl. zur inhaltlichen Beschreibung von Anstaltslast und Gewährträgerhaftung sowie zum Verhältnis beider zueinander *Hornbach*, Friedrich, Garantiefunktion, S. 315 ff.; *Oebbecke*, Janbernd, Eigenkapitalausstattung, S. 23 f. und die dort angegebene Literatur, *Schlierbach*, Helmut, Anstaltslast, S. 447 ff. sowie den *Wettbewerbsbericht*, S. 47 ff.

[98] Vgl. hierzu auch *Siebel*, Ulf R., Eigenkapital, S. 67.

tut der Gewährträgerhaftung für den Zweck des Gläubigerschutzes jedoch bereits hinreicht und durch die Anstaltslast somit keine Verbesserung des Schutzes von Sparkassengläubigern erzielt wird, können wir uns im folgenden auf die unmittelbar wirkende Gewährträgerhaftung beschränken[99].

Während die Berücksichtigung der Gewährträgerhaftung bei der Ermittlung des haftenden Eigenkapitals der Sparkassen rein technisch kein Problem darstellt — analog zum Haftsummenzuschlag bei Kreditgenossenschaften kann für die Gewährträgerhaftung ein sog. „Haftungszuschlag" in Ansatz gebracht werden —, ist umstritten, in welcher Weise die Gewährträgerhaftung zu quantifizieren ist. In der Literatur werden im wesentlichen zwei Ansätze zur Quantifizierung der Gewährträgerhaftung diskutiert[100]: Auf der einen Seite wird eine Orientierung an der „Finanzkraft" der Gewährträger vorgeschlagen, wobei als Indikator für die Finanzkraft das Steueraufkommen, das aktuelle Haushaltsvolumen oder auch das Volumen einer bestimmten Anzahl zurückliegender Haushalte der jeweiligen Gewährträger genannt wird. Dagegen wird auf der anderen Seite eine Orientierung der Zuschlagsgröße an bestimmten Passivposten der Bilanz, z. B. eingezahltes Eigenkapital, gesamte Einlagen oder auch nur Spareinlagen, zur Debatte gestellt[101].

Prima vista stellt die Orientierung an der Finanzkraft der Gewährträger zweifelsohne den sachgerechteren der beiden Lösungsansätze dar. Nun lassen sich zwar die Bestimmungsfaktoren für die Finanzkraft einer Gemeinde und damit auch für die Höhe des Haftungszuschlags angeben, z. B. konjunkturelle Lage, Einnahmestruktur und Wirtschaftsstruktur der Kommune, Variationsmöglichkeiten der Steuerbemes-

---

[99] Die Frage, ob eine Anstaltslast der Gewährträger für ihre Sparkassen überhaupt begründet ist, kann deshalb hier offen bleiben. Vgl. in diesem Zusammenhang auch die Stellungnahme Schmidts (*Schmidt*, Dirk, Anstaltslast, S. 762 ff.) zu der vorhergehend zitierten Meinung Oebbeckes und die Entgegnung Oebbeckes (*Oebbecke*, Janbernd, Anstaltslast, S. 60 f.) auf diese Stellungnahme.

[100] Vgl. zu den folgenden Vorschlägen *Hartmann*, Manfred, Ökonomische Aspekte, S. 82; *Hoffmann*, Josef, Wettbewerb, S. 184; *Holdijk*, Rudolf, Eigenkapitalprobleme, S. 191 ff.; *Siebel*, Ulf R., Eigenkapital, S. 70; *Welcker*, Johannes, Neuordnung, S. 79 f. sowie *Bericht der Studienkommission*, Tz. 1205 ff., S. 381 ff. Für eine grundsätzliche Berücksichtigung der Gewährträgerhaftung bei der Bestimmung des haftenden Eigenkapitals von Sparkassen spricht sich allerdings nur die Kommissionsminderheit aus. Vgl. *Bericht der Studienkommission*, Tz. 1213, S. 384. Demgegenüber lehnt die Kommissionsmehrheit in Anbetracht der von ihr vertretenen qualitativen Eigenkapitalanforderungen eine solche Berücksichtigung ab. Vgl. *Bericht der Studienkommission*, Tz. 1205, S. 381.

[101] Grunwald und Jokl schlagen auch eine Kombination der beiden Ansätze vor. Vgl. *Grunwald*, Jorg-Günther und *Jokl*, Stefan, Wettbewerb, S. 165 f.

sungsgrundlagen oder auch die Bevölkerungszahl[102]. Die Höhe des Haftungszuschlags läßt sich hieraus jedoch kaum herleiten. Die Bankenaufsicht ist daher, wie schon bei der Quantifizierung der Nachschußpflicht von (Kredit-)Genossenschaften mit unbeschränkter Haftpflicht, auf eine pragmatische Lösung angewiesen[103]. Auch hier halten wir es für vertretbar, das Rückgriffskapital (von Sparkassen) pauschal durch einen Zuschlag auf das eingezahlte haftende Eigenkapital zu berücksichtigen. *Philipp, Berger* u. a. schlagen wiederum einen Satz von 50 % vor[104]. Freilich wird die Bankenaufsicht auch diesen Satz, der ebensowenig wie der Zuschlagsatz für die unbeschränkte Nachschußpflicht von (Kredit-)Genossenschaften objektiv ableitbar ist, höher oder niedriger ansetzen können. Aus wettbewerbspolitischen Gründen erscheint es allerdings plausibel, den Zuschlagsatz für die Anerkennung von Rückgriffskapital als haftendes Eigenkapital bei allen Kreditinstituten gleich hoch anzusetzen.

Das KWG sieht in § 10 Abs. 2 Nr. 4 (noch) keine Berücksichtigung der Gewährträgerhaftung bei der Ermittlung des haftenden Eigenkapitals der Sparkassen vor. Soweit lediglich der Zweck des Gläubigerschutzes zur Debatte steht, ist diese Regelung zu restriktiv, und eine entsprechende Ergänzung in Richtung einer Berücksichtigung der Gewährträgerhaftung bei der Bestimmung des haftenden Eigenkapitals der Sparkassen erscheint aus diesem Grunde angezeigt.

### 5. Die Eignung der nachrangigen Verbindlichkeiten und der Vermögenseinlagen stiller Gesellschafter als haftendes Eigenkapital

Mit den nachrangigen Verbindlichkeiten wollen wir uns zu Ende dieses Abschnitts zunächst einem wirtschaftlichen Tatbestand zuwenden, der im geltenden deutschen Aufsichtsrecht zwar noch nicht als haftendes Eigenkapital berücksichtigt wird, dessen Berücksichtigung jedoch in einer Vielzahl ausländischer Bankaufsichtsgesetze seit längerem üblich ist[105]. Als „nachrangige Verbindlichkeiten" bzw. „nachrangiges (Haft-)Kapital" bezeichnen wir diejenigen Verbindlichkeiten

---

[102] Vgl. *Klein,* Richard R., Schuldenpolitik, S. 26 ff.; *Peffekoven,* Rolf, Finanzausgleich I, S. 632 f.; *Timm,* Herbert, Gemeindefinanzpolitik, S. 441 ff. sowie *Schmölders,* Günter, Gemeinden, S. 30 ff.

[103] Vgl. zum folgenden insbesondere auch *Bericht der Studienkommission,* Tz. 1219 f., S. 386; *Gessler,* Ernst, Bankengesetzgebung, S. 16; *Holdijk,* Rudolf, Eigenkapitalprobleme, S. 194 f. sowie *Kurze,* Thomas, Eigenkapitalausstattung, S. 184.

[104] Vgl. *Philipp,* Fritz, *Berger,* Karl-Heinz u. a., Bestimmung, S. 15.

[105] Zur Berücksichtigung nachrangiger Verbindlichkeiten im ausländischen Bankenaufsichtsrecht vgl. *Hadding,* Walther und *Schneider,* Uwe H., Haftkapital, S. 390 ff.

eines Kreditinstituts, die von ihren Gläubigern „... im Falle der Liquidation erst nach der Befriedigung der übrigen Gläubiger zurückgefordert werden können“[106]. Die Gläubiger nachrangiger Verbindlichkeiten stehen somit für den Fall einer Befriedigung aus dem Liquidationserlös, einschließlich eines eventuellen Vermögenszuflusses aufgrund von Haftungszusagen, den „sonstigen“ Bankgläubigern im Rang nach. Sie gehen in diesem Falle jedoch, da es sich bei ihnen gleichwohl um Gläubiger handelt, den Gesellschaftern der Kreditinstitute im Rang vor[107]. Nachrangige Verbindlichkeiten können sowohl in Gestalt von Schuldverschreibungen als auch in Gestalt von Einlagen bestehen[108].

Ehe der Frage nachgegangen wird, ob und inwieweit die nachrangigen Verbindlichkeiten den Grundsatz der Dauerhaftigkeit des (eingezahlten) Eigenkapitals erfüllen, soll vorab noch ein mehr grundsätzliches Problem, das wir bereits eingangs dieser Arbeit gestreift haben, geklärt werden. Da es sich bei den „nachrangigen Verbindlichkeiten“ insofern um *Verbindlichkeiten* handelt, als sie gegenüber den Eigenkapitalinhabern Forderungen darstellen, sind sie prima vista zu den durch die Eigenkapitalvorschrift des § 10 Abs. 1 Satz 1 KWG zu schützenden wirtschaftlichen Tatbeständen zu rechnen. Sollen nun aber die nachrangigen Verbindlichkeiten als haftendes Eigenkapital der Kreditinstitute anerkannt werden, dann müssen sie logischerweise aus dem Kreis der durch die Eigenkapitalvorschrift zu schützenden Tatbestände herausfallen. Wir sehen gegen ein solches Vorgehen vom aufsichtsrechtlichen Standpunkt aus keine grundlegenden Bedenken. Die nachrangigen Gläubiger dürften sich des von ihnen eingegangenen besonderen Verlustrisikos in aller Regel bewußt sein und sich dieses Risiko auch durch eine vergleichsweise höhere Verzinsung entgelten lassen[109].

Ob die nachrangigen Verbindlichkeiten ohne weitere, auf die Verbesserung ihrer Haftungsqualität zielenden Anforderungen der Ban-

[106] *Bericht der Studienkommission,* Tz. 1187, S. 373 f. Vgl. zur Definition der nachrangigen Verbindlichkeiten auch *Fuchs,* Konrad, Eigenkapitalfrage, S. 423; *Geiger,* Helmut, Eigenkapitalausstattung, S. 194 sowie *Oberbeckmann,* Hans-Ludwig, Eigenkapitalausstattung, S. 359.

[107] Vgl. *Fuchs,* Konrad, Nachrangiges Kapital, S. 239; *Schmidt,* Dirk, Haftkapital I, S. 82 sowie *Welcker,* Johannes, Neuordnung, S. 82.

[108] Vgl. *Bericht der Studienkommission,* Tz. 1109, S. 347 und *Schmidt,* Dirk, Haftkapital II, S. 1112.

[109] Vgl. zum letzteren auch *Bericht der Studienkommission,* Tz. 1109, S. 347 und *Fuchs,* Konrad, Eigenkapitalfrage, S. 423.

Ein besonderes Verlustrisiko läßt sich im übrigen auch für die nachrangigen Verbindlichkeiten bei öffentlich-rechtlichen Sparkassen herstellen. Philipp, Berger u. a. haben ein Verfahren entwickelt, nach dem auch die nachrangigen Verbindlichkeiten von Sparkassen trotz Anstaltslast und Gewährträgerhaftung zur Deckung von Verlusten herangezogen werden können. Vgl. *Philipp,* Fritz, *Berger,* Karl-Heinz u. a., Bestimmung, S. 23 ff.

kenaufsicht den Grundsatz der Dauerhaftigkeit in der strengen Fassung zu erfüllen vermögen, ist nach unserer Ansicht zumindest zweifelhaft[110]. Um die Haftungsqualität der nachrangigen Verbindlichkeiten zu verbessern, kann die Bankenaufsicht nun aber eine Reihe von Anforderungen entwickeln, die die betreffenden Tatbestände erfüllen müssen, um als haftendes Eigenkapital anerkannt zu werden[111]. Die Bankenaufsicht kann zunächst auf eine bestimmte Mindestfestlegungsfrist drängen, während der eine Rückzahlung der nachrangigen Verbindlichkeiten unzulässig ist[112]. Soweit die Möglichkeit einer Kündigung der nachrangigen Verbindlichkeiten vereinbart worden ist, kann sie darüber hinaus auch noch eine bestimmte Mindestkündigungsfrist verlangen[113]. Die Bankenaufsicht kann schließlich im Hinblick auf den Grundsatz der Dauerhaftigkeit in der weniger strengen Fassung die Anerkennung nachrangiger Verbindlichkeiten vom Vorhandensein einer Nachhaftung abhängig machen[114].

Um das trotz dieser Anforderungen verbleibende Risiko hinsichtlich der Dauerhaftigkeit nachrangiger Verbindlichkeiten weiter zu verringern, kann die Bankenaufsicht eine Reihe von Grenzwerten für die Anerkennung von nachrangigen Verbindlichkeiten als haftendes Eigenkapital vorgeben. Sie hat in diesem Zusammenhang zunächst die Möglichkeit, nur einen bestimmten Prozentsatz des Gesamtbetrages der nachrangigen Verbindlichkeiten als haftendes Eigenkapital anzuerkennen. Des weiteren kann die Bankenaufsicht bestimmen, daß die nach-

---

[110] Dagegen vertritt Fuchs im Ergebnis die Auffassung, daß der Grundsatz der Dauerhaftigkeit bei nachrangigen Verbindlichkeiten ohne weiteres gewährleistet sei. Er verweist hierbei insbesondere auf die mögliche Prolongation formal fälliger nachrangiger Verbindlichkeiten durch bisherige Gläubiger und auf die mögliche Substitution zurückgezahlter nachrangiger Verbindlichkeiten durch Einlagen neuer (nachrangiger) Gläubiger. Vgl. *Fuchs,* Konrad, Nachrangiges Kapital, S. 240.

[111] Vgl. zum folgenden *Holdijk,* Rudolf, Eigenkapitalprobleme, S. 220 ff.; *Philipp,* Fritz, *Berger,* Karl-Heinz u. a., Bestimmung, S. 34; *Schmidt,* Dirk, Haftkapital II, S. 1114; *Siebel,* Ulf R., Eigenkapital, S. 48 sowie *Bericht der Studienkommission,* Tz. 1193, S. 376 f. Für eine grundsätzliche Anerkennung von nachrangigen Verbindlichkeiten als haftendes Eigenkapital spricht sich allerdings nur die Kommissionsminderheit aus. Vgl. *Bericht der Studienkommission,* Tz. 1191, S. 375. Demgegenüber lehnt die Kommissionsmehrheit eine solche Anerkennung schon deshalb ab, weil die nachrangigen Verbindlichkeiten nicht am laufenden Verlust der Kreditinstitute teilnehmen. Vgl. *Bericht der Studienkommission,* Tz. 1186 f., S. 373 f.

[112] Holdijk (S. 221), der sich hier wie auch in den nachfolgenden Fn. auf einen Vorschlag des Deutschen Sparkassen- und Giroverbandes bezieht, und die Kommissionsminderheit (Tz. 1193, S. 376) plädieren für eine Frist von fünf Jahren.

[113] Holdijk (S. 221) spricht sich für eine Mindestkündigungsfrist von einem Jahr aus.

[114] Die Kommissionsminderheit (Tz. 1193, S. 376) nennt eine Frist der Nachhaftung von fünf Jahren.

rangigen Verbindlichkeiten lediglich bis zu einem bestimmten Prozentsatz des ohne sie vorhandenen haftenden Eigenkapitals[115] oder auch nur des eingezahlten haftenden Eigenkapitals[116] als haftendes Eigenkapital anerkannt werden. Die genannten Begrenzungen lassen sich in ihrer Wirksamkeit noch dadurch erhöhen, daß die Bankenaufsicht ab dem Zeitpunkt der Kündigung einer nachrangigen Verbindlichkeit bzw., soweit ein bestimmter Fälligkeitstermin vereinbart worden ist, ab einer bestimmten Frist vor Fälligkeit[117] keine Anrechnung der betreffenden Verbindlichkeit als haftendes Eigenkapital mehr zuläßt. Zu guter Letzt kann die Bankenaufsicht eine Begrenzung der jährlichen Rückzahlung auf einen bestimmten Prozentsatz des Gesamtbetrages der nachrangigen Verbindlichkeiten vorschreiben[118], ja sie kann sich sogar ein Vetorecht gegen die Rückzahlung fälliger nachrangiger Verbindlichkeiten ausbedingen.

Als Ergebnis der vorhergehenden Ausführungen können wir festhalten, daß es grundsätzlich möglich ist, aufsichtsrechtliche Vorschriften über die nachrangigen Verbindlichkeiten so zu formulieren, daß die als haftendes Eigenkapital anerkannten nachrangigen Verbindlichkeiten im Ergebnis den Grundsatz der Dauerhaftigkeit in der strengen oder auch nur in der weniger strengen Fassung erfüllen. Wie die betreffenden Vorschriften im einzelnen zu formulieren sind, insbesondere in welcher Höhe die verschiedenen prozentualen Grenzen für die Anerkennung nachrangiger Verbindlichkeiten festgelegt werden sollten, läßt sich mangels eindeutiger sachlicher Kriterien jedoch wiederum nicht ohne weiteres angeben.

Das geltende KWG sieht, wie gesagt, eine Berücksichtigung von nachrangigen Verbindlichkeiten bei der Bestimmung des haftenden Eigenkapitals der Kreditinstitute nicht vor. Eine entsprechende Ergänzung in Richtung einer grundsätzlichen Anerkennung von nachrangigen Verbindlichkeiten als haftendes Eigenkapital der Kreditinstitute erscheint nach dem soeben Gesagten unter dem Aspekt des Gläubigerschutzes jedoch unbedenklich.

Es bedarf keiner weiteren Begründung, daß sich die soeben hinsichtlich der nachrangigen Verbindlichkeiten getroffenen Aussagen sinngemäß auch auf die sog. „Vermögenseinlagen stiller Gesellschafter“

---

[115] Die Kommissionsminderheit (Tz. 1193, S. 376) stellt einen Satz von 50 % zur Debatte.

[116] Holdijk (S. 221) plädiert für eine Begrenzung der nachrangigen Verbindlichkeiten auf 50 % des ohne diese Verbindlichkeiten vorhandenen eingezahlten haftenden Eigenkapitals.

[117] Holdijk (S. 221) nennt eine Frist von einem Jahr.

[118] Die Kommissionsminderheit (Tz. 1193, S. 376) spricht sich für einen Satz von 5 % aus.

übertragen lassen. Nach § 10 Abs. 4 Satz 1 KWG sind „Vermögenseinlagen stiller Gesellschafter ... (nur) dann dem haftenden Eigenkapital zuzurechnen, wenn sie bis zur vollen Höhe am (laufenden; J. B.) Verlust teilnehmen oder erst nach Befriedigung der Gläubiger des Kreditinstituts zurückgefordert werden können"[119]. Die geltende gesetzliche Regelung erscheint somit recht großzügig, denn die Anerkennung von Vermögenseinlagen stiller Gesellschafter als haftendes Eigenkapital wird nicht davon abhängig gemacht, daß diese solche Gläubigerschutzbestimmungen erfüllen, wie wir sie zuvor im Zusammenhang mit den nachrangigen Verbindlichkeiten vorgestellt haben.

[119] Klammersetzung vom Verfasser. Nach § 336 Abs. 2 Satz 1 HGB kann „im Gesellschaftsvertrage ... bestimmt werden, daß der stille Gesellschafter nicht am Verlust beteiligt sein soll".

Rechtssystematisch fände die zuvor genannte Ergänzung hinsichtlich der nachrangigen Verbindlichkeiten somit am ehesten ihren Platz in § 10 Abs. 4 KWG.

# D. Die quantitativen Anforderungen an das haftende Eigenkapital der Kreditinstitute

## I. Überblick über grundlegende Zusammenhänge, über die in die Untersuchung einbezogenen Vermögensverlustrisiken und Vermögensgegenstände sowie über den Gang der Untersuchung

Im folgenden Kapitel wollen wir der Frage nachgehen, welche quantitativen Anforderungen die Bankenaufsicht an das haftende Eigenkapital der Kreditinstitute zu stellen hat, d. h. welche (relative) (Mindest-)Höhe an haftendem Eigenkapital die Bankenaufsicht den Kreditinstituten vorschreiben muß, um ihrem Ziel, die Gläubiger dieser Institute vor Vermögensverlusten zu schützen, gerecht zu werden[1]. Wir gehen zu diesem Zweck von dem einfachen Zusammenhang aus[2], daß die Gläubiger der Kreditinstitute so lange vor Vermögensverlusten geschützt sind, wie das Vermögen dieser Institute ausreicht, um alle ihre Verbindlichkeiten (fristgerecht[3]) erfüllen zu können. Daraus ergibt sich, daß die Vermögensverluste der Kreditinstitute ihr Eigenkapital nicht übersteigen dürfen, wenn die Gläubiger vor Verlusten bewahrt bleiben sollen. Aus letzterem folgt aber, daß die Bankenaufsicht den Kreditinstituten ein haftendes Eigenkapital zumindest in Höhe derjenigen Vermögensverluste vorschreiben sollte, die sie unter Berücksichtigung des relevanten Belastungsfalles für diese Institute erwartet und die nicht bereits erfolgsrechnerisch in Form von Abschreibungen oder auch von Wertberichtigungen berücksichtigt worden sind[4].

Die Lösung unseres Problems, welche quantitativen Anforderungen die Bankenaufsicht an das haftende Eigenkapital der Kreditinstitute

---

[1] Krümmel spricht in diesem Zusammenhang auch von der „Bestimmung des Sicherungsniveaus". Vgl. *Krümmel,* Hans-Jacob, Bankpolitische Normen, S. 540 ff.

[2] Vgl. zum folgenden insbesondere *Krümmel,* Hans-Jacob, Liquiditätssicherung I, S. 262 f. Vgl. des weiteren auch *Czech,* Dieter Klaus, Fristentransformation, S. 123 f.; *Engels,* Wolfram, Bankensolvenztheorien, S. 31; *Müller,* Werner A., Bankenaufsicht, S. 196 f. und die dort angegebene Literatur sowie *Tochtermann,* Axel, Haftsummenzuschlag, S. 43.

[3] Es sei hier nochmals in Erinnerung gerufen, daß nach unserer Auffassung der Maximalbelastungsfall A den relevanten Belastungsfall für die Formulierung der aufsichtsrechtlichen Eigenkapitalanforderungen darstellt.

[4] Vgl. zum letzteren insbesondere auch *Gessler,* Ernst, Bankengesetzgebung, S. 14.

zu stellen hat, liegt somit in der Antwort auf die Frage, wie hoch die von ihr im Belastungsfall erwarteten Vermögensverluste der jeweiligen Institute sein sollten. Bei der Beantwortung dieser Frage gehen wir im folgenden jeweils in zwei Schritten vor. Im ersten Schritt beschreiben wir die von uns ins Auge gefaßten bankbetrieblichen Vermögensverlustrisiken zunächst inhaltlich. Als „bankbetriebliche Vermögensverlustrisiken" bezeichnen wir die Ursachen, auf denen Vermögensverluste von Kreditinstituten beruhen können. Im zweiten Schritt wollen wir die betreffenden Risiken dann quantifizieren, d. h. die Höhe der durch sie möglicherweise bewirkten Vermögensverluste bestimmen.

Es würde nun den Rahmen der vorliegenden Arbeit sprengen, wollten wir sämtliche, auch nur bedeutenderen Vermögensverlustrisiken von Kreditinstituten in unsere Betrachtung einbeziehen. Wir müssen unsere Untersuchung aus diesem Grunde einschränken, und zwar werden wir im folgenden lediglich auf die im Maximalbelastungsfall besonders bedeutsamen Verlustrisiken näher eingehen, nämlich die „Ausfallrisiken" und die „Preisänderungsrisiken". Aber auch im Hinblick auf die zu analysierenden Vermögensgegenstände müssen wir Einschränkungen vornehmen. Im weiteren Verlauf bilden nur die auf einem Kreditverhältnis beruhenden Forderungstitel, deren besondere Bedeutung unter den bankbetrieblichen Vermögensgegenständen hier wohl nicht eigens nachgewiesen zu werden braucht, den Gegenstand unserer Untersuchung[5].

Mit der inhaltlichen Beschreibung und Quantifizierung des Ausfallrisikos und des Preisänderungsrisikos von Krediten befassen wir uns im folgenden zweiten Abschnitt dieses Kapitels. Auf der Grundlage der dort gewonnenen Ergebnisse wollen wir dann im dritten Abschnitt untersuchen, wie sich die quantitativen Eigenkapitalanforderungen der Bankenaufsicht in operationalen aufsichtsrechtlichen Vorschriften ausdrücken lassen. Wir bezeichnen die betreffenden Vorschriften in Anlehnung an *Krümmel* und an *Müller* als „Risikodeckungsvorschriften"[6]. Wir werden in diesem Zusammenhang zwei ausgewählte Risikodekkungsvorschriften, nämlich die sog. „Einlegerschutzbilanz" und den „Grundsatz I BAK", näher vorstellen und im Hinblick auf ihre Zweckeignung überprüfen.

---

[5] Außer Betracht bleiben somit insbesondere die Beteiligungstitel, die Grundstücke und Gebäude sowie die sog. „Betriebs- und Geschäftsausstattung" der Kreditinstitute bzw. die diesen Vermögensgegenständen drohenden Verlustrisiken. Vgl. hierzu *Müller*, Werner A., § 12 KWG, S. 332 ff. und, was speziell die Risiken von Beteiligungstiteln anlangt, insbesondere auch *Krümmel*, Hans-Jacob, Bankbeteiligungen, S. 122 ff. und *Schmidt*, Hartmut, Liquidität, S. 710 ff.

[6] Vgl. *Krümmel*, Hans-Jacob, Bankpolitik, S. 11 und *Müller*, Werner A., Bankenaufsicht, S. 120.

Von den „Risikodeckungsvorschriften“ sind die „Risikobegrenzungsvorschriften“ zu unterscheiden. Letztere verfolgen in erster Linie den Zweck, bestimmte, als besonders risikoreich angesehene Vermögensgegenstände bzw. die in ihnen steckenden Verlustrisiken zu begrenzen[7]. Allerdings besitzen auch die Risikodeckungsvorschriften eine risikobegrenzende Wirkung. „Jede Risikodeckungsnorm ist zugleich Risikobegrenzungsnorm, weil sie bei konstantem (und voll beanspruchtem; J. B.) Risikodeckungspotential die Ausweitung der Risiken begrenzt“[8].

## II. Inhaltliche Beschreibung und Quantifizierung ausgewählter bankbetrieblicher Vermögensverlustrisiken

### 1. Inhaltliche Beschreibung und Quantifizierung des Ausfallrisikos von Krediten

#### *a) Inhaltliche Beschreibung des Ausfallrisikos von Krediten*

Als „Ausfallrisiko“[1] eines Kredits bezeichnen wir die Gefahr, daß die für den betreffenden Kredit vereinbarten Zins- und Tilgungszahlungen[2], selbst nach Inanspruchnahme von (Kredit-)Sicherheiten oder auch nach vollzogener Zwangsvollstreckung in das sonstige Vermögen des Kreditnehmers[3], nicht oder doch nur zum Teil erfolgen. Das Ausfallrisiko besteht m. a. W. darin, daß die freiwilligen oder auch erzwungenen Zins- und Tilgungszahlungen[4] geringer als ursprünglich verein-

---

[7] Vgl. zur inhaltlichen Beschreibung der Risikobegrenzungsvorschriften *Hornbach,* Friedrich, Bonitäts- und Solvenzsicherung, S. 179 ff.; *Krümmel,* Hans-Jacob, Bankpolitik, S. 11 sowie *Müller,* Werner A., Bankenaufsicht, S. 119 ff.

[8] *Müller,* Werner A., Bankenaufsicht, S. 203, Fn. 76. Vgl. in diesem Zusammenhang auch *Müller,* Werner A., Bankenaufsicht, S. 120 f.

[1] Anstatt des Ausdrucks „Ausfallrisiko“ werden in der Literatur u. a. auch die Ausdrücke „Bonitätsrisiko“ (vgl. z. B. *Krümmel,* Hans-Jacob, Liquiditätssicherung I, S. 265), „aktives Kreditrisiko“ (vgl. z. B. *Hartmann,* Bernhard, Bankbetriebsanalyse, S. 23 f.) und „Verlustrisiko (i. e. S.)“ (vgl. z. B. *Wächtershäuser,* Manfred, Kreditrisiko, S. 70) verwendet.

[2] Zu den Zinszahlungen rechnen wir hier wie im folgenden auch die Gebührenzahlungen und die Provisionszahlungen.

[3] Am Rande sei bereits hier darauf hingewiesen, daß wir uns mit der Frage nach der sachgerechten Abgrenzung des Kreditnehmerbegriffs im Rahmen der vorliegenden Arbeit nicht weiter befassen werden (können). Vgl. hierzu die entsprechenden Anmerkungen zu § 19 Abs. 2 KWG in den einschlägigen Kommentaren zum Kreditwesengesetz sowie *Erdland,* Alexander, Eigenkapital, S. 186 ff. und *Welcker,* Johannes, Neuordnung, S. 58 f. u. S. 59 ff.

[4] Zur Unterscheidung freiwilliger und erzwungener (Tilgungs-)Zahlungen siehe unter B.III.2.a)bb).

bart sind[5]. Der (nominale[6]) Vermögensverlust, den ein Kreditinstitut aufgrund des Ausfallrisikos möglicherweise erleidet, ist demnach definiert als Differenz zwischen den vereinbarten Zins- und Tilgungszahlungen und den entsprechend niedrigeren tatsächlichen Zahlungen[7].

Unter den (Kredit-)Ausfallrisiken ragt das Ausfallrisiko der sog. „Großkredite" hervor. Als Großkredite bezeichnen wir im Anschluß an die Legaldefinition des § 13 Abs. 1 Satz 1 KWG solche Kredite an einen Kreditnehmer, die insgesamt einen bestimmten, von der Bankenaufsicht festgelegten Prozentsatz[8] des haftenden Eigenkapitals der jeweiligen Kreditinstitute übersteigen. Großkredite sind nun gegenüber den sonstigen Krediten eines Kreditinstituts nicht etwa besonders ausfallgefährdet[9], d. h. sie fallen weder vergleichsweise häufig noch mit einer verhältnismäßig hohen Quote aus[10]. Für diese Kredite ist vielmehr charakteristisch, daß schon der Ausfall allein *eines* Großkredits, sofern seine Ausfallquote nur hinreichend hoch ist, das Eigenkapital eines Kreditinstituts in beträchtlichem Umfang mindert[11]. Auch empirische Untersuchungen über die Ursachen vergangener Bankinsolvenzen bestätigen die herausragende Bedeutung des Großkreditausfalls als Insolvenzursache[12].

---

[5] Um Mißverständnissen vorzubeugen, sei hier darauf hingewiesen, daß das Ausfallrisiko, wie es soeben definiert wurde, bei der Formulierung der quantitativen Eigenkapitalanforderungen dann nicht berücksichtigt zu werden braucht, wenn es bereits erfolgsrechnerisch in Form von Abschreibungen oder auch von Wertberichtigungen erfaßt worden ist.

[6] Da das Ziel der Eigenkapitalvorschrift (lediglich) darin besteht, die Bankgläubiger vor nominalen Vermögensverlusten zu schützen, können bei der Formulierung der quantitativen Eigenkapitalanforderungen auch nur die nominalen Vermögensverluste der Kreditinstitute zugrunde gelegt werden.

[7] Vgl. zur inhaltlichen Beschreibung des Ausfallrisikos neben den bereits zur Terminologie angegebenen Quellen des weiteren noch *Arnold,* Hans, Risikentransformation, S. 57; *Czech,* Dieter Klaus, Fristentransformation, S. 58; *Mülhaupt,* Ludwig, Einführung, S. 189 sowie *Rudolph,* Bernd, Kreditvergabeentscheidung, S. 12. Es sei hier allerdings darauf hingewiesen, daß die von den genannten Autoren jeweils gewählte inhaltliche Beschreibung des Ausfallrisikos nicht in allen Punkten mit der unsrigen übereinzustimmen braucht.

[8] In der Legaldefinition wird ein Satz von 15 % festgelegt.

[9] Vgl. hierzu auch *Köppen,* Joachim von, Eigenkapital, S. 202.

[10] Da bei solchen Krediten die Bonitätsprüfung und Kreditüberwachung besonders sorgfältig sein sollte, ist ggf. sogar eher das Gegenteil zu erwarten. Vgl. hierzu auch *Geiger,* Helmut, Bankpolitik, S. 162.

[11] Vgl. *Dürre,* Günter, Bankinsolvenzen, S. 191; *Samm,* Carl-Theodor, Novellierung, S. 315 sowie *Schultze-Kimmle,* Horst-Dieter, Ursachen, S. 228.

[12] Vgl. hierzu *Kübler,* Bruno M., Insolvenzen, S. 172; *Schultze-Kimmle,* Horst-Dieter, Ursachen, S. 228 sowie *Stein,* Johann Heinrich v., Insolvenzen, S. 216.

### *b) Quantifizierung des Ausfallrisikos von Krediten*

#### aa) Die Sicht des Problems in der Literatur

In der Literatur werden zwei verschiedene Auffassungen über die Möglichkeit einer Quantifizierung des in einem bestimmten Kreditportefeuille steckenden (Gesamt-)Ausfallrisikos[13] vertreten. Auf der einen Seite ist man der Ansicht, die Höhe des Ausfallrisikos eines Kreditportefeuilles und dementsprechend auch die Höhe des zur Deckung dieses Risikos notwendigen (haftenden) Eigenkapitals lasse sich grundsätzlich nicht bestimmen[14]. Begründet wird diese Auffassung vor allem damit, daß die Höhe des (Gesamt-)Ausfallrisikos von einer Reihe qualitativer Faktoren, insbesondere von der Wirksamkeit der auf das Ausfallrisiko zielenden sicherheitspolitischen Maßnahmen[15] abhängen würde, und daß sich die Auswirkungen dieser Faktoren einer Quantifizierung entzögen. Dagegen wird auf der anderen Seite die Ansicht vertreten, daß sich die Höhe des Ausfallrisikos eines Kreditportefeuilles und demgemäß auch die Höhe des zur Deckung dieses Risikos notwendigen (haftenden) Eigenkapitals grundsätzlich bestimmen ließen[16]. Begründet wird diese Auffassung damit, daß — falls bestimmte statistische Voraussetzungen erfüllt seien[17] — die „Schadensquote" eines bestimmten Kreditportefeuilles, den Grundsätzen der Wahrscheinlichkeitstheorie entsprechend, gegen einen konstanten, durchschnittlichen Wert streben würde, und daß diese „... durchschnittliche Schadensquote ein relativ verläßliches Maß für die latenten Ausfallrisiken und den entsprechenden Bedarf an Haftungsvermögen" bzw. an haftendem Eigenkapital sei[18]. Die im Mittelpunkt der zuletzt genannten

---

[13] Hier wie im folgenden muß zwischen der Höhe des (Gesamt-)Ausfallrisikos eines Kreditportefeuilles, welche für die Formulierung der quantitativen Eigenkapitalanforderungen letzten Endes allein maßgebend ist, und der Höhe des Ausfallrisikos der einzelnen Kredite unterschieden werden. Allerdings hängt, wie wir sehen werden, die Höhe des (Gesamt-)Ausfallrisikos von der Höhe des Ausfallrisikos der einzelnen Kredite ab.

[14] Vgl. zu dieser Auffassung *Brinkmann,* Jürgen, Bedeutung, S. 882 f.; *Eisfeld,* Curt, Probleme, S. 112; *Fischer,* Otfrid, Bankbilanz-Analyse, S. 108 sowie *Holdijk,* Rudolf, Eigenkapitalprobleme, S. 99 ff., insbes. S. 115.

[15] Holdijk unterscheidet in diesem Zusammenhang zwischen der Risikoverteilung und der Risikoabwälzung auf der einen und der Kreditwürdigkeitsprüfung, der Kreditbesicherung und der Kreditüberwachung auf der anderen Seite. Erstere zielen auf das Ausfallrisiko des gesamten Kreditportefeuilles, letztere auf das Ausfallrisiko einzelner Kredite. Vgl. *Holdijk,* Rudolf, Eigenkapitalprobleme, S. 99 ff.

[16] Vgl. zu dieser Auffassung *Arnold,* Hans, Risikentransformation; S. 102 f.; *Czech,* Dieter Klaus, Fristentransformation, S. 181 ff.; *Hoffmann,* Horst, Dispositionsregeln, S. 125 ff. sowie *Schlüter,* Joachim R., Studien, S. 39 f.

[17] Wir kommen auf die betreffenden Voraussetzungen im Verlaufe unserer nachfolgenden Untersuchungen noch im einzelnen zu sprechen.

[18] *Hoffmann,* Horst, Dispositionsregeln, S. 127. Der Ausdruck „Schadensquote" rührt daher, daß Hoffmann in Analogie zur Versicherungswirtschaft

Auffassung stehende „Schadensquote" wird jedoch weder definiert, noch wird angegeben, wie die Höhe dieser Quote bestimmt werden soll. Wir müssen daher selbst versuchen, die Tragfähigkeit dieser Überlegungen auszuloten.

### bb) Zur Berücksichtigung des Ausfallrisikos im Maximalbelastungsfall

Bei der Formulierung der quantitativen Eigenkapitalanforderungen ist zunächst das Ausfallrisiko all jener Kredite zu berücksichtigen, die im Maximalbelastungsfall (mutmaßlich) nicht veräußert zu werden brauchen, weil ihnen „... Einlagen, aufgenommene Darlehen oder emittierte Schuldverschreibungen mit gleicher oder längerer Restlaufzeit gegenüberstehen"[19] bzw., genauer, gegenübergestellt werden können. Für solche Kredite, die im Maximalbelastungsfall veräußert werden müssen, um die Gläubiger fristgerecht befriedigen zu können, ist unmittelbar zwar das Preisänderungsrisiko von Bedeutung. Da aber, wie wir sehen werden, das Ausfallrisiko eine mögliche Ursache des Preisänderungsrisikos darstellt[20], ist es auch für diese Kredite zu berücksichtigen. Für die Formulierung der quantitativen Eigenkapitalanforderungen muß somit das Ausfallrisiko sämtlicher Kredite quantifziert werden.

### cc) Quantifizierung des Ausfallrisikos einzelner Kredite

Um die Höhe des Ausfallrisikos eines Kreditportefeuilles zu ermitteln, ist es zunächst erforderlich, die Höhe des Ausfallrisikos der *einzelnen* Kredite in einer geeigneten statistischen Maßzahl zum Ausdruck zu bringen. Wir wählen zu diesem Zweck den Erwartungswert der Ausfallquote des jeweiligen Kredits. Die Ausfallquote ($a_i$) eines (beliebigen) Kredits ($i$) definieren wir dabei als Quotient aus dem aufgrund des Ausfallrisikos möglicherweise in Kauf zu nehmenden und noch nicht in Form von Abschreibungen bzw. Wertberichtigungen berücksichtigten Vermögensverlust ($V_i$) und den ggf. um die Abschreibungen bzw. Wertberichtigungen verminderten vereinbarten Zins- und Tilgungszahlungen ($Z_i$)[21]. Unter Verwendung der soeben eingeführten Symbole läßt sich die Ausfallquote anhand der Definitionsgleichung

$$\tilde{a}_i = \frac{\tilde{V}_i}{Z_i} \qquad (1)$$

argumentiert. Wir werden anstatt des Ausdrucks „Schadensquote" im folgenden den Ausdruck „Ausfallquote" verwenden.

[19] *Stützel*, Wolfgang, Bankpolitik, Tz. 89, S. 44. Auf technische Einzelheiten kommen wir im Zusammenhang mit der Überprüfung der Einlegerschutzbilanz zurück.

[20] Vgl. wegen Einzelheiten unter D.II.2.a).

wiedergeben[22]. Der Erwartungswert einer diskreten Zufallsvariablen — nichts anderes stellt die Ausfallquote eines Kredits in statistischer Hinsicht dar — ist definiert als die Summe der mit ihren Eintrittswahrscheinlichkeiten gewichteten möglichen Ausprägungen der jeweiligen Zufallsvariablen[23]. Bezeichnet man den Erwartungswert einer beliebigen Zufallsvariablen $\tilde{x}$ mit $E$, eine mögliche Ausprägung der Zufallsvariablen mit $x_j$ und die Wahrscheinlichkeit, daß die Variable eine bestimmte Ausprägung annimmt, schließlich mit $f(x_j)$, dann läßt sich bei $m$ möglichen Ausprägungen der Zufallsvariablen ihr Erwartungswert anhand der Definitionsgleichung

$$E(\tilde{x}) = \sum_{j=1}^{m} x_j \cdot f(x_j) \tag{2}$$

wiedergeben. Aus den Definitionsgleichungen (1) und (2) folgt für den Erwartungswert der Ausfallquote eines beliebigen Kredits $i$, der $r$ mögliche Verlustausprägungen besitzt, schließlich die Gleichung[24]

$$E(\tilde{a}_i) = \frac{E(\tilde{V}_i)}{Z_i} = \frac{\sum_{j=1}^{r} V_{ij} \cdot f(V_{ij})}{Z_i} \,. \tag{3}$$

Bei den mit dem Symbol $f(V_{ij})$ bezeichneten Wahrscheinlichkeiten, die als Gewichte in den Erwartungswert der Ausfallquote eines Kredits eingehen, kann es sich prinzipiell um sog. „statistische Wahrscheinlichkeiten“ oder auch um sog. „subjektive Wahrscheinlichkeiten“ handeln[25]. Statistische Wahrscheinlichkeiten sind die aus einer empirischen

---

[21] Vermögensverluste, die bereits durch Abschreibungen oder Wertberichtigungen erfolgsrechnerisch berücksichtigt worden sind, brauchen, wie bereits mehrfach erwähnt, bei der Formulierung der quantitativen Eigenkapitalanforderungen nicht berücksichtigt zu werden.

[22] Mit dem Zeichen ~ über einem Symbol bringen wir zum Ausdruck, daß es sich bei der betreffenden Größe um eine Zufallsvariable bzw. stochastische Variable (im statistischen Sinne) handelt. Vgl. zur inhaltlichen Beschreibung stochastischer Zufallsvariabler *Kreyszig,* Erwin, Statistische Methoden, S. 72 und *Schaich,* Eberhard, *Köhle,* Dieter u. a., Statistik I, S. 40 f.

[23] Vgl. *Kreyszig,* Erwin, Statistische Methoden, S. 85 f. und *Schaich,* Eberhard, *Köhle,* Dieter u. a., Statistik I, S. 54 f.

[24] Wir werden an die nachfolgende Gleichung (3) wieder anknüpfen, wenn wir uns mit der Quantifizierung des Ausfallrisikos des gesamten Kreditportefeuilles befassen.

[25] Vgl. hierzu wie auch im folgenden *Wächtershäuser,* Manfred, Kreditrisiko, S. 217 ff. und die dort angegebene Fachliteratur.
Dagegen kommen im vorliegenden Zusammenhang die sog. „logischen Wahrscheinlichkeiten“ von vornherein nicht in Betracht. Es liegt auf der Hand, daß den einzelnen möglichen Verlustausprägungen eines bestimmten Kredits bzw., was auf dasselbe hinausläuft, den einzelnen möglichen Ausprägungen der Ausfallquote dieses Kredits bestimmte Eintrittswahrscheinlichkeiten nicht in der Weise zugeordnet werden können, wie etwa dem Ereignis, mit einem (idealen) Würfel eine bestimmte Zahl zu würfeln.

Häufigkeitsverteilung gewonnenen relativen Häufigkeiten, mit denen die jeweilige Zufallsvariable eine bestimmte Ausprägung angenommen hat, sofern die der Häufigkeitsverteilung zugrunde liegende Beobachtungsmenge bestimmten qualitativen und quantitativen „Vorbedingungen zur Bildung statistischer Wahrscheinlichkeiten“ genügt[26]. Über solche (Häufigkeits-)Wahrscheinlichkeiten verfügt die (deutsche) Bankenaufsicht u. W. gegenwärtig nicht, und sie wird — davon müssen wir realistischerweise ausgehen — auch auf absehbare Zeit nicht über solche Wahrscheinlichkeiten verfügen bzw. gar bei der Formulierung ihrer quantitativen Eigenkapitalanforderungen zugrunde legen[27]. Was die Bankenaufsicht allein zum Ansatz bringen kann, sind subjektive Wahrscheinlichkeiten, über die hier nicht mehr gesagt zu werden braucht, als daß es sich bei ihnen um (subjektive) Häufigkeitsvorstellungen handelt, die von „Experten“, in dem uns interessierenden Falle speziell von Experten der Bankenaufsicht, aufgrund ihrer Erfahrung und Intuition gebildet werden[28].

Dadurch, daß subjektive Wahrscheinlichkeiten als Gewichte in den Erwartungswert der Ausfallquote eines Kredits eingehen, folgt, daß auch der Erwartungswert selbst eine subjektive, auf der Erfahrung und Intuition der Experten der Bankenaufsicht beruhende Größe ist. Dennoch lassen sich auch vom Standpunkt eines außerhalb der Bankenaufsicht sich befindenden Beobachters bestimmte Aussagen über die Höhe dieses Wertes und damit über die Höhe des Ausfallrisikos einzelner Kredite machen, falls die jeweiligen Kredite bestimmte Merkmale aufweisen[29].

Rückschlüsse auf die Höhe des Erwartungswertes der Ausfallquote lassen sich zunächst aus der Person des Kreditnehmers ziehen[30]: Sofern es sich bei den Kreditnehmern um (inländische) öffentliche Stellen

---

[26] Die genannten „Vorbedingungen“ werden ausführlich erörtert bei *Strack*, Heinz, Kreditrisiko, S. 57 ff. und *Wächtershäuser*, Manfred, Kreditrisiko, S. 223 ff.

[27] Wir verzichten deshalb auch darauf, uns mit besagten „Vorbedingungen“ hier ausführlicher zu befassen.

[28] Zu den subjektiven Wahrscheinlichkeiten vgl. im allgemeinen *Gäfgen*, Gérard, Theorie, S. 332 ff. und *Krelle*, Wilhelm, Präferenz- und Entscheidungstheorie, S. 196 ff. sowie speziell in der bankwirtschaftlichen Literatur *Strack*, Heinz, Kreditrisiko, S. 34 f. u. S. 88 ff. und *Wächtershäuser*, Manfred, Kreditrisiko, S. 238 ff.

[29] Um den Rahmen der vorliegenden Arbeit nicht zu sprengen, können wir im folgenden nur auf einige besonders hervorstechende Merkmale näher eingehen. Diese Merkmale brauchen im übrigen jedoch nicht notwendigerweise überschneidungsfrei zu sein.

[30] Der Kürze wegen fassen wir im folgenden nur Kredite an inländische Wirtschaftssubjekte ins Auge. Damit bleibt insbesondere auch der (bedeutende) Komplex der sog. „Länderrisiken“ außer Betracht.

handelt, muß wohl davon ausgegangen werden, daß für die Ausfallquote der betreffenden Kredite ein Erwartungswert von Null anzusetzen ist, d. h. daß diese Kredite bei der Formulierung der quantitativen Eigenkapitalanforderungen als nicht ausfallbedroht angesehen und behandelt werden. Letzteres ergibt sich nicht etwa deshalb, weil wir der Meinung wären, die Solvenz öffentlicher Stellen sei über alle Zweifel erhaben[31]. Unsere Auffassung rührt vielmehr daher, daß solche Zweifel kaum Einzug in Normen halten dürften, die von öffentlichen Stellen selbst konzipiert und getragen werden[32].

Von besonderem Interesse ist im vorliegenden Zusammenhang auch die Frage, ob der Ausfallquote von Krediten, deren Schuldner (inländische) Kreditinstitute sind, ein geringerer Erwartungswert beigemessen werden sollte als der Ausfallquote der sonstigen, an nicht-öffentliche Kreditnehmer gewährten Kredite. Für eine solche Privilegierung spricht zunächst der Umstand[33], daß die Gläubiger von Kreditinstituten, auch sofern es sich bei ihnen selbst um Kreditinstitute handelt, durch das Bankenaufsichtsrecht und hier wiederum nicht zuletzt durch die qualitativen und quantitativen Eigenkapitalanforderungen einen besonderen Schutz finden. Sofern es sich bei den betreffenden Krediten um Geldmarktkredite handelt, kann, wie bereits gezeigt, darüber hinaus in aller Regel von einer hohen Bonität der Schuldner ausgegangen werden[34]. Erhält ein Kreditinstitut aber, da seine Bonität als unzureichend angesehen wird, Kredite nur außerhalb des Geldmarkts, dann ist für die Ausfallquote dieser Kredite u. E. ein wesentlich höherer Erwartungswert anzusetzen als für die Ausfallquote von Geldmarktkrediten, ja man wird ihn u. U. sogar höher ansetzen müssen als den Erwartungswert für die Ausfallquote von Krediten an private Nichtbanken[35]. Für die Bankenaufsicht ergibt sich nun die praktische Schwie-

---

[31] Deshalb vermögen wir auch die in der Literatur des öfteren anzutreffende Auffassung nicht zu teilen, nach der die Sicherheit öffentlicher Kredite vor Ausfällen ohne weiteres als gegeben angesehen wird. Vgl. z. B. *Brinkmann,* Jürgen, Bedeutung, S. 880; *Fischer,* Otfrid, Verluste, S. 61 sowie *Rudolph,* Bernd, Kreditvergabeentscheidung, S. 37. Dagegen stellt *Welcker* die (stets gegebene) Solvenz öffentlicher Stellen grundsätzlich in Frage. Vgl. *Welcker,* Johannes, Neuordnung, S. 24 f. u. S. 57.

[32] In diesem Sinne ist auch unsere bereits mehrfach aufgestellte Behauptung gemeint, daß bei der Formulierung der aufsichtsrechtlichen Eigenkapitalanforderungen die Bonität öffentlicher Stellen (insbesondere der Gewährträger) als unzweifelhaft angesehen werden kann.

[33] Vgl. zum folgenden *ohne Verfasser,* Neufassung, S. 38.

[34] Vgl. hierzu auch *Büschgen,* Hans E., Geldmarkt, S. 29.

[35] So verweist Fischer mit Blick auf die Verluste der Hessischen Landesbank (HLB) in den Jahren 1973 und 1974 insbesondere auf „... jene individuell oder konsortialiter mit anderen Landesbanken gewährten Kredite an sonstige Kreditinstitute, die besonders risikobehaftet sind und zu den Ausfällen der HLB vermutlich in erheblichem Maße beigetragen haben“ (*Fischer,* Otfrid, Verluste, S. 61).

rigkeit, anhand welcher Kriterien sie beurteilen soll, ob es sich bei Krediten an Banken um vergleichsweise wenig risikobehaftete Geldmarktkredite handelt oder nicht. Nach unserer Ansicht bietet sich hier in erster Linie die Laufzeit der jeweiligen Kredite als Kriterium an. Da auf dem Geldmarkt üblicherweise nur (kürzerfristige) Kredite mit Laufzeiten bzw. Kündigungsfristen zwischen einem Tag und einem Jahr gewährt werden[36], können Kredite an Kreditinstitute, die dieses Merkmal aufweisen, bei der Formulierung der quantitativen Eigenkapitalanforderungen privilegiert, d. h. mit vergleichsweise geringem Erwartungswert der Ausfallquote angesetzt werden.

Rückschlüsse auf die Höhe des Erwartungswertes der Ausfallquote einzelner Kredite lassen sich u. U. auch aus der Art der Besicherung dieser Kredite ziehen. Werden einzelne Gegenstände aus dem Vermögen des Kreditnehmers oder eines sonstigen Sicherungsgebers als Kreditsicherheit gestellt, dann erhält der Kreditgeber (bzw. Sicherungsnehmer) für den Fall des Konkurses des Sicherungsgebers das Recht, diese Gegenstände aus der Konkursmasse abzusondern[37]. Aufgrund des geschilderten Absonderungsrechts wird den sonstigen Gläubigern des Sicherungsgebers ein Zugriff auf die als Sicherheit gestellten Vermögensgegenstände so lange verwehrt, bis der jeweilige Sicherungsnehmer vollständig befriedigt worden ist[38]. Werden einzelne Vermögensgegenstände als Kreditsicherheiten gestellt, dann hängt die Frage, ob und in welchem Umfang durch die jeweilige Kreditgewährung mit einem Vermögensverlust gerechnet werden muß, letzten Endes von der Höhe des (Liquidations-)Erlöses ab, der sich bei einer Verwertung dieser Vermögensgegenstände erzielen läßt[39]. Die Gefahr, daß der Liquidationserlös die Forderung nicht völlig bedeckt, wird in der Literatur auch als

---

[36] Vgl. hierzu *Brehmer*, Ekhard, Geldmarkt, S. 101 ff.; *Büschgen*, Hans E., Geldmarkt, S. 26 f.; *Hein*, Manfred, Geldmarktgeschäfte, S. 21 ff. sowie *Höfermann*, Friedhelm, Geldmarkt, S. 47 ff.

[37] Absonderungsrechte besitzen nach §§ 47 f. KO die Hypothekengläubiger und Grundschuldgläubiger am unbeweglichen Vermögen und die Pfandgläubiger am beweglichen Vermögen. Ebenfalls ein Absonderungsrecht — und nicht etwa ein Aussonderungsrecht — räumt die Rechtsprechung auch solchen Sicherungsnehmern ein, denen Vermögensgegenstände aufgrund einer Sicherungsübereignung oder einer Sicherungsabtretung als Kreditsicherheiten gestellt wurden. Vgl. zum letzteren *Lwowski*, Hans-Jürgen, Kreditsicherheiten, S. 25 f. und *Rudolph*, Bernd, Kreditvergabeentscheidung, S. 74 f. sowie die dort jeweils angegebene Literatur.

[38] Vgl. hierzu *Arnold*, Hans, Risikentransformation, S. 64 und *Lwowski*, Hans-Jürgen, Kreditsicherheiten, S. 21.

[39] Vgl. hierzu auch *Süchting*, Joachim, Risikoüberlegungen I, S. 24 ff.

Zwar kann der Kreditgeber in Höhe der durch den Liquidationserlös nicht gedeckten Forderung „... eine Konkursforderung geltend machen (§ 64 KO), auf die er aber bei der derzeitigen Masselosigkeit der Konkursverfahren meist keine Quote erhält“ (*Lwowski*, Hans-Jürgen, Kreditsicherheiten, S. 25).

„Besicherungsrisiko" bezeichnet[40]. Für eine Privilegierung im Rahmen der quantitativen Eigenkapitalanforderungen der Bankenaufsicht kommen nunmehr solche besicherten Kredite in Frage, bei denen die Bankenaufsicht von einem verhältnismäßig geringen Besicherungsrisiko ausgehen zu können glaubt. Letzteres müßte u. E. insbesondere dann der Fall sein, wenn die Kredite durch erststellige Grundpfandrechte mit hinreichend niedriger „Beleihungsgrenze"[41] gesichert sind[42].

Von den Fällen, in denen dritte Wirtschaftssubjekte aufgrund einer Bürgschaft, Garantie oder sonstigen Gewährleistung für die Rückzahlung eines Kredits haften, sind jene von besonderem Interesse, in denen öffentliche Stellen die Haftung übernommen haben. Soweit die Ausfallquote öffentlicher Direktkredite bei der Formulierung der quantitativen Eigenkapitalanforderungen mit einem Erwartungswert von Null angesetzt wird, ist konsequenterweise auch bei öffentlich gewährleisteten Krediten derart zu verfahren[43].

Folgerungen über die Höhe des Erwartungswertes der Ausfallquote einzelner Kredite kann die Bankenaufsicht u. U. auch aus der (formalen) Dauer des Kreditengagements und aus der Kreditform ziehen. Hinsichtlich des zuerst genannten Merkmals ist hier in Rechnung zu stellen, daß die Prognose der Bonität eines Kreditnehmers oder eines dritten haftenden Wirtschaftssubjekts, aber auch die Prognose des Liquidationswertes einzelner Kreditsicherheiten in aller Regel um so unsicherer wird, je länger die Laufzeit des Kredits ist[44]. Die Bankenaufsicht sollte aus diesem Grunde in Erwägung ziehen, die Erwartungswerte der Ausfallquote nach Kreditlaufzeiten (grob) zu differenzieren. Hinsichtlich des Merkmals „Kreditform" ist hier insbesondere an eine Privilegierung der Wechselkredite zu denken. Von Bedeutung ist in diesem Zusammenhang zunächst die Vollhaftung aller Wechselverpflichteten sowie die bei einem Einzug der Forderung herrschende Wechselstrenge[45]. „Wenn die Wechsel darüber hinaus die Voraussetzun-

---

[40] Vgl. *Czech,* Dieter Klaus, Fristentransformation, S. 58 und *Wächtershäuser,* Manfred, Kreditrisiko, S. 71.

[41] Die „Beleihungsgrenze" wird aufgrund eines Preisabschlags vom „Beleihungswert" ermittelt, der insbesondere „... der Unsicherheit der Entwicklung des Beleihungswertes im Zeitablauf Rechnung tragen soll ..." (*Rudolph,* Bernd, Kreditvergabeentscheidung, S. 97). „Als ‚Beleihungswert' wird zumeist ein Preis angesetzt, zu dem das Beleihungsobjekt am Tage der Bewertung normaliter abtretbar ist" (*Rudolph,* Bernd, Kreditvergabeentscheidung, S. 97).

[42] Vgl. hierzu auch *Brinkmann,* Jürgen, Bedeutung, S. 881 und *Köppen,* Joachim von, Eigenkapital, S. 265 f. Auf weitere Einzelheiten der Besicherung können wir hier aus Raumgründen nicht eingehen.

[43] Vgl. hierzu auch *Bericht der Studienkommission,* Tz. 649, S. 202; *Eisfeld,* Curt, Probleme, S. 115 sowie *Schmidt,* Dirk, Änderung, S. 13.

[44] Vgl. *Krümmel,* Hans-Jacob, Bewertung, S. 147. Vgl. hierzu auch *Czech,* Dieter Klaus, Fristentransformation, S. 60 u. S. 176 f.

gen für den Rediskont bei der Bundesbank erfüllen, müssen Aussteller und Bezogene eine gute Bonität aufweisen, so daß das Ausfallrisiko (schon deshalb; J. B.) sehr gering ist"[46].

Zum Schluß sei noch darauf hingewiesen, daß die Bankenaufsicht zur Deckung der speziellen Risiken von Großkrediten einen höheren Erwartungswert der Ausfallquote als für die jeweils kleineren Kredite in Ansatz bringen kann. Wir wollen hierauf jedoch erst am Ende der Erörterungen des folgenden Abschnitts genauer eingehen.

#### dd) Quantifizierung des Ausfallrisikos des gesamten Kreditportefeuilles

Um die Höhe des Ausfallrisikos des gesamten Kreditportefeuilles und damit auch die Höhe des zur Deckung dieses Risikos notwendigen haftenden Eigenkapitals zu bestimmen, gehen wir vom Erwartungswert des (Vermögens-)Verlustes eines einzelnen Kredits $i$ aus, der sich durch Umformung der Gleichung (3) als

$$E(\tilde{V}_i) = E(\tilde{a}_i) \cdot Z_i \tag{4}$$

ergibt. Aus dieser Gleichung folgt für den Erwartungswert des (Vermögens-)Verlustes des gesamten Kreditportefeuilles bei $n$ verschiedenen Krediten die Gleichung

---

[45] Vgl. hierzu auch *Rudolph,* Bernd, Kreditsicherheiten, S. 4.

[46] *Brinkmann,* Jürgen, Bedeutung, S. 881. Vgl. hierzu auch *Köppen,* Joachim von, Eigenkapital, S. 265 f.

Am Rande soll hier noch ein weiteres Problem angesprochen werden: § 10 Abs. 2 Nr. 1 KWG schreibt vor, daß bei Kreditinstituten, die in der Rechtsform einer OHG oder KG betrieben werden, die den persönlich haftenden Gesellschaftern gewährten Kredite bei der Ermittlung des haftenden Eigenkapitals in Abzug zu bringen sind. Dieselbe Vorschrift gilt nach § 10 Abs. 2 Nr. 2 KWG auch hinsichtlich der persönlich haftenden Gesellschafter einer KGaA.

Wie wir im Zusammenhang mit der inhaltlichen Beschreibung des Grundkapitals gesehen haben, handelt es sich bei den zuvor genannten Vorschriften um quantitative Eigenkapitalanforderungen. Wird nun berücksichtigt, daß die deutsche Bankenaufsicht bei der Formulierung ihrer quantitativen Eigenkapitalanforderungen die Zinsänderungsrisiken außer Betracht läßt (siehe unter C.III.3.b)), dann bedeutet der vollständige Abzug von Gesellschafterkrediten bei der Ermittlung des haftenden Eigenkapitals nichts anderes, als daß der Ausfallquote dieser Kredite ein Erwartungswert von eins beigemessen wird. Selbst wenn man einräumt, daß es sich bei Krediten an persönlich haftende Gesellschafter einer OHG, KG oder KGaA um vergleichsweise riskante Kredite handelt, halten wir ein solches Vorgehen für übertrieben. Auch in diesen Fällen kann die Bankenaufsicht u. E. von einem deutlich geringeren Erwartungswert der Ausfallquote als eins ausgehen. Die betreffenden Kredite wären bei der Ermittlung des haftenden Eigenkapitals dann nur mit einem bestimmten Prozentwert in Abzug zu bringen.

(5) $$E(\tilde{V}) = \sum_{i=1}^{n} E(\tilde{V}_i) = \sum_{i=1}^{n} E(\tilde{a}_i) \cdot Z_i \, ,$$

wobei Gleichung

(6) $$Z = \sum_{i=1}^{n} Z_i$$

die Höhe der insgesamt vereinbarten Zins- und Tilgungszahlungen wiedergibt. Wir wollen nun der Frage nachgehen, ob und unter welchen Bedingungen die Bankenaufsicht den Kreditinstituten zur Deckung ihrer (Kredit-)Ausfallrisiken ein haftendes Eigenkapital in Höhe des in Gleichung (5) wiedergegebenen Erwartungswertes vorschreiben sollte.

Ein haftendes Eigenkapital in Höhe des Erwartungswertes des gesamten Portefeuilleverlustes hätte die Bankenaufsicht den Kreditinstituten dann vorzuschreiben, wenn sie mit Sicherheit davon ausgehen zu können glaubte, daß der tatsächliche Portefeuilleverlust, den ein Kreditinstitut aufgrund des Kreditausfallrisikos (im Maximalbelastungsfall) erleidet, ohnehin diesem Wert entspricht. Letzteres ist offenbar dann der Fall, wenn die Varianz des Portefeuilleverlustes gegen Null geht. Um die Frage zu beantworten, ob und unter welchen Voraussetzungen diese Bedingung erfüllt ist, gehen wir von der Ausfallquote des Kreditportefeuilles aus, die, jeweils nach Korrektur um Abschreibungen und Wertberichtigungen, als Quotient aus dem Portefeuilleverlust und den insgesamt vereinbarten Zins- und Tilgungszahlungen definiert ist. Aus der Definitionsgleichung für die Ausfallquote des Kreditportefeuilles

(7) $$\tilde{a} = \frac{\tilde{V}}{Z}$$

ergibt sich durch Umformung der Portefeuilleverlust als

(8) $$\tilde{V} = Z \cdot \tilde{a}$$

und schließlich die Varianz des Portefeuilleverlustes als

(9) $$\text{Var}(\tilde{V}) = Z^2 \cdot \text{Var}(\tilde{a}) \, .$$

Da $Z$ in jedem Falle eine von Null verschiedene Größe ist, ergibt sich aus Gleichung (9), daß die Varianz des Portefeuilleverlustes dann gegen Null geht, wenn die Varianz der Ausfallquote des Kreditportefeuilles ebenfalls gegen diesen Wert strebt.

Um zu klären, ob und unter welchen Voraussetzungen letzteres der Fall ist, gehen wir (aus Gründen der rechnerischen Vereinfachung) zunächst davon aus, daß jeder Kredit im Portefeuille einer Bank dieselbe (absolute und relative) Höhe aufweist, daß es sich bei den Ausfallquoten der ($n$) einzelnen Kredite um voneinander unabhängige Zufallsvariable handelt und daß schließlich die Varianzen aller Ausfallquoten der einzelnen Kredite dieselbe Höhe, die wir im folgenden mit $\sigma_a^2$ bezeichnen, besitzen[47]. Unter den soeben gemachten Annahmen gilt die Gleichung[48]

$$\text{(10)} \qquad \operatorname{Var}(\tilde{a}) = \frac{1}{n} \cdot \sigma_a^2 \,.$$

Aus Gleichung (10) folgt nun, daß die Varianz der Ausfallquote des Kreditportefeuilles und damit auch die Varianz des Portefeuilleverlustes dann gegen Null geht, wenn — positive Werte von $\sigma_a^2$ unterstellt[49] — $n$, d. h. die Anzahl der im Portefeuille einer Bank befindlichen Kredite, gegen unendlich strebt.

Die zuletzt getroffene Feststellung läßt sich leicht interpretieren[50]: Besitzt eine Bank in ihrem Portefeuille eine gegen unendlich gehende Anzahl von Krediten gleichen Umfangs, deren Ausfallquoten voneinander unabhängige Zufallsvariable mit gleich hohen Varianzen darstellen, dann fallen die einzelnen Kredite zwar nicht notwendigerweise auch tatsächlich gemäß ihrem Erwartungswert aus, die Abweichungen der tatsächlichen Ausfallquoten von ihren Erwartungswerten heben sich jedoch in ihrer Wirkung auf die Höhe der (Gesamt-)Ausfallquote des Portefeuilles (nahezu) auf[51]. Die tatsächlichen Werte der Ausfallquote des Portefeuilles und des Portefeuilleverlustes gehen dann gegen

---

47 Wir werden in unseren nachfolgenden Erörterungen jedoch überprüfen, welche Konsequenzen sich ergeben, falls diese Annahmen nicht erfüllt sind.

48 Zur Ableitung der folgenden Gleichung (11) vgl. z. B. *Markowitz,* Harry M., Portfolio Selection, S. 104 f.

49 Es wäre bar jeder Realität, davon auszugehen, daß die Varianzen der Ausfallquoten sämtlicher Kredite einer Bank einen Wert von Null besitzen würden. In diesem Falle müßten ja die Ausfallquoten aller Kredite nur einen Wert, eben ihren jeweiligen Erwartungswert annehmen können. Tatsächlich kann die Ausfallquote eines bestimmten Kredits jedoch verschiedene Werte annehmen, für die der Erwartungswert lediglich einen mit den (subjektiven) Eintrittswahrscheinlichkeiten der betreffenden Werte gewichteten Mittelwert darstellt.

Die Realitätsferne dieser Bedingung kommt mit besonderer Deutlichkeit auch darin zum Ausdruck, daß dann kein einziger der prinzipiell ausfallbedrohten Kredite eines Kreditinstituts vollständig zurückgezahlt werden dürfte.

50 Vgl. zur folgenden Interpretation *Gäfgen,* Gérard, Theorie, S. 290 ff., insbes. S. 292 f.

51 Anders formuliert heben sich die Abweichungen der tatsächlichen Vermögensverluste der einzelnen Kredite von ihren Erwartungswerten in ihrer Wirkung auf die Höhe des Portefeuilleverlustes (nahezu) auf.

ihre Erwartungswerte, die betreffenden Erwartungswerte sind m. a. W. mit Sicherheit zu erwartende Werte[52].

Nun besitzt jedes real existierende Kreditinstitut naturgemäß nur eine endlich große Anzahl von Krediten in seinem Portefeuille, so daß der Erwartungswert des Portefeuilleverlustes schon aus diesem Grunde kein mit (stochastischer) Sicherheit zu erwartender Wert sein kann. Immerhin läßt sich aus dem geschilderten Zusammenhang die wichtige Feststellung ableiten, daß die Wahrscheinlichkeit, mit welcher die Differenz zwischen dem tatsächlichen Wert des Portefeuilleverlustes und seinem Erwartungswert einen gegebenen (beliebig kleinen) Betrag übersteigt, ceteris paribus um so kleiner ist, je mehr Kredite sich im Portefeuille eines Kreditinstituts befinden, je besser also das sog. „Gesetz der großen Zahlen"[53] zum Tragen kommt[54].

Aber selbst wenn ein Kreditinstitut eine gegen unendlich gehende große Anzahl von Krediten in seinem Portefeuille besitzen würde, wäre der Erwartungswert des Portefeuilleverlustes kein mit (stochastischer) Sicherheit zu erwartender Wert, da die Bedingungen, unter denen die Gleichung (10) abgeleitet wurde, in der Realität mehr oder weniger nicht erfüllt sind[55]. Zunächst liegt auf der Hand, daß die Kredite eines Kreditinstituts in aller Regel verschieden hoch sind und die Varianzen ihrer Ausfallquoten differieren. Mit der Bedingung, daß die Ausfallquoten der einzelnen Kredite voneinander unabhängig sein müssen, wollen wir uns etwas ausführlicher beschäftigen. Unabhängig voneinander sind die Ausfallquoten der einzelnen Kredite dann, wenn die Ursache für den Ausfall eines bestimmten Kredits nicht zugleich auch Ursache für den Ausfall eines anderen Kredits ist. Um zu klären, unter welchen Voraussetzungen letzteres der Fall sein würde, müssen wir uns mit dem Phänomen der sog. „Risikostreuung"[56] näher befassen.

---

[52] Gäfgen spricht in diesem Zusammenhang, da die Sicherheit der genannten Werte auf stochastischen Gesetzmäßigkeiten beruht, auch von „stochastischer Sicherheit". Vgl. *Gäfgen*, Gérard, Theorie, S. 288 (im Original kursiv gedruckt).

[53] Zum „Gesetz der großen Zahlen" vgl. *Kreyszig*, Erwin, Statistische Methoden, S. 136 f.

[54] Vgl. hierzu auch *Köppen*, Joachim von, Eigenkapital, S. 248.

[55] Wir wollen hier die Frage offen lassen, ob es der Bedingung, daß die Varianzen der Ausfallquoten der einzelnen Kredite dieselbe Höhe haben müssen, überhaupt notwendigerweise bedarf. Die Varianz der Ausfallquote des Kreditportefeuilles strebt nämlich mit wachsender Anzahl der Einzelkredite auch dann gegen Null, wenn diese Bedingung nicht erfüllt ist.

[56] Anstatt des Ausdrucks „Risikostreuung" werden in der Literatur auch die Ausdrücke „Risikoverteilung" (vgl. z. B. *Köppen*, Joachim von, Eigenkapital, S. 245), „Risikokombination" (vgl. z. B. *Mathias*, Helmut, Kreditstreuung, S. 313) und „Diversifikation" (vgl. z. B. *Krümmel*, Hans-Jacob, Finanzierungsrisiken, S. 141) verwendet.

In der Literatur wird behauptet, daß die Ausfallursachen der einzelnen Kredite dann voneinander unabhängig seien, wenn diese Kredite nach bestimmten Gesichtspunkten „gestreut" wären[57]. Von den in diesem Zusammenhang genannten Kategorien der Risikostreuung leuchtet die in Hinsicht auf Branchen unmittelbar ein. Vergibt eine Bank Kredite an Kreditnehmer verschiedener Branchen und beeinflussen die einzelnen Branchenkonjunkturen einander nicht oder doch nur wenig, dann „... kann davon ausgegangen werden, daß ein Konjunktureinbruch in einer Branche in seinen Auswirkungen auf die Bonitätsrisiken (bzw. — in unserer Terminologie — Ausfallrisiken; J. B.) im Kreditgeschäft weitgehend auf die Unternehmen dieser Branche beschränkt bleibt"[58]. Auch für eine Risikostreuung in räumlicher Hinsicht spricht unter dem Aspekt der Unabhängigkeit der Ausfallursachen einzelner Kredite auf den ersten Blick viel. Allerdings wird man bei näherem Hinsehen konstatieren müssen, daß sich hinter dem Sachverhalt der räumlichen Risikostreuung sehr oft eine Risikostreuung in branchenmäßiger Hinsicht verbirgt. Nach *Güde* soll z. B. diese Art von „... Streuung des Kreditgeschäfts verhindern, daß sich regionale Besonderheiten (z. B. Saisonschwankungen, wirtschaftliche Flauten in Notstandsgebieten, einseitige Orientierung auf bestimmte Branchen u. ä.) nachteilig auf ein Kreditinstitut auswirken"[59]. Von den weiteren der in der Literatur genannten Kategorien der Risikostreuung läßt sich für die nach Art und Verwendungszweck der Kredite sowie nach Rechtsform und Größe der kreditnehmenden Unternehmungen prima vista zumindest sagen, daß eine Streuwirkung nicht von vornherein auszuschließen ist. Dagegen ist jedoch nicht einzusehen, weshalb die Ausfallquoten von Krediten, die nach den Kategorien „Kreditgröße" und „Kreditlaufzeit" gestreut sind, voneinander unabhängig sein sollen[60]. Alles in allem erscheint es nach dem soeben Gesagten vertretbar,

---

[57] Vgl. hierzu wie im folgenden *Arnold,* Hans, Risikentransformation, S. 88; *Erdland,* Alexander, Eigenkapital, S. 31; *Güde,* Udo, Geschäftspolitik, S. 94 ff.; *Holdijk,* Rudolf, Eigenkapitalprobleme, S. 99 f. u. S. 104 ff. sowie insbesondere *Rudolph,* Bernd, Kreditvergabeentscheidung, S. 16 f.

[58] *Süchting,* Joachim, Risikoüberlegungen I, S. 22. Süchting verweist a.a.O. zutreffenderweise auch darauf, daß die branchenmäßige Risikostreuung selbst im Hinblick auf Kredite an private Haushalte wirkt, „... da das Arbeitsplatzrisiko und die Einkommensentwicklung des privaten Haushalts weitgehend an die Entwicklung der arbeitgebenden Branche gebunden sind".

[59] *Güde,* Udo, Geschäftspolitik, S. 100.

[60] Es ist an dieser Stelle jedoch darauf hinzuweisen, daß Rudolph, auf dessen Ausführungen wir uns hier im wesentlichen stützen, keinen Zusammenhang zwischen der Unabhängigkeit der Ausfallursachen von Krediten und der Risikostreuung nach Kreditlaufzeiten behauptet. Vgl. hierzu auch *Rudolph,* Bernd, Kreditvergabeentscheidung, S. 119, Anm. 32. Demgegenüber wird ein solcher Zusammenhang z. B. von Holdijk unterstellt. Vgl. *Holdijk,* Rudolf, Eigenkapitalprobleme, S. 99 f. u. S. 104.

im folgenden nur auf die Risikostreuung nach Branchen Bezug zu nehmen[61].

Man wird nun konstatieren müssen, daß die Ausfallursachen der einzelnen Kredite einer Bank in der Realität nicht unabhängig voneinander sein können, daß also auch die Unabhängigkeitsbedingung, unter der die Gleichung (10) abgeleitet wurde, in der Realität nicht erfüllt ist. Letzteres folgt schon aus dem (trivialen) Umstand, daß faktisch ungleich weniger Branchen existieren, als eine Bank Kredite gewährt. Die fehlende Unabhängigkeit der Ausfallursachen von Krediten ist aber auch darauf zurückzuführen, daß die Entwicklungen der einzelnen Branchenkonjunkturen zwar für den Fall der Strukturkrise einer Branche relativ unabhängig voneinander sein mögen, daß aber im Falle eines gesamtwirtschaftlichen Konjunktureinbruchs in der Regel sämtliche Branchen mehr oder weniger stark in Mitleidenschaft gezogen werden[62]. Abschließend sei hier noch erwähnt, daß die Möglichkeit für eine branchenmäßige Risikostreuung bei den einzelnen Kreditinstituten recht unterschiedlich ausgeprägt sein kann. So ist z. B. eine vergleichsweise große und international tätige Bank „... wegen ihres weltweiten Einzugsbereiches in der Lage, das Branchenrisiko national und international zu streuen, im Unterschied zur Genossenschaftsbank und der Sparkasse, die im Kreditgeschäft (im wesentlichen; J. B.) auf die in ihrem regionalen Einzugsbereich vorfindlichen Branchen angewiesen sind“[63].

Als Ergebnis unserer bisherigen Überlegungen können wir festhalten, daß der Erwartungswert des Portefeuilleverlustes kein mit (stochastischer) Sicherheit zu erwartender Wert ist, sondern daß der tatsächlich auftretende Portefeuilleverlust von seinem Erwartungswert nach oben und — was für die Formulierung der quantitativen Eigenkapitalanforderungen allerdings weniger von Interesse ist — auch nach unten abweichen kann. Würde nun die Bankenaufsicht den Kreditinstituten zur Deckung ihrer (Kredit-)Ausfallrisiken ein haftendes Eigenkapital in Höhe des Erwartungswertes des Portefeuilleverlustes vorschreiben, dann könnte sie nicht mit (stochastischer) Sicherheit ausschließen, daß der tatsächliche Portefeuilleverlust das zu seiner Dek-

---

[61] Süchting spricht von einer „Diversifikation im Kreditgeschäft“ sogar nur dann, „... wenn es gelingt, Kreditbeziehungen zu Unternehmungen aus verschiedenen Branchen zu knüpfen“ (*Süchting,* Joachim, Risikoüberlegungen I, S. 22).

[62] Vgl. *Arnold,* Hans, Risikentransformation, S. 90 u. S. 102 f.; *Fischer,* Otfrid, Kreditausfälle, S. 153; *Hoffmann,* Horst, Dispositionsregeln, S. 125 ff. sowie *Rudolph,* Bernd, Risikoplanung, S. 622.

[63] *Süchting,* Joachim, Risikoüberlegungen I, S. 24. Vgl. hierzu auch *Hagenmüller,* Karl Fr., Bankbetrieb III, S. 411 f.; *Holdijk,* Rudolf, Eigenkapitalprobleme, S. 106 sowie *Köppen,* Joachim von, Eigenkapital, S. 248.

kung vorgesehene haftende Eigenkapital übersteigt. Um letzteres mit Sicherheit ausschließen zu können, müßte die Bankenaufsicht den Kreditinstituten ein haftendes Eigenkapital in Höhe des maximal möglichen Portefeuilleverlustes vorschreiben. Der maximal mögliche Portefeuilleverlust stellt sich dann ein, wenn alle Kredite gemäß ihrer maximal möglichen Ausfallquote auch tatsächlich ausfallen. Dieser Fall mag zwar ausgesprochen unwahrscheinlich sein. Er wird, wie soeben gesehen, um so unwahrscheinlicher, je mehr Kredite zu dem jeweiligen Portefeuille gehören und je besser diese Kredite (nach Branchen) gestreut sind. Gleichwohl kann ein solcher Fall nicht mit (stochastischer) Sicherheit ausgeschlossen werden.

Die Bankenaufsicht kann sich nun aber auch damit zufrieden geben, daß die Wahrscheinlichkeit eines Fehlbetrages, um den ein tatsächlicher Portefeuilleverlust das zu seiner Deckung vorgeschriebene haftende Eigenkapital übersteigt, nach ihrer Einschätzung hinreichend klein ist. Sie wird sich hiermit sogar zufrieden geben müssen, da es offenkundig zu ganz unrealistischen Konsequenzen für die Eigenkapitalausstattung der Kreditinstitute führen würde, wollte sie Fehlbeträge der genannten Art mit Sicherheit ausschließen. Wie hoch diese von der Bankenaufsicht tolerierte „kritische Wahrscheinlichkeit"[64] ist, läßt sich mangels eindeutiger sachlicher Kriterien jedoch nicht ohne weiteres angeben[65]. Die Bankenaufsicht bringt mit dieser Größe ihren „eigenen Grad ‚stellvertretender Risikoaversion'"[66], ‚stellvertretend für das schutzbedürftige Rechtssubjekt Einleger'[67], zum Ausdruck. Wir können davon ausgehen, daß die Bankenaufsicht die kritische Wahrscheinlichkeit angesichts des Gläubigerschutzziels einerseits und der Realisierbarkeit der quantitativen Eigenkapitalanforderungen andererseits so ansetzen wird, daß die Höhe des zur Deckung der Kreditausfallrisiken vorzuschreibenden haftenden Eigenkakitals zwar geringer als der maximal mögliche Portefeuilleverlust, jedoch auch größer als sein Erwartungswert ist.

---

[64] Vgl. zur Terminologie *Krümmel*, Hans-Jacob, Liquiditätssicherung II, S. 74. Allerdings verwendet Krümmel diesen Ausdruck nicht speziell im Hinblick auf die (quantitativen) Eigenkapitalanforderungen der Bankenaufsicht.

[65] Vgl. hierzu auch *Czech*, Dieter Klaus, Fristentransformation, S. 129 f. u. S. 145.

[66] *Krümmel*, Hans-Jacob, Bankpolitische Normen, S. 540. Vgl. hierzu auch *Krümmel*, Hans-Jacob, Kreditrisiko, S. 197.

[67] *Krümmel*, Hans-Jacob, Bankpolitische Normen, S. 531.

Es sei hier allerdings in Erinnerung gerufen, daß die deutsche Bankenaufsicht bei der Formulierung ihrer Eigenkapitalanforderungen keine Differenzierungen zwischen verschiedenen Gläubigergruppen vornimmt. Vgl. hierzu nochmals die entsprechenden Ausführungen im ersten Abschnitt des Kapitels A der vorliegenden Arbeit.

Als Ergebnis unserer Überlegungen können wir somit festhalten, daß das haftende Eigenkapital, welches den Kreditinstituten von der Bankenaufsicht zur Deckung ihrer (Kredit-)Ausfallrisiken vorgeschrieben wird, ceteris paribus um so höher sein sollte, je höher der (subjektive) Erwartungswert des Portefeuilleverlustes, je geringer die Anzahl der Kredite, je geringer der Grad der Risikostreuung zwischen diesen Krediten und je größer schließlich die ‚stellvertretende Risikoversion' ist.

In unserer bisherigen Ableitung wurden die in die Risikodeckungsvorschriften einzubeziehenden Kredite unbesehen ihrer am Umfang des haftenden Eigenkapitals gemessenen relativen Höhe berücksichtigt. Großkredite gingen aus diesem Grunde mit demselben relativen Eigenkapitalbetrag in die Eigenkapitalvorschrift zur Deckung von Ausfallrisiken ein wie kleinere Kredite mit gleichem Erwartungswert der Ausfallquote. Wir haben nun aber gesehen, daß die Erwartungswerte der Ausfallquoten einzelner Kredite und damit auch der Erwartungswert des gesamten Portefeuilleverlustes auf subjektiven Wahrscheinlichkeiten beruhen und daß die Bankenaufsicht sich bei der Formulierung ihrer quantitativen Eigenkapitalanforderungen nicht am maximal möglichen Portefeuilleverlust orientieren kann. Das hieraus resultierende spezifische Bemessungsrisiko bei der Bestimmung der Höhe des zur Deckung der (Kredit-)Ausfallrisiken vorzuschreibenden haftenden Eigenkapitals kann aber bei Großkrediten, wegen der Besonderheiten des Ausfallrisikos dieser Kredite[68], ggf. weit schwerere Konsequenzen nach sich ziehen als bei kleineren Krediten. Eine Sonderbehandlung der Großkredite bei der Formulierung der quantitativen Eigenkapitalanforderungen erscheint daher begründet.

Die Bankenaufsicht kann zu diesem Zweck für die Ausfallquote von Großkrediten einen höheren Erwartungswert als für die jeweils kleineren Kredite in Ansatz bringen, um dadurch eine relativ höhere Eigenkapitaldeckung für Großkredite zu erzwingen. Sie kann sogar den Erwartungswert der Ausfallquote von Großkrediten mit der relativen Höhe dieser Kredite progressiv anwachsen lassen[69]. Über die jeweilige Risikodeckungsvorschrift hinaus kann die Bankenaufsicht die Ausfallrisiken von Großkrediten auch in gesonderten Risikobegrenzungsvorschriften berücksichtigen, aufgrund derer „... Großkredite ein bestimmtes Verhältnis zum haftenden Eigenkapital einzeln, gruppen-

---

[68] Vgl. unsere entsprechenden Ausführungen im Zusammenhang mit der inhaltlichen Beschreibung des Ausfallrisikos unter D.II.1.a).

[69] Wir werden hierauf im dritten Abschnitt des vorliegenden Kapitels im Zusammenhang mit der Überprüfung der Einlegerschutzbilanz wieder zurückkommen. Vgl. zunächst auch *Hoffmann*, Horst, Dispositionsregeln, S. 128; *Krümmel*, Hans-Jacob, Liquiditätssicherung I, S. 282 f. sowie *Müller*, Werner A., Bankenaufsicht, S. 212 f. u. S. 221.

weise oder insgesamt nicht übersteigen dürfen"[70]. Solche Vorschriften können die Risikodeckungsvorschriften jedoch lediglich ergänzen, denn im Rahmen der quantitativen Eigenkapitalanforderungen geht es primär um die Deckung und nicht um die Begrenzung der Risiken.

### 2. Inhaltliche Beschreibung und Quantifizierung des Preisänderungsrisikos von Krediten

#### *a) Inhaltliche Beschreibung des Preisänderungsrisikos von Krediten*

Wir haben bisher außer acht gelassen, daß ein Kreditinstitut, um liquiditätsdispositionsbedingte Einzahlungen zu veranlassen, u. U. Kredite vorfällig veräußern muß, und daß es aus diesem Grunde möglicherweise Vermögensverluste erleidet. Hieraus resultiert das Preisänderungsrisiko (von Krediten). Als „Preisänderungsrisiko"[71] eines Kredits bezeichnen wir die Gefahr, daß bei einer Veräußerung des betreffenden Kredits ein (Liquidations-)Disagio gegenüber seinem Anschaffungspreis[72] in Kauf zu nehmen ist[73], daß also der Veräußerungspreis des Kredits seinen Anschaffungspreis unterschreitet[74]. Ein Kreditinstitut hat, falls das Preisänderungsrisiko akut wird, einen Vermögensverlust in Höhe der Differenz zwischen dem (höheren) Anschaffungspreis des Kredits und seinem (niedrigeren) Veräußerungspreis hinzunehmen[75].

---

[70] *Krümmel,* Hans-Jacob, Kreditrisiko, S. 198. Wie wir im dritten Abschnitt des vorliegenden Kapitels sehen werden, bestehen solche Vorschriften im geltenden deutschen Aufsichtsrecht.

In der Literatur wird die soeben beschriebene Risikobegrenzung auch als „Risikozerfällung" oder als „Diversifikation der möglichen Verlustbeträge" bezeichnet. Vgl. *Holdijk,* Rudolf, Eigenkapitalprobleme, S. 99; *Krümmel,* Hans-Jacob, Bankpolitische Normen, S. 539 sowie *Krümmel,* Hans-Jacob, Bankbeteiligungen, S. 127. Wie bereits erwähnt, wird der Ausdruck „Diversifikation" aber auch für das Phänomen der Risikostreuung verwendet. Im letzteren Falle wird jedoch nicht (primär) auf eine Diversifikation der Größenordnung von Kreditausfallrisiken, sondern auf eine Diversifikation der Eintrittsursachen dieser Risiken abgehoben.

[71] Wir bilden diesen Ausdruck in Anlehnung an Krümmel, der das Risiko „... aus Veränderungen des Marktpreises von Beständen von der Art der im Bestand gehaltenen Vermögensbestände ..." beschreibt (*Krümmel,* Hans-Jacob, Bankzinsen, S. 13) und im Anschluß an Hoffmann, der vom „speziellen Preisrisiko" spricht. Vgl. *Hoffmann,* Horst, Dispositionsregeln, S. 225.

[72] Vom Preis des — in der Terminologie Krümmels — Vermögensbestandes „Kredit" ist der Preis für die Bestandshaltung des Kredits, (insbesondere) der Zins zu unterscheiden. Vgl. *Krümmel,* Hans-Jacob, Bankzinsen, S. 12 f. Vgl. in diesem Zusammenhang auch *Menrad,* Siegfried, Zinsen, Sp. 1844 f. und *Stützel,* Wolfgang, Wert und Preis, Sp. 4405.

[73] Vgl. *Stützel,* Wolfgang, Goldene Bankregel, S. 46.

[74] Anstatt des Ausdrucks „Preisänderungsrisiko" könnte insofern auch der speziellere Ausdruck „Preisminderungsrisiko" verwendet werden.

[75] Die durch die Veräußerung auftretenden Transaktionskosten sollen hier wie im folgenden als vergleichsweise unbedeutend vernachlässigt werden. Vgl. hierzu auch *Krümmel,* Hans-Jacob, Liquiditätssicherung I, S. 284 f.

In der Literatur werden zwei maßgebende Bestimmungsfaktoren für das (Liquidations-)Disagio und damit auch für das Preisänderungsrisiko eines Kredits genannt, das Ausfallrisiko (im vorher beschriebenen Sinne) und das Zinsänderungsrisiko[76]. Hinsichtlich des Zusammenhangs zwischen dem *Ausfallrisiko* eines Kredits und dessen Preisänderungsrisiko[77] wird dabei behauptet, daß nur Kredite, die mit keinem Ausfallrisiko behaftet sind[78], ohne (nennenswertes) Disagio veräußerbar seien[79]. Demgegenüber ließen sich ausfallbedrohte Kredite nur unter Hinnahme eines nennenswerten Disagios veräußern, wobei das Disagio um so höher wäre, je höher auch das Ausfallrisiko der jeweiligen Kredite durch die (potentiellen) Erwerber eingeschätzt würde[80].

Die soeben wiedergegebene Behauptung bedarf u. E. insofern einer Präzisierung, als Kredite, die mit einem Ausfallrisiko behaftet sind, dann ohne Verluste veräußerbar erscheinen, wenn die in den Kreditzinsen enthaltenen Risikoprämien für die Übernahme des Ausfallrisikos[81] den von den (potentiellen) Erwerbern geforderten Risikoprämien entsprechen[82]. Nur in den Fällen, in denen die tatsächlichen Risiko-

---

[76] Vgl. unter vielen *Krümmel*, Hans-Jacob, Liquiditätssicherung I, S. 284; *Rudolph*, Bernd, Kreditvergabeentscheidung, S. 13 sowie *Stützel*, Wolfgang, Goldene Bankregel, S. 43 ff.

Auf die übrigen, weniger bedeutenden Bestimmungsfaktoren des Preisänderungsrisikos, wie z. B. den Umwandlungsbetrag und die Umwandlungsfrist, in denen sich u. a. die Verhandlungsmacht der beteiligten Wirtschaftssubjekte widerspiegeln kann, wollen wir im folgenden der Kürze halber nicht weiter eingehen. Vgl. zu diesen Faktoren *Czech*, Dieter Klaus, Fristentransformation, S. 166 ff.; *Erdland*, Alexander, Eigenkapital, S. 73 ff.; *Hoffmann*, Horst, Dispositionsregeln, S. 237 ff.; *Krümmel*, Hans-Jacob, Liquiditätssicherung I, S. 284 f. sowie *Stützel*, Wolfgang, Liquidität, S. 623 f.

[77] Um die beiden genannten Bestimmungsfaktoren des Preisänderungsrisikos isoliert betrachten zu können, unterstellen wir im folgenden, daß das jeweils aus der Betrachtung ausgeschlossene Risiko nicht wirksam ist.

[78] Maßgebend ist stets das Urteil der potentiellen Erwerber des Kredits. Hoffmann spricht so gesehen präziser vom „Ausfallrisiko im Urteil Dritter" (*Hoffmann*, Horst, Dispositionsregeln, S. 226).

[79] Nach Stützel bedingen z. B. „... Forderungen, deren pünktliche Erfüllung zweifelsfrei feststeht ..., fast kein Disagio ..." (*Stützel*, Wolfgang, Goldene Bankregel, S. 44).

[80] Vgl. *Czech*, Dieter Klaus, Fristentransformation, S. 163; *Hoffmann*, Horst, Dispositionsregeln, S. 226 ff. u. S. 245; *Krümmel*, Hans-Jacob, Liquiditätssicherung I, S. 284 sowie *Stützel*, Wolfgang, Goldene Bankregel, S. 44 u. S. 49.

[81] Zum Zusammenhang zwischen Ausfallrisiko und Risikoprämie vgl. *Arnold*, Hans, Risikentransformation, S. 87, insbes. Fn. 3; *Krümmel*, Hans-Jacob, Bankzinsen, S. 174 f.; *Rudolph*, Bernd, Risikoplanung, S. 262 f. sowie *Süchting*, Joachim, Risikoüberlegungen II, S. 22 f.

[82] Vgl. im Ergebnis auch *Hintner*, Otto, Liquiditätsproblem, S. 415.

Unsere Behauptung läßt sich zumindest dann aufrecht erhalten, wenn auf der Seite der (potentiellen) Erwerber ein hinreichend starker Wettbewerb herrscht, so daß keiner von ihnen in der Lage ist, den Kaufpreis des Kredits

prämien geringer als die geforderten sind, weil die kontrahierenden Kreditinstitute verschiedene Risikoneigungen besitzen oder auch das (subjektiv betrachtete) Ausfallrisiko der jeweiligen Kredite sich seit Vertragsabschluß erhöht hat, muß die Diskrepanz zwischen beiden Werten durch ein entsprechend hohes Disagio ausgeglichen werden[83]. Durch ein Disagio wird, worauf wir sogleich noch genauer eingehen werden, eine höhere (effektive) Verzinsung und damit ceteris paribus auch eine höhere Risikoprämie der betreffenden Kredite bewirkt. *Krümmel* vertritt die Ansicht, daß eine Substitution zwischen Ausfallrisiko und Risikoprämie nur unterhalb bestimmter Grenzen möglich ist, die durch die (Mindest-)Anforderungen der Banken an Schuldnerbonität oder auch Besicherung[84] gezogen würden[85]. Geht man davon aus, daß solche Grenzen in der Praxis tatsächlich bestehen[86], dann wäre jenseits dieser Grenzen eine Veräußerung von Krediten auch unter Hinnahme extrem hoher Disagios nicht (mehr) möglich. Die geforderten Risikoprämien würden dann gewissermaßen unendlich hoch.

Wir brauchen das Ausfallrisiko als Bestimmungsfaktor des Preisänderungsrisikos im folgenden jedoch nicht weiter zu beachten, da es, wie schon gezeigt, im Rahmen der quantitativen Eigenkapitalanforderungen bereits hinreichend berücksichtigt ist. Letzteres gilt um so mehr, als im Rahmen der quantitativen Eigenkapitalanforderungen das Ausfallrisiko *aller* (ausfallbedrohten) Kredite quantifiziert wird, während, wie soeben gesehen, nicht alle diese Kredite auch notwendigerweise mit einem auf dem Ausfallrisiko beruhenden Disagio veräußert zu werden brauchen.

Um den zweiten wichtigen Faktor des Preisänderungsrisikos, das *Zinsänderungsrisiko*[87], isoliert betrachten zu können, gehen wir, wie gesagt, davon aus, daß vom Ausfallrisiko kein Einfluß auf das Preis-

---

durch Einsatz von Nachfragemacht zu drücken. Ob diese Voraussetzung in der Realität gegeben ist, können wir hier schon aus Raumgründen nicht weiter untersuchen.

[83] Vgl. *Krümmel*, Hans-Jacob, Bankzinsen, S. 178 und *Schmidt*, Hartmut, Liquidität, S. 711.

[84] Zu den Bonitätsanforderungen und Besicherungsanforderungen vgl. im einzelnen *Krümmel*, Hans-Jacob, Bankzinsen, S. 174. Zu den Besicherungsanforderungen vgl. des weiteren auch *Krümmel*, Hans-Jacob, Bewertung, S. 141 f. und *Rudolph*, Bernd, Kreditvergabeentscheidung, S. 96 ff.

[85] Vgl. *Krümmel*, Hans-Jacob, Bankzinsen, S. 124 u. S. 174 ff. Vgl. im vorliegenden Zusammenhang auch *Denk*, Robert, Diagnosemethoden, S. 6 f.

[86] Aus Raumgründen können wir dieser Frage hier nicht weiter nachgehen.

[87] Anstatt des Ausdrucks „Zinsänderungsrisiko" werden in der Literatur u. a. auch die Ausdrücke „Kursänderungsrisiko" (vgl. z. B. *Krümmel*, Hans-Jacob, Perspektiven, S. 121) oder nur „Kursrisiko" (vgl. *Stützel*, Wolfgang, Banken, S. 560) verwendet.

änderungsrisiko ausgeht, daß also, falls die Banken die jeweiligen Kredite überhaupt als ausfallbedroht einschätzen, die in den Kreditzinsen geforderten Risikoprämien als hinreichend angesehen werden können. Zerlegt man nun den (effektiven) Kreditzins gedanklich in den Zins für (ausfall-)risikofreie Kredite derselben Art, d. h. mit gleicher (Rest-)Laufzeit[88], und die für die jeweiligen Kredite zu entrichtende Risikoprämie, dann ist mit dem Zinsänderungsrisiko die Gefahr gemeint, daß sich die zuerst genannte Komponente des Kreditzinses am Markt (ändert, d. h. genauer:) erhöht, ohne daß der jeweils vereinbarte Zins (rasch) angepaßt werden kann[89]. Tritt diese Gefahr ein, bleibt also die Effektivverzinsung bzw. Rendite des zu veräußernden Kredits hinter dem Zins zurück, der am Markt für Kredite mit gleicher (Rest-)Laufzeit und gleichem Ausfallrisiko[90] gezahlt wird, dann ist „der Kredit ... ‚unterverzinslich' und läßt sich, wenn die Bank ihn vor Fälligkeit abtreten muß, ..., nur unter Hinnahme eines der Zinsänderung äquivalenten Disagios zedieren"[91]. Der Veräußerungspreis des Kredits sinkt in diesem Falle (tendenziell) so weit unter seinen Anschaffungspreis, bis die daraus resultierende (neue) Effektivverzinsung gerade dem Marktzins im Zeitpunkt der Abtretung gleich ist[92]. Der durch das Zinsänderungsrisiko möglicherweise hervorgerufene (nominale) Vermögensver-

---

[88] Wir unterstellen hier der Einfachheit halber, daß die betreffenden Kredite erst am Ende ihrer Laufzeit getilgt und daß auch die anfallenden Zinsen erst zu jenem Zeitpunkt entrichtet werden müssen. Soweit letzteres nicht der Fall ist, stellt die (Rest-)Laufzeit in der Regel lediglich ein näherungsweises Vergleichskriterium dar. Streng genommen wäre in diesem Falle anstatt der (Rest-)Laufzeit auf die sog. „durchschnittliche Bindungsdauer" bzw. „Duration" der betreffenden Kredite abzuheben. Vgl. hierzu *Rudolph*, Bernd, Duration, S. 137 ff.; *Rudolph*, Bernd, Planungs- und Kontrollrechnungen, S. 8 ff.; *Schmidt*, Hartmut, Liquidität, S. 711 f. sowie *Schmidt*, Hartmut, Marktzinsrisiken, S. 272 ff.

[89] Vgl. hierzu insbesondere auch *Schmidt*, Hartmut, Liquidität, S. 711.

[90] Auf das zuletzt genannte Kriterium verweist insbesondere Hoffmann. Vgl. *Hoffmann*, Horst, Dispositionsregeln, S. 231.

[91] *Krümmel*, Hans-Jacob, Bankzinsen, S. 173.

[92] Vgl. zum letzteren insbesondere *Stützel*, Wolfgang, Goldene Bankregel, S. 46. Vgl. zum Zinsänderungsrisiko neben den bereits angegebenen Quellen des weiteren *Arnold*, Hans, Risikentransformation, S. 56 f. u. S. 98 f.; *Czech*, Dieter Klaus, Fristentransformation, S. 58 f. u. S. 164 f. sowie *Krümmel*, Hans-Jacob, Liquiditätssicherung I, S. 265 u. S. 284.

Vom Zinsänderungsrisiko einzelner Kredite ist — in der Terminologie Rudolphs (vgl. *Rudolph*, Bernd, Zinsänderungsrisiken, S. 184) — das „Zinsänderungsrisiko, dem Unternehmen ausgesetzt sind" zu unterscheiden. Das Zinsänderungsrisiko von Unternehmen beruht darauf, daß aufgrund voneinander abweichender Anpassungszeitpunkte der Sollzinsen und der Habenzinsen eines Kreditinstituts an die jeweiligen Marktzinsen die als Saldo beider Größen definierte Zinsspanne sich zwischenzeitlich möglicherweise verringert oder im Extremfall sogar negativ wird. Vgl. zum Zinsänderungsrisiko von Unternehmen *Rudolph*, Bernd, Zinsänderungsrisiken, S. 184 ff.; *Schmidt*, Hartmut, Marktzinsrisiken, S. 249 ff.; *Scholz*, Walter, Zinsänderungsrisiken, S. 517 ff. sowie *Stützel*, Wolfgang, Goldene Bankregel, S. 45 f.

lust ist demnach definiert als Differenz zwischen dem (höheren) Anschaffungspreis eines Kredits und dem durch die Unterverzinslichkeit bewirkten niedrigeren Veräußerungspreis des Kredits. Eine verlustfreie Veräußerung von Krediten ist dagegen „... nur insoweit möglich, als bei gegebener (und gleichbleibender) Bonität der jeweils Haftenden die bisherige Effektivverzinsung der einzelnen Forderungstitel dem jeweils neuen Gegenwartszins entspricht"[93].

### *b) Quantifzierung des Preisänderungsrisikos, insbesondere des Zinsänderungsrisikos von Krediten*

Definitionsgemäß kann das Preisänderungsrisiko nur bei solchen Krediten eintreten, die vor ihrer Selbstliquidation veräußert werden (müssen). Unter Berücksichtigung des für die Formulierung der aufsichtsrechtlichen Eigenkapitalanforderungen relevanten Maximalbelastungsfalles A hat die Bankenaufsicht bei der Quantifizierung des Preisänderungsrisikos bzw., was hier auf dasselbe hinausläuft, des Zinsänderungsrisikos[94] all jene Kredite in ihren Kalkül einzubeziehen, die in diesem Falle (mutmaßlich) veräußert werden müssen, um die Gläubiger fristgerecht befriedigen zu können. Demgegenüber braucht das Preisänderungsrisiko solcher Kredite, denen Verbindlichkeiten mit gleicher oder längerer Restlaufzeit gegenübergestellt werden können, bei der Formulierung der quantitativen Eigenkapitalanforderungen nicht berücksichtigt zu werden[95].

Die Höhe des Vermögensverlustes, der bei einer Veräußerung von Krediten aufgrund des Zinsänderungsrisikos möglicherweise hinzunehmen ist, hängt von mehreren Faktoren ab, insbesondere vom Verhältnis des Marktzinses zur (bisherigen) Effektivverzinsung und der (Rest-) Laufzeit der jeweils gültigen Zinsvereinbarungen im Veräußerungs-

---

[93] *Stützel*, Wolfgang, Kreditpolitik, S. 203.

[94] Derjenige Teil des Preisänderungsrisikos, der auf dem Ausfallrisiko beruht, ist im Rahmen der quantitativen Eigenkapitalanforderungen ja bereits hinreichend berücksichtigt.

[95] Wir werden hierauf im dritten Abschnitt dieses Kapitels im Zusammenhang mit der Einlegerschutzbilanz wieder zurückkommen.

Soweit den Forderungen der Kreditinstitute per saldo Verpflichtungen mit kürzerer (Rest-)Laufzeit gegenüberstehen, betreiben diese Kreditinstitute Fristentransformation (in Form einer Fristenverlängerung). Das Preisänderungsrisiko kann aus diesem Grunde auch als „Fristentransformationsrisiko" bezeichnet werden. Vgl. *Krümmel*, Hans-Jacob, Bankzinsen, S. 255; *Rudolph*, Bernd, Kreditvergabeentscheidung, S. 13 sowie *Stützel*, Wolfgang, Banken, S. 559 f. Allerdings gebrauchen die genannten Autoren den Ausdruck „Fristentransformationsrisiko" von vornherein nur im Hinblick auf das Zinsänderungsrisiko und nicht etwa auf das Preisänderungsrisiko schlechthin.

zeitpunkt[96]. Nur solche Kredite, deren Effektivverzinsung sich aufgrund einer Vereinbarung sog. „Zinsgleitklauseln" jeweils ohne nennenswerte Verzögerungen an die herrschenden Marktzinsen anpassen läßt, sind, was das Zinsänderungsrisiko angeht, grundsätzlich ohne Verluste veräußerbar[97]. Sie brauchen bei der Formulierung der quantitativen Eigenkapitalanforderungen deshalb auch nicht berücksichtigt zu werden.

Die Bankenaufsicht muß nun einen Zinssatz festlegen, mit dem alle Kredite abzudiskontieren sind, die im Maximalbelastungsfall A dem Zinsänderungsrisiko unterliegen[98]. Dieser Zinssatz sollte so angesetzt werden, daß er den zum Zeitpunkt der Veräußerung tatsächlich herrschenden Marktzins mit hinreichender Wahrscheinlichkeit nicht unterschreitet[99]. Anhand des betreffenden Zinssatzes sowie der übrigen, für die Höhe des Veräußerungserlöses maßgebenden Bestimmungsfaktoren lassen sich dann unter Verwendung finanzmathematischer Tabellenwerke[100] die von der Bankenaufsicht erwarteten Veräußerungserlöse der jeweiligen Kredite ermitteln. Unter Berücksichtigung der Anschaffungspreise und der bereits hinsichtlich des Zinsänderungsrisikos vorgenommenen Abschreibungen bzw. Wertberichtigungen können dann auch die bei der Formulierung der quantitativen Eigenkapitalanforderungen zu berücksichtigenden Veräußerungsverluste bestimmt werden[101]. Welchen Zinssatz die Bankenaufsicht für die Abdiskontierung zu wählen hat, läßt sich mangels eindeutiger sachlicher Kriterien wiederum nicht ohne weiteres angeben. Wie die Schätzung des Ausfallrisikos, so ist auch die Schätzung des Zinsänderungsrisikos „... ein

[96] Vgl. *Czech,* Dieter Klaus, Fristentransformation, S. 164 f.; *Hoffmann,* Horst, Dispositionsregeln, S. 232 ff.; *Kartsaklis,* Georg A. B., Kreditangebot, S. 69; *Rudolph,* Bernd, Immunisierung, S. 23 ff. sowie *Stützel,* Wolfgang, Goldene Bankregel, S. 47 f.

[97] Vgl. *Hoffmann,* Horst, Dispositionsregeln, S. 231 u. S. 234 f.; *Krümmel,* Hans-Jacob, Bankzinsen, S. 256 f.; *Stützel,* Wolfgang, Banken, S. 562 sowie *Stützel,* Wolfgang, Goldene Bankregel, S. 46.

[98] Dem Zinsänderungsrisiko im Maximalbelastungsfall A unterliegen, wie gesagt, alle Kredite, denen keine laufzeitgleichen oder laufzeitlängeren Verpflichtungen gegenübergestellt werden können.

[99] Vgl. hierzu auch *Krümmel,* Hans-Jacob, Liquiditätssicherung II, S. 89.
Wir gehen hier wie im folgenden der Einfachheit halber davon aus, daß die Bankenaufsicht nur *einen* solchen Zinssatz vorgibt. Sollten die für den Veräußerungszeitpunkt erwarteten Marktzinssätze nach (Rest-)Laufzeiten stärker divergieren, dann müßte die Bankenaufsicht u. U. mehrere, nach Laufzeiten differenzierte Zinssätze vorgeben.

[100] Vgl. zum folgenden auch die rechnerischen Beispiele bei *Hoffmann,* Horst, Dispositionsregeln, S. 232 ff. und *Stützel,* Wolfgang, Goldene Bankregel, S. 47 f.

[101] Wir wollen die Fragen, wie die betreffenden Verluste zum jeweiligen Veräußerungszeitpunkt praktisch zu ermitteln und in eine Risikodeckungsregel einzubringen sind, an dieser Stelle noch offenlassen. Wir werden hierauf im Zusammenhang mit der Überprüfung der Einlegerschutzbilanz sogleich zurückkommen.

Bewertungsvorgang. Sie ist ein Werturteil der das Risiko schätzenden Instanz“[102].

## III. Die Eignung ausgewählter Risikodeckungsvorschriften als quantitative Eigenkapitalanforderungen der Bankenaufsicht

### 1. Überblick über die in die Untersuchung einbezogenen Risikodeckungsvorschriften und über den Gang der Untersuchung

Im folgenden Abschnitt soll anhand der zuvor gewonnenen Ergebnisse untersucht werden, in welcher Weise sich die quantitativen Eigenkapitalanforderungen der Bankenaufsicht in operationalen Risikodeckungsvorschriften ausdrücken lassen. Wir wollen zu diesem Zweck zwei Risikodeckungsvorschriften, die von Wolfgang *Stützel* entwickelte sog. „Einlegerschutzbilanz“ und den „Grundsatz I BAK“, die Risikodeckungsregel des geltenden deutschen Aufsichtsrechts, jeweils darstellen und im Hinblick auf ihre Zweckeignung überprüfen[1]. Um den Rahmen der vorliegenden Arbeit nicht zu sprengen, können wir im folgenden jedoch lediglich die Grundkonzeption der genannten Vorschriften in unsere Betrachtung einbeziehen. Die mit diesen Vorschriften verbundenen mannigfachen Detailprobleme müssen dagegen hier außer acht bleiben[2].

Zuvor sei jedoch noch kurz auf eine weitere Risikodeckungsvorschrift, nämlich auf die des erst im Jahre 1979 in Kraft getretenen österreichischen Aufsichtsrechts hingewiesen: Die betreffende Vorschrift hebt sich von den im folgenden zu besprechenden Vorschriften (der Einlegerschutzbilanz und des Grundsatzes I BAK) insbesondere dadurch ab, daß für die Bestimmung der Höhe des haftenden Eigenkapitals die Verpflichtungen und nicht etwa die Vermögensgegenstände bzw. die in diesen Gegenständen steckenden Risiken als Bezugsgröße gewählt werden[3]. Wir halten diesen Ansatz für falsch. Die Verpflichtungen der Kreditinstitute geben zwar den Umfang der vor Verlusten zu schützenden Tatbestände an, sie sind jedoch — sieht man einmal von Fremdwährungsverbindlichkeiten ab — selbst kein Entstehungsbereich mög-

---

[102] *Krümmel*, Hans-Jacob, Liquiditätssicherung I, S. 297. Vgl. zur Diskussion möglicher, von der Bankenaufsicht zu wählender Zinssätze, auf die hier aus Raumgründen jedoch nicht weiter eingegangen werden soll, *Müller*, Werner A., Bankenaufsicht, S. 214 ff. und die dort angegebene Literatur.

[1] Es beruht auf didaktischen Erwägungen, daß wir die Einlegerschutzbilanz, die als Alternative zum Grundsatz I BAK angesehen werden kann, im folgenden an erster Stelle behandeln.

[2] Letzteres gilt insbesondere auch im Hinblick auf die von Krümmel entwickelten Verbesserungsvorschläge zur Einlegerschutzbilanz. Vgl. hierzu *Krümmel*, Hans-Jacob, Liquiditätssicherung I, S. 298 ff.

[3] Vgl. § 12 Abs. 3 öKWG.

licher Vermögensverluste: „Es besteht keine unmittelbare Beziehung zwischen dem Ausmaß der Vermögensverlustrisiken ... und dem Gesamtvolumen des Fremdkapitals ...“[4].

## 2. Die Einlegerschutzbilanz als quantitative Eigenkapitalanforderung der Bankenaufsicht

### *a) Darstellung der Einlegerschutzbilanz*

„Die Einlegerschutzbilanz ...“ wird von *Stützel,* der nach eigenen Angaben das Aktienrecht als Vorbild wählt[5], „... aus der Handelsbilanz durch Hinzufügungen und Absetzungen in geeigneten Spalten ...“ entwickelt[6]. Im Mittelpunkt der Einlegerschutzbilanz stehen die sog. „Vorsichtsabschreibungen“, die „... für Ausfallrisiken und Kursrisiken (bzw., in der von uns verwendeten Terminologie, für Zinsänderungsrisiken; J. B.) vorzunehmen“ sind[7]. Zur Berücksichtigung der Ausfallrisiken sind nach Stützel[8] zunächst die unverbrieften und verbrieften Geldforderungen, mit Ausnahme von „... Forderungen gegen die Notenbank, Forderungen gegen inländische Rechtsträger, die über Steuerhoheit verfügen, und Forderungen, die unmittelbar von einer dieser Stellen verbürgt sind“[9], pauschal in Höhe eines bestimmten Prozentsatzes[10] vom (handelsbilanziellen) Buchwert abzuschreiben. Nur „für Wechsel, deren Bonität den Anforderungen entspricht, die die Notenbank für den Ankauf voraussetzt ...“[11], ist ein ermäßigter Satz[12] in Ansatz zu bringen. Für abschreibungspflichtige Forderungen an einen bestimmten Schuldner, die insgesamt 10 % der „Nettohaftungsreserve“, d. h. des haftenden Eigenkapitals eines Kreditinstituts übersteigen, sind zusätzlich zu den pauschalen Vorsichtsabschreibungen noch Sonderabschreibungen vorzunehmen. *Krümmel* bezeichnet diese Abschreibungen auch als „Diversifikationsabschreibungen“[13]. Der betreffende (Son-

---

[4] *Hoffmann,* Horst, Dispositionsregeln, S. 129. Vgl. hierzu auch *Fuchs,* Konrad, Überlegungen, S. 12; *Könnecker,* Wilhelm, Eigenkapital, S. 94; *Köppen,* Joachim von, Eigenkapital, S. 261 sowie *Schmidt,* Dirk, Grundsätze, S. 132. Derselbe grundsätzliche Einwand ist auch gegenüber dem Bilanzvolumen als Bezugsgröße vorzubringen. Eine Verwendung des Bilanzvolumens als Bezugsgröße wird z. B. im *Bericht der Studienkommission* (Tz. 1108, S. 347) vorgeschlagen.

[5] Vgl. *Stützel,* Wolfgang, Bankpolitik, Tz. 79 ff., S. 39 ff.

[6] *Stützel,* Wolfgang, Bankpolitik, Tz. 87, S. 42.

[7] *Stützel,* Wolfgang, Bankpolitik, Tz. 87, S. 43.

[8] Vgl. zum folgenden *Stützel,* Wolfgang, Bankpolitik, Tz. 88, S. 43.

[9] *Stützel,* Wolfgang, Bankpolitik, Tz. 88, S. 43 f.

[10] Stützel selbst wählt einen Satz von 5 %.

[11] *Stützel,* Wolfgang, Bankpolitik, Tz. 88, S. 43.

[12] Stützel wählt mit 2,5 % die Hälfte des pauschalen Abschreibungssatzes.

[13] Vgl. *Krümmel,* Hans-Jacob, Liquiditätssicherung II, S. 87.

der-)Abschreibungssatz „... ist allgemein gleich der Hälfte der ‚Kreditgröße in Prozenten der Nettohaftungsreserve'"[14].

Zur Berücksichtigung des Zinsänderungsrisikos in der Einlegerschutzbilanz sind nach Stützel „alle Forderungen, unverbrieft oder verbrieft, deren Restlaufzeit über ein halbes Jahr beträgt, ... vorsichtshalber auf den Wert abzuschreiben, der sich bei finanzmathematisch korrekter Bewertung unter Berücksichtigung ihres Eigenzinses (Nominalzinses), ihrer Restlaufzeit und des vereinbarten Rückzahlungskurses bei einem Diskontierungszinssatz von 9 % ergibt ..."[15]. „Ausgenommen (vom Abschreibungszwang; J. B.) sind jedoch Forderungen mit längerer Restlaufzeit (als einem halben Jahr; J. B.) nach Wahl des Instituts, soweit ihnen Einlagen, aufgenommene Darlehen oder Schuldverschreibungen mit gleicher oder längerer Restlaufzeit gegenüberstehen"[16] bzw. deutlicher: rein rechnerisch in einer (Art) Schichtenbilanz gegenübergestellt werden können. Als quantitative Eigenkapitalanforderung ergibt sich schließlich, daß die Einlegerschutzbilanz kein Defizit aufweisen darf, d. h. daß das haftende Eigenkapital zumindest so hoch sein muß wie der Gesamtbetrag der durch die Vorsichtsabschreibungen antizipierten Verluste[17].

### b) Beurteilung der Einlegerschutzbilanz

Um besser beurteilen zu können, ob das Ausfallrisiko in der Einlegerschutzbilanz in sachgerechter Weise berücksichtigt wird, wollen wir, wobei die zusätzlichen Diversifikationsabschreibungen für Großkredite

---

[14] *Stützel,* Wolfgang, Bankpolitik, Tz. 88, S. 43. Stützel bezeichnet die betreffenden Sonderabschreibungen als „progressiv". Allerdings wächst bei Anwendung der genannten Formel nur der jeweilige Abschreibungsbetrag mit der relativen Kredithöhe progressiv, während der Abschreibungssatz sich zu dieser proportional entwickelt.

[15] *Stützel,* Wolfgang, Bankpolitik, Tz. 89, S. 44. Vgl. hierzu auch *Stützel,* Wolfgang, Goldene Bankregel, S. 47 f.

Es sei hier jedoch darauf hingewiesen, daß für die Quantifizierung des Zinsänderungsrisikos nicht die Restlaufzeit der jeweiligen Kredite, sondern die Restlaufzeit der Zinsvereinbarungen letzten Endes maßgebend ist.

[16] *Stützel,* Wolfgang, Bankpolitik, Tz. 89, S. 44.

Es sei hier ausdrücklich darauf hingewiesen, daß nur die Zinsänderungsrisiken und nicht etwa auch die Ausfallrisiken vom Abschreibungszwang auszunehmen sind. Die Ausfallrisiken werden in der Einlegerschutzbilanz unabhängig davon berücksichtigt, ob die jeweiligen Kredite abgetreten werden müssen oder nicht.

[17] Die genannte quantitative Eigenkapitalanforderung wird von Stützel im Rahmen seiner Ausführungen zur Einlegerschutzbilanz zwar nirgends explizit formuliert, sie liegt jedoch auf der Hand. Vgl. im vorliegenden Zusammenhang auch *Krümmel,* Hans-Jacob, Bankzinsen, S. 206 ff.; *Schmidt,* Hartmut, Liquidität, S. 714 sowie *Stützel,* Wolfgang, Goldene Bankregel, S. 43 f. Allerdings heben die genannten Autoren an den angegebenen Stellen lediglich auf die mit einer Veräußerung verbundenen Vermögensverluste ab, d. h. sie berücksichtigen nur das Preisänderungsrisiko, also das Zinsände-

vorläufig außer acht bleiben, die betreffenden Vorschriften zunächst in algebraischer Form wiedergeben[18]: Bezeichnet man mit $EK_A$ das zur Deckung der Ausfallrisiken vorzuschreibende haftende Eigenkapital, mit $K_Ö$ diejenigen Direktkredite an öffentliche Stellen, die vom Abschreibungszwang auszunehmen sind, sowie die von diesen Stellen verbürgten Kredite, mit $K_W$ die rediskontfähigen Wechsel und mit $K_S$ schließlich die sonstigen Kredite eines Kreditinstituts, dann läßt sich die auf das Ausfallrisiko zielende quantitative Eigenkapitalanforderung der Einlegerschutzbilanz schreiben als

$$EK_A \geq (0{,}0\; K_Ö) + 0{,}025\; K_W + 0{,}05\; K_S.$$

Von zentraler Bedeutung für die Beurteilung der Einlegerschutzbilanz ist nun die Frage, welchen Wert die vor den jeweiligen Kreditbeträgen stehenden Koeffizienten — wir bezeichnen sie in Anlehnung an *Rudolph* im folgenden als „Risikokoeffizienten"[19] — repräsentieren.

Würden die Risikokoeffizienten die Erwartungswerte der Ausfallquoten der jeweiligen Kredite darstellen, dann wäre das Ausfallrisiko in der Einlegerschutzbilanz aller Wahrscheinlichkeit nach nicht in sachgerechter Weise berücksichtigt. Auf der rechten Seite der oben wiedergegebenen Ungleichung würde dann lediglich der Erwartungswert des Portefeuilleverlustes stehen. Im vorhergehenden Abschnitt haben wir jedoch gesehen, daß die Höhe des zur Deckung der Kreditausfallrisiken vorzuschreibenden haftenden Eigenkapitals größer als dieser Erwartungswert ist. Würden die Risikokoeffizienten dagegen einen entsprechenden Zuschlag zum Erwartungswert enthalten, dann kann das Ausfallrisiko in der Einlegerschutzbilanz in sachgerechter Weise berücksichtigt werden. Es mangelt hierbei aber wiederum an eindeutigen sachlichen Kriterien, um die Höhe der einzelnen Risikokoeffizienten ohne weiteres angeben zu können. Die Wahl dieser Koeffizienten hängt, wie wir ebenfalls im vorhergehenden Abschnitt gesehen haben, von der Anzahl der Einzelkredite im Portefeuille, vom bankaufsichtlich vermuteten Grad der Risikostreuung sowie von der Höhe der kritischen Wahrscheinlichkeit ab[20].

---

rungsrisiko und einen Abschlag wegen des Ausfallrisikos bei vorfälliger Veräußerung. Vgl. zum letzteren auch *Stützel,* Wolfgang, Goldene Bankregel, S. 49.

Am Rande sei hier darauf hingewiesen, daß Stützel auch die Kursänderungsrisiken von Beteiligungstiteln in die Einlegerschutzbilanz mit einbezieht. Nach Stützel sind „alle Beteiligungstitel ..., falls sie in der Handelsbilanz höher zu Buche stehen, vorsichtshalber auf die Hälfte ihres Zeitwertes abzuschreiben" (*Stützel,* Wolfgang, Bankpolitik, Tz. 89, S. 44).

[18] Vgl. zur Methode auch *Süchting,* Joachim, Eigenkapitallücke, S. 606.

[19] Vgl. *Rudolph,* Bernd, Einlegerschutzvorschriften, S. 344.

[20] In keinem Falle sollte die Wahl der Risikokoeffizienten aber nach dem Gesichtspunkt erfolgen, daß die dadurch bewirkte Risikodeckung „... in die

Mit letzterem haben wir bereits ein weiteres Problem angedeutet: Geht man davon aus, daß die Bankenaufsicht die Gläubiger sämtlicher Kreditinstitute, welche unter die Eigenkapitalvorschrift des § 10 Abs. 1 Satz 1 KWG fallen, als gleich schutzwürdig ansieht und deshalb für alle Institute auch dieselbe kritische Wahrscheinlichkeit in Ansatz bringt, dann müßte sie im Hinblick auf den Gläubigerschutz bei kleineren Kreditinstituten höhere Risikokoeffizienten für die einzelnen Kreditarten in Ansatz bringen als bei größeren Instituten. Bei ersteren sind ja sowohl die Zahl der Einzelkredite als auch das Ausmaß der Risikostreuung naturgemäß vergleichsweise gering[21]. Sollte die Bankenaufsicht jedoch aus wettbewerbspolitischen Erwägungen oder auch nur aus Gründen der Vereinfachung für alle Kreditinstitute dieselben Risikokoeffizienten in Ansatz bringen wollen[22], dann muß sie sich unter dem Aspekt des Gläubigerschutzes bei der Wahl ihrer Risikokoeffizienten an den Instituten mit vergleichsweise kleiner Anzahl an Einzelkrediten und vergleichsweise geringem Ausmaß an Risikostreuung orientieren.

Des weiteren sei hier darauf hingewiesen, daß die in der Einlegerschutzbilanz vorgenommene Einteilung in lediglich drei Risikoklassen — Direktkredite an öffentliche Stellen und von diesen Stellen verbürgte Kredite, rediskontfähige Wechsel und „sonstige" Kredite — als zu undifferenziert erscheint. Deshalb sollte u. E. eine weitergehende Unterteilung der „sonstigen" Kredite in Risikoklassen vorgenommen werden. Da die Bildung von Risikoklassen sinnvollerweise aufgrund der Erwartungswerte der Ausfallquoten der einzelnen Kredite erfolgt, könnten z. B. die grundpfandrechtlich gesicherten Kredite oder auch die kurzfristigen Geldmarktkredite zu einer besonderen Risikoklasse mit entsprechend niedrigen Risikokoeffizienten zusammengefaßt werden[23].

---

Nähe jener Relation gelegt (wird; J. B.), bei der bankenstatistisch kein Institut oder doch nur sehr wenige und unbedeutende eine Einschränkung ihrer Geschäftsentfaltungschancen hinnehmen müssen" (*Krümmel*, Hans-Jacob, Bankpolitische Normen, S. 541). Vgl. hierzu auch *Holdijk*, Rudolf, Eigenkapitalprobleme, S. 174 und *Lambsdorff*, Otto Graf, Überlegungen, S. 168 f. In dieser Weise wurde z. B. bei der Entwicklung des noch vorzustellenden Grundsatzes I BAK verfahren. Vgl. hierzu *ohne Verfasser*, Grundsätze, S. 3 f.

[21] Vgl. hierzu auch *Süchting*, Joachim, Eigenkapitallücke, S. 632.

[22] Letzteres wird nicht nur im Rahmen der Einlegerschutzbilanz stillschweigend unterstellt, sondern entspricht, wie wir noch sehen werden, auch den Gepflogenheiten des geltenden deutschen Aufsichtsrechts.

[23] Vgl. dazu oben unter D.II.1.b)cc) sowie zu weitergehenden Differenzierungsvorschlägen *Lucius*, Otto, Novellierung, S. 136 f.; *Müller*, Werner A., Bankenaufsicht, S. 211; *Rudolph*, Bernd, Einlegerschutzvorschriften, S. 344 ff. sowie *Süchting*, Joachim, Eigenkapitallücke, S. 628 ff.

Das Großkreditrisiko läßt sich im Rahmen der Einlegerschutzbilanz durch den Ansatz von Diversifikationsabschreibungen in sachgerechter Weise berücksichtigen[24]. Darüber hinaus könnte die Bankenaufsicht auch noch in Erwägung ziehen, die betreffende Vorschrift durch eine oder mehrere Risikobegrenzungsregeln zu ergänzen[25]. Insgesamt können wir jedoch festhalten, daß sich das Ausfallrisiko, einschließlich des Ausfallrisikos von Großkrediten, im Rahmen der Einlegerschutzbilanz in sachgerechter Weise berücksichtigen läßt.

Das Zinsänderungsrisiko wird im Rahmen der Einlegerschutzbilanz zutreffenderweise unter Zuhilfenahme der Finanzmathematik quantifiziert. Allerdings halten wir in diesem Zusammenhang einige Präzisierungen für angebracht: Wie bereits mehrfach erwähnt, ist bei der Formulierung der quantitativen Eigenkapitalanforderungen nur bei denjenigen Krediten ein Zinsänderungsrisiko zu berücksichtigen, die im Falle der Maximalbelastung A abgetreten werden müssen. Deshalb ist auch die Anweisung Stützels, bei der Ermittlung der Abschreibungssätze aufgrund des Zinsänderungsrisikos solche Kredite auszunehmen, denen Verbindlichkeiten mit gleicher oder längerer (Rest-)Laufzeit gegenüberstehen und die aus diesem Grunde nicht veräußert zu werden brauchen, berechtigt[26]. Dagegen macht Stützel über den Zeitpunkt der Veräußerung der übrigen Kredite und insbesondere über die entsprechende Ermittlung des Zinsänderungsrisikos dieser Kredite im Rahmen seiner Ausführungen zur Einlegerschutzbilanz keine näheren Angaben[27]. Allerdings hat er die entsprechende Rechnungsanweisung bereits

---

[24] Allenfalls wäre hier in Erwägung zu ziehen, ob die Bankenaufsicht anstatt eines mit der relativen Kredithöhe proportional wachsenden Sonderabschreibungssatzes, wie Stützel ihn vorschlägt, nicht einen progressiven Abschreibungssatz wählen sollte.

Bezeichnet man mit $A$ den Sonderabschreibungssatz, mit $a$ und $b$ konstante Koeffizienten, die jeweils größer als Null und (realistischerweise) beträchtlich kleiner als eins sind, und mit $k$ schließlich die in Prozent des haftenden Eigenkapitals ausgedrückte relative Höhe des Kreditbetrags, dann läßt sich ein progressiver Sonderabschreibungssatz z. B. durch Anwendung der Formel

$$A(k) = a \cdot k^2 + b \cdot k$$

erreichen. Wie man sieht, erhält man für $a = 0$ und $b = 0{,}5$ die von Stützel gewählte Formel, die keine Progression des Abschreibungssatzes bewirkt.

[25] In Frage kämen z. B. die noch kurz vorzustellenden Risikobegrenzungsregeln des § 13 KWG.

[26] Vgl. hierzu auch *Müller*, Werner A., Bankenaufsicht, S. 74.

[27] Die Anweisung Stützels, Forderungen mit einer (Rest-)Laufzeit von einem halben Jahr und weniger bei der Ermittlung des Zinsänderungsrisikos nicht zu berücksichtigen, erfolgt nach unserer Ansicht aus praktischen Gesichtspunkten. Sie bewirkt, daß Bagatellrisiken bei der Aufstellung der Einlegerschutzbilanz außer Betracht bleiben können. Ob die geschilderte Anweisung übernommen und insbesondere welche (Rest-)Laufzeit in diesem Falle gewählt werden sollte, kann nur von der Bankenaufsicht selbst unter pragmatischen Gesichtspunkten entschieden werden. Dabei läge es nahe,

an anderer Stelle, nämlich im Rahmen seiner Ausführungen zur Maximalbelastungsrechnung bzw. „Solvabilitätsbilanz" formuliert, die hier ihrer Prägnanz wegen wörtlich wiedergegeben werden soll:

> „Man nehme die Bilanz. Man stelle sich vor, alle Einleger und sonstigen Gläubiger wollten ihre Mittel zu den vereinbarten Fälligkeiten abziehen ... Dann prüfe man, in welcher Reihenfolge man gewisse Aktiva schon vor Fälligkeit liquidisieren müßte, um den jeweils fälligen und fällig werdenden Ansprüchen der Gläubiger gerecht zu werden. Schließlich schätze man bei diesen Aktiven, welche Disagios ... man wohl bei vorzeitiger Liquidisierung hinnehmen müßte ..."[28].

Natürlich braucht die Bankenaufsicht den Kreditinstituten nicht vorzuschreiben, bei der Aufstellung der Einlegerschutzbilanz die Fristen ihrer Verbindlichkeiten und Kredite mit äußerster Genauigkeit, bis hin zu den jeweiligen (Bank-)Tagen ihrer Fälligkeit zu berücksichtigen. Im Interesse einer operationalen Gestaltung der Einlegerschutzbilanz reicht es u. E. hin, wenn sich die Bankenaufsicht etwa mit einer Abstimmung nach Monatsfristen zufrieden gibt.

Zum Schluß sei hier noch auf eine weitere, nach unserem Dafürhalten notwendige Korrektur an der Konzeption der Einlegerschutzbilanz hingewiesen. Wie bereits eingangs dieses Kapitels gesagt, brauchen bei der Formulierung der quantitativen Eigenkapitalanforderungen solche Vermögensverlustrisiken nicht berücksichtigt zu werden, die bereits erfolgsrechnerisch in Form von Abschreibungen oder Wertberichtigungen berücksichtigt worden sind. Daß Stützel den in der Einlegerschutzbilanz vorzunehmenden Vorsichtsabschreibungen die Buchwerte der Handelsbilanz zugrunde legt, ist somit berechtigt. Hierbei ist jedoch zu unterstellen, daß bei der Aufstellung der Handelsbilanz lediglich (direkte) Abschreibungen verrechnet werden. Sollten jedoch in der Handelsbilanz auch Wertberichtigungen ausgewiesen werden, dann sind die Buchwerte der Kredite vor Aufstellung der Einlegerschutzbilanz noch um die jeweiligen Wertberichtigungen zu kürzen[29].

Insgesamt können wir festhalten, daß die Einlegerschutzbilanz sich von ihrer Grundkonzeption her trefflich eignet, um die quantitativen Eigenkapitalanforderungen der Bankenaufsicht zum Ausdruck zu bringen.

---

die Summe dieser Bagatellrisiken im Vergleich zum haftenden Eigenkapital (bei einer bestimmten Portefeuillestruktur) als Kriterium heranzuziehen.

[28] *Stützel*, Wolfgang, Goldene Bankregel, S. 43. Es sei hier nochmals darauf hingewiesen, daß bei der Schätzung des Zinsänderungsrisikos die ‚Zinsrestlaufzeit' und nicht die ‚Kreditrestlaufzeit' maßgeblich ist.

[29] Wir kommen hierauf im Zusammenhang mit dem Grundsatz I BAK sogleich nochmals kurz zu sprechen.

### 3. Grundsatz I BAK als quantitative Eigenkapitalanforderung der Bankenaufsicht

#### *a) Darstellung von Grundsatz I BAK*

Nach § 10 Abs. 1 Satz 2 KWG stellt „das Bundesaufsichtsamt (für das Kreditwesen; J. B.) ... im Einvernehmen mit der Deutschen Bundesbank Grundsätze auf, nach denen es für den Regelfall beurteilt, ob die Anforderungen des Satzes 1 erfüllt sind", ob also das haftende Eigenkapital der Kreditinstitute als „angemessen" angesehen werden kann. Augenblicklich schreibt das Bundesaufsichtsamt den Kreditinstituten auf der Grundlage dieser Ermächtigung u. a. die Risikodeckungsregel des Grundsatzes I BAK vor[30]. Bezeichnet man mit $EK$ das haftende Eigenkapital, mit $K_L$ die „langfristigen Kredite, die als Deckung für Schuldverschreibungen dienen oder gegen Grundpfandrechte im Realkreditgeschäft im Sinne von § 20 Abs. 2 Nr. 1 und 4 KWG oder gegen entsprechende Schiffspfandrechte gewährt werden"[31], mit $K_B$ die „Forderungen an Kunden ..., soweit sie von inländischen juristischen Personen des öffentlichen Rechts verbürgt oder von diesen in anderer Weise gesichert sind", mit $K_A$ die Kredite an ausländische Kreditinstitute, mit $K_I$ die Kredite an inländische Kreditinstitute, mit $K_Ö$ die „Kredite an inländische juristische Personen des öffentlichen Rechts (ausgenommen Kreditinstitute) und an ein Sondervermögen des Bundes" und mit $K_S$ schließlich die „sonstigen" Kredite, dann läßt sich der Grundsatz I BAK, unter Vernachlässigung der in diesem Grundsatz ebenfalls berücksichtigten Beteiligungen und Eventualforderungen sowie der „passiven Rechnungsabgrenzungsposten aus Gebührenabgrenzung im Teilzahlungsfinanzierungsgeschäft", schreiben als

$$18 \cdot EK \geq 0{,}5\,(K_L + K_B + K_A) + 0{,}2\,K_I + (0{,}0\,K_Ö) + K_S$$

bzw. — nach Division durch den Faktor „18" — als

$$EK \geq 0{,}028\,(K_L + K_B + K_A) + 0{,}011\,K_I + 0{,}056\,K_S.$$

---

[30] Der im folgenden darzustellende Grundsatz I BAK ist zwar nur als Sollvorschrift und nicht etwa als Mußvorschrift formuliert. Es kann jedoch davon ausgegangen werden, daß die Kreditinstitute diesen Grundsatz wie eine rechtsverbindliche Vorschrift einzuhalten trachten, da das Bundesaufsichtsamt nach § 45 KWG bei einem als nicht angemessen angesehenen haftenden Eigenkapital bestimmte Eingriffsbefugnisse besitzt und die Notenbank ihre Refinanzierungsbereitschaft von der Einhaltung dieses Grundsatzes abhängig machen kann. Vgl. hierzu *Fischer*, Otfrid, Geschäftspolitischer Bereich, S. 227; *Hornbach*, Friedrich, Bonitäts- und Solvenzsicherung, S. 143 sowie *Krümmel*, Hans-Jacob, Liquiditätssicherung I, S. 276.

[31] Wir beziehen uns hier wie im folgenden stets auf die um die jeweiligen Wertberichtigungen gekürzten handelsbilanziellen Buchwerte der betreffenden Kredite. Vgl. hierzu auch *ohne Verfasser*, Neufassung, S. 39.

### b) Beurteilung von Grundsatz I BAK

Aus der Konstruktion des Grundsatzes I BAK läßt sich entnehmen, daß in diesem nur das Ausfallrisiko, und zwar ohne besondere Berücksichtigung des Ausfallrisikos von Großkrediten[32], nicht jedoch auch das Zinsänderungsrisiko Berücksichtigung findet. Letzteres läßt sich schon daraus folgern, daß die Risikoklassen des Grundsatzes I BAK allein nach den Kriterien „Schuldnerbonität" und „Besicherung" gebildet werden[33]. Daß in Grundsatz I BAK das Zinsänderungsrisiko nicht berücksichtigt wird, folgt aber auch daraus, daß die von Zinsänderungsrisiken bedrohten (Buch-)Kredite an öffentliche Stellen dort gänzlich außer Ansatz bleiben[34] und daß die ebenfalls dem Zinsänderungsrisiko unterliegenden festverzinslichen Wertpapiere nicht zu den Krediten i. S. dieses Grundsatzes rechnen[35]. Im übrigen ist hier auch schon allein unter dem Aspekt des Ausfallrisikos nicht einzusehen, weshalb die festverzinslichen Wertpapiere, soweit sie nicht von öffentlichen Stellen begeben worden sind, in Grundsatz I BAK gänzlich außer Ansatz bleiben[36]. Aus all dem kann der Schluß gezogen werden, daß der Grundsatz I BAK nach seiner Konzeption nicht auf den Maximalbelastungsfall A, sondern auf den Normalbelastungsfall ausgerichtet ist[37]. Er kann deshalb von vornherein auch nicht als hinreichende und sachgerechte quantitative Eigenkapitalanforderung angesehen werden.

Als Ergebnis unserer Überlegungen in diesem Abschnitt können wir somit festhalten, daß die Bankenaufsicht bei der Formulierung ihrer quantitativen Eigenkapitalanforderungen den Grundsatz I durch die (modifizierte) Einlegerschutzbilanz ersetzen sollte.

---

[32] Im deutschen Aufsichtsrecht werden die Ausfallrisiken von Großkrediten nur in Gestalt von Risikobegrenzungsvorschriften berücksichtigt. So dürfen nach § 13 Abs. 3 Satz 1 KWG „... die fünf größten Großkredite das Dreifache (und; J. B.) alle Großkredite zusammen das Achtfache des haftenden Eigenkapitals des Kreditinstituts ... nicht übersteigen", während nach § 13 Abs. 4 KWG „der einzelne Großkredit ... fünfundsiebzig vom Hundert des haftenden Eigenkapitals des Kreditinstituts nicht übersteigen" darf. Wir haben bereits mehrfach darauf hingewiesen, daß Risikobegrenzungsregeln die Berücksichtigung von Großkreditrisiken in den Risikodeckungsvorschriften nicht ersetzen, sondern lediglich ergänzen können.

[33] Vgl. *Hoffmann,* Horst, Dispositionsregeln, S. 108; *Holdijk,* Rudolf, Eigenkapitalprobleme, S. 170 sowie *Müller,* Werner A., Bankenaufsicht, S. 204.

[34] Vgl. *Schmidt,* Hartmut, Liquidität, S. 715 und *Welcker,* Johannes, Neuordnung, S. 24.

[35] Vgl. *Erdland,* Alexander, Eigenkapital, S. 157; *Köhler,* Claus, Bankenaufsicht, S. 21 sowie *Süchting,* Joachim, Eigenkapitalproblematik, S. 39.

[36] Vgl. hierzu auch *Schmidt,* Hartmut, Liquidität, S. 715.

[37] Vgl. hierzu auch *Krümmel,* Hans-Jacob, Bankpolitische Normen, S. 529 und *Schork,* Anm. 1 zu § 10 KWG, S. 1.

# Literaturverzeichnis

*Adler / Düring / Schmaltz:* Rechnungslegung und Prüfung der Aktiengesellschaft, Handkommentar, vierte Auflage, völlig neu bearbeitet von Kurt *Schmaltz,* Karl-Heinz *Forster* u. a., Band 1: Rechnungslegung, Stuttgart 1968.

*Arnold,* Hans: (Risikentransformation), Risikentransformation, Finanzierungsinstrumente und Finanzierungsinstitute als Institutionen zur Transformation von Unsicherheitsstrukturen, Dissertation Saarbrücken 1964.

*Bähre,* Inge Lore: (Bankenaufsicht), Möglichkeiten und Grenzen der Bankenaufsicht, in: Bankinformation, 2. Jahrgang (1975), Heft 12, S. 2 - 5.

— (Möglichkeiten), Möglichkeiten und Grenzen der Bankenaufsicht unter dem Aspekt der KWG-Novelle, in: Bank-Betrieb, 15. Jahrgang (1975), Nummer 12, S. 410 - 414.

— Einlegerschutz durch Bankenaufsicht und Sicherungseinrichtungen, in: Österreichisches Bank-Archiv, 29. Jahrgang (1981), Heft 6, S. 182 - 201.

*Bähre / Schneider:* KWG-Kommentar, Kreditwesengesetz mit den wichtigsten Ausführungsbestimmungen, begründet von Johannes *Consbruch* und Annemarie *Möller,* 2., neubearbeitete Auflage von Inge Lore *Bähre* und Manfred *Schneider,* München 1976.

*Beck:* Gesetz über das Kreditwesen, vom 10. Juli 1961, Kommentar nebst Materialien und ergänzenden Vorschriften, von Heinz *Beck,* Hauptband: Kommentar, Wiesbaden 1961 ff.

*Becker,* Jürgen: (Quotenkonsolidierung), Quotenkonsolidierung, in: Zeitschrift für das gesamte Kreditwesen, 33. Jahrgang (1980), Heft 11, S. 490 - 498.

*Becker,* Wolf-Dieter: (Geldpolitische Implikationen), Geldpolitische Implikationen des Bankenwettbewerbs, in: Wettbewerb und Fortschritt, Festschrift zum 65. Geburtstag von Burkhardt *Röper,* herausgegeben von Walter *Hamm* und Reimer *Schmidt,* Baden-Baden 1980, S. 247 - 257.

*Bellinger,* Bernhard: Bankverluste und Bankenaufsicht, in: Österreichisches Bank-Archiv, 24. Jahrgang (1976), Heft 9, S. 352 - 362.

*Berger,* Karl-Heinz: Länderrisiko und Gesamtrisiko der Universalbank, in: Zeitschrift für Betriebswirtschaft, 52. Jahrgang (1982), Nummer 1, S. 96 bis 107.

Begründung der Bundesregierung zum Entwurf eines Gesetzes über das Kreditwesen vom 25. 2. 1959, Bundestagsdrucksache 3/1114.

Begründung zum Regierungsentwurf eines Zweiten Gesetzes zur Änderung des Gesetzes über das Kreditwesen, Bundestagsdrucksache 7/3657.

Bericht der Bundesregierung über die Untersuchung der Wettbewerbsverschiebungen im Kreditgewerbe und über eine Einlagensicherung (Wettbewerbsbericht), Bundestagsdrucksache V/3500.

Bericht der Studienkommission ‚Grundsatzfragen der Kreditwirtschaft', Schriftenreihe des Bundesministeriums der Finanzen, Heft 28, Bonn o. J. (1979).

*Birck*, Heinrich: (Stille Reserven), Stille Reserven im Jahreabschluß der Kreditinstitute, in: Die Wirtschaftsprüfung, 17. Jahrgang (1964), Heft 15/16, S. 415 - 422.

— (Eigenkapitalausstattung), Probleme der Eigenkapitalausstattung deutscher Genossenschaften, in: Genossenschaften und Genossenschaftsforschung, Strukturelle und ablaufanalytische, historische und systematische Aspekte der Genossenschaften des neunzehnten und zwanzigsten Jahrhunderts, Festschrift zum 65. Geburtstag von Georg *Draheim*, herausgegeben von Gerhard *Weisser*, unter Mitarbeit von Werner Wilhelm *Engelhardt*, Göttingen 1968, S. 109 - 140.

*Birck / Meyer*: Die Bankbilanz, Aufstellung, Struktur, Gliederung und Bewertung in den Jahresabschlüssen der Kreditinstitute nach Handels- und Steuerrecht einschließlich Bilanz- und Reservenpolitik, Handkommentar, begründet von Heinrich *Birck*, als dritte, völlig neu bearbeitete und erweiterte Auflage fortgeführt von Heinrich *Birck* und Heinrich *Meyer*, vier Bände, Wiesbaden 1976 - 1979.

*Born*, Karl Erich: (Bankenkrise), Die deutsche Bankenkrise 1931, Finanzen und Politik, München 1967.

*Brehmer*, Ekhard: (Geldmarkt), Struktur und Funktionsweise des Geldmarktes der Bundesrepublik Deutschland seit 1948, zugleich eine theoretische Grundlegung für Geldmärkte im allgemeinen, Reihe: Kieler Studien, Forschungsberichte des Instituts für Weltwirtschaft an der Universität Kiel, herausgegeben von Erich *Schneider*, Band 65, 2., neu bearbeitete und erweiterte Auflage, Tübingen 1964.

*Brinkmann*, Jürgen: (Bedeutung), Die Bedeutung des Eigenkapitals von Kreditinstituten für die Kreditgewährung, in: Der Betrieb, 29. Jahrgang (1976), Heft 19, S. 877 - 883.

— Die gesetzlichen Bestimmungen über das Eigenkapital von Kreditinstituten in der Bundesrepublik Deutschland und der Schweiz, in: Österreichisches Bank-Archiv, 27. Jahrgang (1979), Heft 8, S. 307 - 323.

*Büschgen*, Hans E.: (Geldmarkt), Der deutsche Geldmarkt, Schriftenreihe der Österreichischen Bankwissenschaftlichen Gesellschaft, herausgegeben von Hans *Krasensky*, Heft XXXI, Wien 1969.

*Cremer*, Claus: (Grundfragen), Grundfragen einer Theorie der optimalen Finanzierung, Reihe: Betriebswirtschaftliche Forschungsergebnisse, herausgegeben von Erich *Kosiol*, in Gemeinschaft mit Erwin *Grochla*, Dieter *Pohmer* u. a., Berlin 1974.

*Czech*, Dieter Klaus: (Fristentransformation), Zur Fristentransformation der Depositenbanken, Ein Beitrag zur Theorie der Liquiditätspolitik der Depositenbanken, Dissertation Tübingen 1973.

*Denk*, Robert: (Diagnosemethoden), Diagnosemethoden und Entscheidungshilfen in der Bonitätsprüfung, Schriftenreihe der Österreichischen Bankwissenschaftlichen Gesellschaft, herausgegeben von Hans *Krasensky*, Heft LVII, Wien 1979.

*Deppe*, Hans-Dieter: (Wachstum), Bankbetriebliches Wachstum, Funktionalzusammenhänge und Operations Research in Kreditinstituten, Stuttgart 1969.

— (Grundlagen), Betriebswirtschaftliche Grundlagen der Geldwirtschaft, Band 1: Einführung und Zahlungsverkehr, Stuttgart 1973.

— (Geldmarkt), Geldmarkt und Geldmarktkonzepte, in: Unternehmen und Gesellschaft, Festschrift zum 75. Geburtstag von Wilhelm *Hasenack*, in Gemeinschaft mit Klaus *Bartölke*, Wilhelm *Bierfelder* u. a., herausgegeben von Hans-Joachim Engeleiter, Herne / Berlin 1976, S. 163 - 187.

— Eine Konzeption wissenschaftlicher Bankbetriebslehre in drei Doppelstunden, in: Bankbetriebliches Lesebuch, herausgegeben von Hans-Dieter *Deppe*, unter Mitarbeit von Wolfgang *Benner*, Peter *Dolff* u. a., Ludwig *Mülhaupt* zum 65. Geburtstag, Poeschel Reader 4, Stuttgart 1978, S. 3 - 98.

— (Haftungszuschlag), Der ‚Haftungszuschlag' — unabhängig und kritisch betrachtet, in: Zeitschrift für das gesamte Kreditwesen, 35. Jahrgang (1982), Heft 7, S. 260 - 264.

Deutsche Bundesbank: (Währungspolitische Institutionen), Die währungspolitischen Institutionen und Instrumente in der Bundesrepublik Deutschland, 3., überarbeitete Auflage des Kapitels ‚Bundesrepublik Deutschland' der von der EWG herausgegebenen Studie ‚Die Währungspolitik in den Ländern der Europäischen Wirtschaftsgemeinschaft — Institutionen und Instrumente —', Sonderdrucke der Deutschen Bundesbank Nummer 1, o. O. 1980.

*Dürre*, Günter: (Bankinsolvenzen), Kann das Aufsichtsamt Bankinsolvenzen verhindern?, in: Österreichisches Bank-Archiv, 22. Jahrgang (1974), Heft 6, S. 186 - 195.

— Die Problematik der Bankenaufsicht, in: Neuzeitliche Bankpolitik, Analysen und Meinungen aus der deutschen Kreditwirtschaft, mit Beiträgen von Johann Philipp Frhr. *von Bethmann*, Franz *Bieling* u. a., Reihe: Schriften zur Bankpolitik, herausgegeben von Robert *Wittgen*, Frankfurt am Main 1974, S. 127 - 133.

*Eicke*, Jürgen: (Haftkapital), Das Haftkapital der Auslandsbanken, in: Zeitschrift für das gesamte Kreditwesen, 34. Jahrgang (1981), Heft 12, S. 520 bis 524.

*Eisfeld*, Curt: (Probleme), Probleme um das Eigenkapital der Kreditbanken, in: Die Unternehmung im Markt, Festschrift für Wilhelm *Rieger* zu seinem 75. Geburtstag, Stuttgart und Köln 1953, S. 103 - 121.

*Engels*, Wolfram: (Bankensolvenztheorien), Bankensolvenztheorien und Praxis der Bankenaufsicht, in: Die Banken im Spannungsfeld von Notenbank und Bankenaufsicht, 4. Symposium zur Bankengeschichte am 19. Oktober 1977 im Haus der Bank für Gemeinwirtschaft in Frankfurt am Main, Drittes Beiheft zum ‚Bankhistorischen Archiv', Frankfurt am Main 1978, S. 23 - 31.

*Erdland*, Alexander: (Eigenkapital), Eigenkapital und Einlegerschutz bei Kreditinstituten, Eine funktions- und abbildungstheoretische Analyse, Untersuchungen über das Spar-, Giro- und Kreditwesen, Abteilung A: Wirtschaftswissenschaft, herausgegeben von Fritz *Voigt*, Band 108, Berlin 1981.

*Feyerabend*, Friedrich-Karl: (Haftsummenzuschlag), Die Bedeutung des Haftsummenzuschlages der Genossenschaftsbanken, Reihe: Studien zum Bank- und Börsenrecht, herausgegeben von Ulrich *Immenga*, Band 9, Baden-Baden 1981.

*Fischer*, Otfrid: (Bankbilanz-Analyse), Bankbilanz-Analyse, dargestellt am Beispiel der Aktienbanken, Bankbetriebliche Schriftenreihe, herausgegeben von K. F. *Hagenmüller*, Band II, Meisenheim/Glan 1956.

— (Verluste), Verluste und Bilanzpraktiken der Hessischen Landesbank, in: Österreichisches Bank-Archiv, 23. Jahrgang (1975), Heft 2, S. 56 - 71.

— (Kreditausfälle), Kreditausfälle und Eigenkapitalvorsorge der Banken, in: Der Bankbetrieb zwischen Theorie und Praxis, Festschrift zum 60. Geburtstag von Karl Friedrich *Hagenmüller*, unter Mitwirkung von Hans E. *Büschgen*, Wolfram *Engels* u. a., herausgegeben von Joachim *Süchting*, Wiesbaden 1977, S. 151 - 165.

— (Liquiditäts-Konsortialbank), Funktion und Wirkungsweise der Liquiditäts-Konsortialbank GmbH, in: Österreichisches Bank-Archiv, 23. Jahrgang (1975), Heft 1, S. 2 - 8.

— (Finanzwirtschaft I), Finanzwirtschaft der Unternehmung I, Daten und Alternativen der Finanzwirtschaft, Tübingen und Düsseldorf 1977.

— Die Eigenkapitalausstattung der bundesdeutschen Banken, in: Österreichisches Bank-Archiv, 26. Jahrgang (1978), Heft 1, S. 8 - 21.

— (Geschäftspolitischer Bereich), Der geschäftspolitische Bereich als Gegenstand der wissenschaftlichen Bankbetriebslehre, in: Bankbetriebliches Lesebuch, herausgegeben von Hans-Dieter *Deppe*, unter Mitarbeit von Wolfgang *Benner*, Peter *Dolff* u. a., Ludwig *Mülhaupt* zum 65. Geburtstag, Poeschel Reader 4, Stuttgart 1978, S. 205 - 235.

*Fögen*, Hermann: (Währungsrecht), Geld- und Währungsrecht, München 1969.

*Fuchs*, Konrad: (Eigenkapitalfrage), Zur Eigenkapitalfrage im österreichischen Sparkassensektor, in: Sparkasse, 94. Jahrgang (1977), Heft 12, S. 421 - 423.

— (Nachrangiges Kapital), Nachrangiges Kapital als Instrument der Eigenmittel- und Risikopolitik, in: Aktuelle Probleme zum Recht des Kreditwesens, Zum 75. Geburtstag von Hans *Krasensky*, herausgegeben von Hellmuth *Slaik*, Konrad *Fuchs* und Erich *Schinnerer*, Schriftenreihe der Österreichischen Bankwissenschaftlichen Gesellschaft, herausgegeben von Hans *Krasensky*, Heft LVI, Wien 1978, S. 228 - 248.

— Bankbetriebswirtschaftliche Überlegungen zum § 12 KWG 1979 (Eigenmittel) unter Berücksichtigung ausländischer Bankenaufsichtsnormen, in: Österreichisches Bank-Archiv, 29. Jahrgang (1981), Sonderheft 1/81, S. 7 bis 31.

— Bankbetriebswirtschaftliche Überlegungen zum § 15 KWG 1979 (insbesondere Großkredite und Risikostreuung) unter Berücksichtigung ausländischer Bankenaufsichtsnormen, in: Österreichisches Bank-Archiv, 30. Jahrgang (1982), Heft 2, S. 39 - 61.

*Gäfgen*, Gérard: (Theorie), Theorie der wirtschaftlichen Entscheidung, Untersuchungen zur Logik und Bedeutung des rationalen Handelns, 3., erweiterte und ergänzte Auflage, Tübingen 1974.

*Geiger*, Helmut: (Bankpolitik), Bankpolitik, Stuttgart - Berlin - Köln - Mainz 1975.

— (Eigenkapitalausstattung), Neue Wege für die Eigenkapitalausstattung der Sparkassen, in: Der Gemeindehaushalt, 78. Jahrgang (1977), Heft 9, S. 193 - 195.

— (Thesen), Thesen zur bankpolitischen Diskussion, in: Sparkasse, 94. Jahrgang (1977), Heft 1, S. 7 - 11.

*Geist*, Herbert: (Beteiligung), Die finanzielle Beteiligung des Genossen an der eingetragenen Genossenschaft, Reihe: Marburger Schriften zum Genossenschaftswesen, Band 56, Veröffentlichungen des Instituts für Genossenschaftswesen an der Philipps-Universität Marburg (Lahn), herausgegeben von W. *Hamm*, Göttingen 1981.

*Gerke*, Wolfgang: (Gleitklauseln), Gleitklauseln im Geld- und Kapitalverkehr, Mark=Mark?, Schriftenreihe für Kreditwirtschaft und Finanzierung, herausgegeben von Karl Friedrich *Hagenmüller*, Wolfram *Engels* und Rosemarie *Kolbeck*, Band 1, Wiesbaden 1980.

— Die Versicherung von Großkrediten — ein Eigenkapitalsurrogat für Kreditinstitute?, in: Geld, Banken und Versicherungen, Beiträge zum 1. Symposium Geld, Banken und Versicherungen an der Universität Karlsruhe vom 11. - 13. Dezember 1980, herausgegeben von Hermann *Göppl* und Rudolf *Henn*, Band II, Königstein/Ts. 1981, S. 636 - 654.

*Gessler*, Ernst: (Bankengesetzgebung), Die zukünftige Bankengesetzgebung aus der Sicht der Bankenstrukturkommission, Vortrag, gehalten auf dem niedersächsischen Sparkassenempfang zur Hannover-Messe am 22. 4. 1980, Band 9 der Schriftenreihe der Norddeutschen Landesbank/Girozentrale, o. O. (Hannover) o. J. (1980).

*Gestrich*, Hans: (Kredit), Kredit und Sparen, herausgegeben von Walter *Eucken*, dritte durchgesehene Auflage, Düsseldorf und München 1957.

*Grunwald*, Jorg-Günther und *Jokl*, Stefan: (Wettbewerb), Wettbewerb und Eigenkapital in der deutschen Kreditwirtschaft unter besonderer Berücksichtigung des Sparkassensektors, mit einem Vorwort des Herausgebers, Reihe: Untersuchungen über das Spar-, Giro- und Kreditwesen, Abteilung A: Wirtschaftswissenschaft, Schriften des Instituts für das Spar-, Giro- und Kreditwesen an der Universität Bonn, herausgegeben von Fritz *Voigt*, Band 100, Berlin 1978.

*Güde*, Udo: Wozu externes Eigenkapital für Sparkassen?, Nr. 27/28 der Gelben Reihe des Instituts für internationales Recht des Spar-, Giro- und Kreditwesens an der Johannes Gutenberg-Universität Mainz, Teil II, Mainz 1978, S. 68 - 87.

— (Geschäftspolitik), Geschäftspolitik der Sparkassen, Grundlagen und aktuelle Probleme, dritte, neu bearbeitete und erweiterte Auflage, Stuttgart 1981.

*Hadding*, Walter und *Schneider*, Uwe H.: (Haftkapital), Nachrangiges Haftkapital bei Kreditinstituten in ausländischen Rechtsordnungen, Eine rechtsvergleichende Untersuchung, in: Sparkasse, 94. Jahrgang (1977), Heft 11, S. 390 - 409.

*Häberle*, Siegfried Georg: (Risiko), Risiko als zielbezogenes Phänomen, Eine Untersuchung über die Kriterien für eine systematische Erfassung des betrieblichen Risikokomplexes unter besonderer Berücksichtigung des Risikos von Bankbetrieben, Dissertation Tübingen 1979.

*Hagenmüller*, Karl Fr.: (Bankbetrieb I), Der Bankbetrieb, Band I, Strukturlehre — Kapitalbeschaffung der Kreditinstitute, vierte überarbeitete Auflage, Wiesbaden 1976.

— (Kreditwürdigkeitsprüfung), Artikel: Kreditwürdigkeitsprüfung, in: Handwörterbuch der Finanzwirtschaft, herausgegeben von Hans E. *Büschgen*, unter Mitarbeit von zahlreichen Fachgelehrten und Experten aus Wissenschaft und Praxis, Enzyklopädie der Betriebswirtschaftslehre, Band VI, Stuttgart 1976, Sp. 1224 - 1234.

— (Bankbetrieb III), Der Bankbetrieb, Band III, Rechnungswesen — Bankpolitik, vierte, überarbeitete Auflage, Wiesbaden 1977.

*Hahn,* Oswald: (Problematik), Die Problematik des Haftsummenzuschlags, in: Zeitschrift für das gesamte Genossenschaftswesen, 29. Band (1979), S. 55 bis 57.

*Hankel,* Wilhelm: (Währungspolitik), Währungspolitik, Geldwertstabilisierung, Währungsintegration und Sparerschutz, Stuttgart 1971.

*Hartmann,* Bernhard: (Bankbetriebsanalyse), Bankbetriebsanalyse, Freiburg i. Br. 1962.

*Hartmann,* Manfred: (Ökonomische Aspekte), Ökonomische Aspekte der Reform des KWG, Ergebnisse eines Forschungsprojekts des Instituts für das Spar-, Giro- und Kreditwesen an der Universität Bonn, Forschungsberichte Band 3, herausgegeben von der Gesellschaft zur Förderung der wissenschaftlichen Forschung über das Spar- und Girowesen e. V., Stuttgart 1977.

*Hein,* Manfred: (Geldmarktgeschäfte), Die internationalen Geldmarktgeschäfte westdeutscher Banken, Reihe: Wirtschaftswissenschaftliche Abhandlungen, Volks- und betriebswirtschaftliche Schriftenreihe der Wirtschafts- und Sozialwissenschaftlichen Fakultät der Freien Universität Berlin, herausgegeben von Erich *Kosiol* und Andreas *Paulsen,* Heft 23, Berlin 1966.

— Einführung in die Bankbetriebslehre, Reihe: Vahlens Handbücher der Wirtschafts- und Sozialwissenschaften, München 1981.

*Heinen,* Edmund: (Handelsbilanzen), Handelsbilanzen, neunte, verbesserte und erweiterte Auflage, Wiesbaden 1980.

*Henke,* Joachim: (Novelle), Die Novelle zum Kreditwesengesetz, in: Der Betrieb, 29. Jahrgang (1976), Heft 11, S. 517 - 522.

*Herrmann,* Armin: (Geldmarktgeschäfte), Die Geldmarktgeschäfte, mit einem Vorwort von Karl *Scheidl,* 2. unveränderte Auflage, Frankfurt am Main 1980.

*Hintner,* Otto: (Liquiditätsproblem), Zum Liquiditätsproblem der Geschäftsbanken, in: Der Betrieb in der Unternehmung, Festschrift für Wilhelm *Rieger* zu seinem 85. Geburtstag, herausgegeben von Johannes *Fettel* und Hanns *Linhardt,* Stuttgart 1963, S. 396 - 421.

*Höfermann,* Friedhelm: (Geldmarkt), Geldmarkt und Geldmarktgeschäfte, mit einem Vorwort von [Heinrich] *Rittershausen,* Reihe: Veröffentlichungen des Bank- und Börsenseminars der Universität Köln, herausgegeben von Fritz *Höfermann* und [Heinrich] *Rittershausen,* Band IV, Frankfurt am Main 1959.

*Hoffmann,* Horst: (Dispositionsregeln), Dispositionsregeln zur Solvenzsicherung von Depositenbanken, Dissertation Saarbrücken 1967.

*Hoffmann,* Josef: (Wettbewerb), Wettbewerb im Kreditwesen, Um die Startgleichheit der öffentlichen Sparkassen, in: Sparkasse, 73. Jahrgang (1956), Heft 12, S. 183 - 186.

*Holdijk,* Rudolf: (Eigenkapitalprobleme), Die Eigenkapitalprobleme der deutschen Sparkassen, Kriterien und Realisationsmöglichkeiten einer angemessenen Eigenkapitalausstattung, Band 22 der Schriftenreihe des Instituts für Kreditwesen der Westfälischen Wilhelms-Universität Münster, herausgegeben von Ludwig *Mülhaupt,* Wiesbaden 1979.

*Hornbach,* Friedrich: (Bonitäts- und Solvenzsicherung), Bonitäts- und Solvenzsicherung öffentlich-rechtlicher Sparkassen als Mittel des Gläubigerschutzes, Eine Entwicklungsanalyse hoheitlicher Sicherungskonzeptionen, Dissertation Mannheim 1973.

— (Garantiefunktion), Zur Garantiefunktion der Trägerkörperschaften öffentlich-rechtlicher Sparkassen, in: Wirtschaftspolitik in Theorie und Praxis, Hans Georg *Schachtschabel* zum 65. Geburtstag gewidmet, mit Beiträgen von Peter *Baumeister,* Andreas von *Bülow* u. a., herausgegeben von Eduard *Mändle,* Alex *Möller* und Fritz *Voigt,* Wiesbaden 1979, S. 315 bis 325.

*Jarchow,* Hans-Joachim: (Liquiditätsproblem), Theoretische Studien zum Liquiditätsproblem, Reihe: Kieler Studien, Forschungsberichte des Instituts für Weltwirtschaft an der Universität Kiel, herausgegeben von Erich *Schneider,* Band 75, Tübingen 1966.

— (Theorie), Theorie und Politik des Geldes, II. Geldmarkt, Bundesbank und geldpolitisches Instrumentarium, 3., überarbeitete und erweiterte Auflage, Göttingen 1979.

*Kartsaklis,* Georg A. B.: (Kreditangebot), Theoretische Untersuchungen zum mikro- und makroökonomischen Kreditangebot, Ein Beitrag zur Wirtschaftstheorie, Reihe: Untersuchungen über das Spar-, Giro- und Kreditwesen, Schriften des Instituts für das Spar-, Giro- und Kreditwesen an der Universität Bonn, herausgegeben von Fritz *Voigt,* Band 48, Berlin 1970.

*Klein,* Richard R.: (Schuldenpolitik), Kommunale Schuldenpolitik, mit einem Vorwort von Karl-Heinrich *Hansmeyer,* Reihe: Schriften des Deutschen Instituts für Urbanistik, Band 61, Stuttgart - Berlin - Köln - Mainz 1977.

*Köhler,* Claus: (Bankenaufsicht), Bankenaufsicht in der Gegenwart, in: Zeitschrift für das gesamte Kreditwesen, 31. Jahrgang (1978), Heft 1, S. 18 - 22.

*Könnecker,* Wilhelm: (Eigenkapital), Das Eigenkapital der Kreditinstitute unter der Lupe der Bankenaufsicht, in: Zeitschrift für das gesamte Kreditwesen, 18. Jahrgang (1965), Heft 3, S. 94 - 96.

*Köppen,* Joachim von: (Eigenkapital), Das Eigenkapital der Kreditinstitute, Band 7 der Schriftenreihe für Kreditwirtschaft und Finanzierung, herausgegeben von K. F. *Hagenmüller,* Wiesbaden 1966.

*Kreim,* Erwin: Finanzplanung und Kreditentscheidung, Wiesbaden 1977.

*Krelle,* Wilhelm (unter Mitarbeit von *Coenen,* Dieter): (Präferenz- und Entscheidungstheorie), Präferenz- und Entscheidungstheorie, Tübingen 1968.

*Kremkow,* Klaus-Dieter: (Grundlagen), Grundlagen bankbetrieblicher Rechnungslegung, Bilanzaufgaben und -vorschriften einer zukunftsbezogenen an den Interessen der Adressaten orientierten Rechnungslegung von Bankbetrieben, Reihe: Schriften zum Bank- und Börsenwesen, Band 4, Berlin 1980.

*Kreyszig,* Erwin: (Statistische Methoden), Statistische Methoden und ihre Anwendungen, 7. Auflage, Göttingen 1979.

*Krümmel,* Hans-Jacob: (Bewertung), Zur Bewertung im Kreditstatus, in: Zeitschrift für handelswissenschaftliche Forschung, Neue Folge, 14. Jahrgang (1962), S. 137 - 151.

— (Bankzinsen), Bankzinsen, Untersuchungen über die Preispolitik von Universalbanken, Schriftenreihe: Annales Universitatis Saraviensis, Rechts- und Wirtschaftswissenschaftliche Abteilung, Heft 11, Köln - Berlin - Bonn - München 1964.

— (Finanzierungsrisiken), Finanzierungsrisiken und Kreditspielraum, in: Zeitschrift für Betriebswirtschaft, 36. Jahrgang (1966), 1. Ergänzungsheft, S. 134 - 157.

— (Liquiditätssicherung I), Liquiditätssicherung im Bankwesen, Teil I: Gewerbepolizeiliche Liquiditätssicherung im Bankwesen, in: Kredit und Kapital, 1. Jahrgang (1968), Heft 3, S. 247 - 307.

— (Liquiditätssicherung II), Liquiditätssicherung im Bankwesen, Teil II: Liquiditätssicherung als Teil der Unternehmenspolitik der Banken, in: Kredit und Kapital, 2. Jahrgang (1969), Heft 1, S. 60 - 110.

— (Bankpolitische Normen), Bankpolitische Normen und ihre Wirkungen auf das Bankgeschäft, in: Kredit und Kapital, 8. Jahrgang (1975), Heft 4, S. 524 - 548.

— (Finanzpolitik), Artikel: Finanzpolitik, betriebliche, in: Handwörterbuch der Betriebswirtschaft, vierte, völlig neu gestaltete Auflage, herausgegeben von Erwin *Grochla* und Waldemar *Wittmann*, Enzyklopädie der Betriebswirtschaftslehre, Band I/1, Stuttgart 1975, Sp. 1483 - 1495.

— (Kreditrisiko), Die Begrenzung des Kreditrisikos im Kreditwesengesetz aus der Sicht der Kredittheorie, in: Österreichisches Bank-Archiv, 24. Jahrgang (1976), Heft 5, S. 181 - 199.

— (Bankbeteiligungen), Bankbeteiligungen oder über eine nützliche Anstrengung des Begriffs, in: Österreichisches Bank-Archiv, 26. Jahrgang (1978), Heft 4, S. 114 - 128.

— (Liquidität), Artikel: Liquidität, im Handwörterbuch der Wirtschaftswissenschaft, zugleich Neuauflage des ‚Handwörterbuch der Sozialwissenschaften', herausgegeben von W. *Albers*, K. E. *Born* u. a., 13. Lieferung, Stuttgart - Tübingen - Göttingen 1978, S. 47 - 54.

— (Perspektiven), Perspektiven des Wertpapiergeschäftes, in: Kredit und Kapital, 11. Jahrgang (1978), Heft 1, S. 109 - 138.

— (Bankpolitik), Öffentliche Bankpolitik und Wirtschaftsforschung, Reihe: Mitteilungen aus dem Institut für das Spar-, Giro- und Kreditwesen an der Universität Bonn, Nummer 4, o. O. (Bonn) 1980.

*Kübler*, Bruno M.: (Insolvenzen), Die deutschen Nachkriegsinsolvenzen im Bankensektor, Chronik-Ursachenanalyse-Konsequenzen, in: Betriebswirtschaftliche Forschung und Praxis, 27. Jahrgang (1975), Heft 2, S. 162 bis 178.

*Kurze*, Thomas: (Eigenkapitalausstattung), Probleme und Verbesserungsmöglichkeiten der Eigenkapitalausstattung kommunaler Sparkassen, Dissertation Aachen 1977.

*Lambsdorff*, Otto Graf: (Überlegungen), Überlegungen zur Bankpolitik, in: Sparkasse, 93. Jahrgang (1976), Heft 5, S. 167 - 170.

*Lang / Weidmüller:* Genossenschaftsgesetz (Gesetz, betreffend die Erwerbs- und Wirtschaftsgenossenschaften), Kommentar, Dreißigste Auflage, bearbeitet von Horst *Baumann*, Egon *Metz* und Wolfgang *Kessel*, Sammlung Guttentag, Berlin - New York 1974.

*Larenz*, Karl: (Schuldrecht), Lehrbuch des Schuldrechts, Erster Band: Allgemeiner Teil, zwölfte, neubearbeitete Auflage, München 1979.

*Lehmann*, Fritz: (Mechanismus), Der Mechanismus des deutschen Geldmarktes, in: Festschrift für Eugen *Schmalenbach*, Leipzig 1933, S. 213 bis 244.

*Licht*, Wolfgang: (Haftsummenzuschlag), Zum Haftsummenzuschlag, in: Zeitschrift für das gesamte Kreditwesen, 33. Jahrgang (1980), Heft 18, S. 860 bis 863.

*Lipfert,* Helmut: (Geldmarkt), Der Geldmarkt, mit Euro-Geldmarkt, 8., völlig neu bearbeitete Auflage, Taschenbücher für Geld, Bank und Börse, Band I, herausgegeben von Ph. *Möhring* und Hch. *Rittershausen,* Frankfurt/Main 1975.

*Lucius,* Otto: (Novellierung), Zur Novellierung des Kreditwesengesetzes, in: Österreichisches Bank-Archiv, 29. Jahrgang (1981), Heft 4, S. 133 - 140.

*Lutz,* Friedrich A.: (Geldverfassung), Das Grundproblem der Geldverfassung, in: Geld und Währung, Gesammelte Abhandlungen von Friedrich A. *Lutz,* Reihe: Wirtschaftswissenschaftliche und wirtschaftsrechtliche Untersuchungen, Band I, herausgegeben von Karl Friedrich *Maier,* Tübingen 1962, S. 28 - 102.

*Lwowski,* Hans-Jürgen: (Kreditsicherheiten), Kreditsicherheiten, Grundzüge für Studium und Praxis, 3., überarbeitete Auflage, Reihe: Recht der Wirtschaft, herausgegeben von P. *Erlinghagen,* Berlin 1978.

*Markowitz,* Harry M.: (Portfolio Selection), Portfolio Selection, Efficient Diversification of Investments, Cowles Foundation for Research in Economics at Yale University, Monographs 16, New York, London 1959.

*Mathias,* Helmut: (Kreditstreuung), Die Problematik der Kreditstreuung im Lichte der Risiko-, Liquiditäts- und Ertragspolitik der Geschäftsbanken, in: Österreichisches Bank-Archiv, 13. Jahrgang (1965), Heft 10, S. 310 bis 320.

*Meithner,* Karl: (Bilanzen), Die Bilanzen der Bankunternehmungen, in: Die Bilanzen der Unternehmungen, Festgabe für Julius *Ziegler,* herausgegeben von Karl *Meithner,* unter Mitarbeit von K. *Banse,* O. *Baron* u. a., II. Band: Sonderbilanzen und Bilanzrevision, Berlin - Wien o. J.

*Menrad,* Siegfried: (Kostenbegriff), Der Kostenbegriff, Eine Untersuchung über den Gegenstand der Kostenrechnung, Reihe: Betriebswirtschaftliche Schriften, Heft 16, Berlin 1965.

— (Rechnungswesen), Rechnungswesen, Reihe: Betriebswirtschaftslehre im Grundstudium der Wirtschaftswissenschaft, Band 4, Göttingen 1978.

— (Zinsen), Artikel: Zinsen, in: Handwörterbuch des Rechnungswesens, zweite, völlig neu gestaltete Auflage, herausgegeben von Erich *Kosiol,* Klaus *Chmielewicz* und Marcell *Schweitzer,* unter Mitarbeit von zahlreichen Fachgelehrten und Experten aus Wissenschaft und Praxis, Enzyklopädie der Betriebswirtschaftslehre, Band III, Stuttgart 1981, Sp. 1844 bis 1854.

*Meyer-Köster,* Jürgen: Die Sonderstellung der Sparkassen im Wettbewerb, Reihe: Marburger Schriften zum Genossenschaftswesen, Band 51, Veröffentlichungen des Instituts für Genossenschaftswesen an der Philipps-Universität Marburg (Lahn), herausgegeben von W. *Hamm,* Göttingen 1979.

*Möhring,* Philipp: Die Lehren des Falles des Bankhauses Herstatt, in: Österreichisches Bank-Archiv, 22. Jahrgang (1974), Heft 12, S. 382 - 390.

*Möschel,* Wernhard: (Wirtschaftsrecht), Das Wirtschaftsrecht der Banken, Die währungs-, bankaufsicht-, kartell- und EWG-rechtliche Sonderstellung der Kreditinstitute, Reihe: Wirtschaftsrecht und Wirtschaftspolitik, in Verbindung mit Kurt *Biedenkopf* und Erich *Hoppmann,* herausgegeben von Ernst-Joachim *Mestmäcker,* Band 29, Frankfurt am Main 1972.

— Bankenrecht und Wirtschaftsordnung, in: Betriebs-Berater, 30. Jahrgang (1975), Heft 23, S. 1025 - 1030.

*Mülhaupt,* Ludwig: (Umsatzplanung), Umsatz-, Kosten- und Gewinnplanung einer Kreditbank, Ansatzpunkte einer theoretischen Bankbetriebslehre, in: Zeitschrift für handelswissenschaftliche Forschung, Neue Folge, 8. Jahrgang (1956), Heft 1, S. 7 - 74.

— (§ 12 KWG), § 12 KWG: Solvabilitäts- und (oder) Finanzierungsregel?, in: Zeitschrift für das gesamte Kreditwesen, 32. Jahrgang (1979), Heft 22, S. 1086 - 1094.

— (Einführung), Einführung in die Betriebswirtschaftslehre der Banken, Struktur und Grundprobleme des Bankbetriebs und des Bankwesens in der Bundesrepublik Deutschland, dritte, überarbeitete Auflage, Wiesbaden 1980.

— (Bankenkrise), Von der Bankenkrise 1931 zur Bankenaufsicht 1981, in: Schmalenbachs Zeitschrift für betriebswirtschaftliche Forschung, 34. Jahrgang (1982), Heft 5, S. 435 - 455.

*Mülhaupt,* Ludwig und *Küllmer,* Hermann: (Entscheidungsfindung), Probleme der Entscheidungsfindung im Bankbetrieb, in: Kredit und Kapital, 4. Jahrgang (1971), Heft 2, S. 171 - 194.

*Müller,* Werner A.: (§ 12 KWG), Nochmals: Zur Interpretation des § 12 KWG, in: Zeitschrift für das gesamte Kreditwesen, 33. Jahrgang (1980), Heft 8, S. 332 - 336.

— (Abgrenzung), Zur Abgrenzung des haftenden Eigenkapitals von Kreditinstituten, in: Zeitschrift für Betriebswirtschaft, 51. Jahrgang (1981), Nummer 3, S. 283 - 289.

— (Bankenaufsicht), Bankenaufsicht und Gläubigerschutz, Eine Analyse von Regulierungs- und Aufsichtsvorschriften für Kreditinstitute, Reihe: Studien zum Bank- und Börsenrecht, herausgegeben von Ulrich *Immenga,* Band 6, Baden-Baden 1981.

— (Novellierung), Aspekte einer Novellierung des Kreditwesengesetzes in der Bundesrepublik Deutschland, in: Österreichisches Bank-Archiv, 29. Jahrgang (1981), Heft 10, S. 364 - 375.

— Stille Reserven und direkte Einlagensicherung, in: Zeitschrift für das gesamte Kreditwesen, 34. Jahrgang (1981), Heft 15, S. 672 - 676.

*Nicklisch,* Fritz: (Rechtsfragen), Rechtsfragen der Einlagensicherung im Kreditgewerbe, Frankfurt am Main 1979.

*Oberbeckmann,* Hans-Ludwig: (Eigenkapitalausstattung), Eigenkapitalausstattung der Sparkassen — Novellierung des KWG und des Steuerrechts —, in: Kommunalwirtschaft, Jahrgang 1980, Heft 12, S. 357 - 360.

*Oebbecke,* Janbernd: (Eigenkapitalausstattung), Rechtsfragen der Eigenkapitalausstattung der kommunalen Sparkassen, Reihe: Schriften zum deutschen Kommunalrecht, herausgegeben von Christian-Friedrich *Menger* und Albert *von Mutius,* in Verbindung mit dem Kommunalwissenschaftlichen Institut der Universität Münster, Band 20, Siegburg 1980.

— (Anstaltslast), Keine Anstaltslast bei den kommunalen Sparkassen, in: Zeitschrift für das gesamte Kreditwesen, 35. Jahrgang (1982), Heft 2, S. 60 - 61.

*ohne Verfasser:* (Grundsätze), Die Grundsätze über das Eigenkapital und die Liquidität der Kreditinstitute gemäß §§ 10 und 11 des Gesetzes über das Kreditwesen, in: Monatsberichte der Deutschen Bundesbank, 14. Jahrgang (1962), Nummer 3, S. 3 - 17.

— Änderung des Grundsatzes für die Angemessenheit des Eigenkapitals der Kreditinstitute, in: Monatsberichte der Deutschen Bundesbank, 16. Jahrgang (1964), Nummer 12, S. 14 - 19.

— (Neufassung), Die Neufassung der ‚Grundsätze über das Eigenkapital und die Liquidität der Kreditinstitute' gemäß §§ 10 und 11 des Gesetzes über das Kreditwesen, in: Monatsberichte der Deutschen Bundesbank, 21. Jahrgang (1969), Nummer 3, S. 37 - 43.

— (Geldwertsicherungsklauseln), Geldwertsicherungsklauseln, Überblick zur Genehmigungspraxis der Deutschen Bundesbank, in: Monatsberichte der Deutschen Bundesbank, 23. Jahrgang (1971), Nummer 4, S. 25 - 29.

— Die Sofortnovelle zum Kreditwesengesetz, in: Monatsberichte der Deutschen Bundesbank, 28. Jahrgang (1976), Nummer 7, S. 18 - 23.

*Peffekoven*, Rolf: (Finanzausgleich I), Artikel: Finanzausgleich I, in: Handwörterbuch der Wirtschaftswissenschaft, zugleich Neuauflage des ‚Handwörterbuch der Sozialwissenschaften', herausgegeben von W. *Albers*, K. E. *Born* u. a., Stuttgart - Tübingen - Göttingen 1980, S. 608 - 636.

*Pfleiderer*, Otto: (Nominalprinzip), Der Sinn des Nominalprinzips und seine Bedeutung für das Rechts- und Wirtschaftsleben, in: Das Inflationsproblem heute — Stabilisierung oder Anpassung, Bericht über den wissenschaftlichen Teil der 37. Mitgliederversammlung der Arbeitsgemeinschaft deutscher wirtschaftswissenschaftlicher Forschungsinstitute e. V. in Bonn-Bad Godesberg am 9. und 10. Mai 1974, Reihe: Beihefte der Konjunkturpolitik, Heft 21, Berlin 1974, S. 78 - 96.

*Philipp*, Fritz: (Risiko), Risiko und Risikopolitik, Sammlung Poeschel, Betriebswirtschaftliche Studienbücher, begründet von Hans *Seischab*, Reihe I: Grundlagen, Stuttgart 1967.

*Philipp*, Fritz, *Berger*, Karl-Heinz u. a.: (Bestimmung), Zur Bestimmung des ‚haftenden Eigenkapitals' von Kreditinstituten, Stellungnahme einer Professoren-Arbeitsgruppe zum Bericht der Studienkommission ‚Grundsatzfragen der Kreditwirtschaft' (Schriftenreihe des Bundesministeriums der Finanzen, Heft 28, S. 197 ff. bzw. 345 ff.), Frankfurt am Main 1981.

*Reischauer / Kleinhans:* Kreditwesengesetz (KWG), Loseblattkommentar für die Praxis nebst sonstigen bank- und sparkassenrechtlichen Aufsichtsgesetzen sowie ergänzenden Vorschriften, begründet von Friedrich *Reischauer* und Joachim *Kleinhans*, bearbeitet von Joachim *Kleinhans*, Heinz E. *Meyer* und Walter *Neuhaus*, 2 Bände, Berlin 1963 ff.

*Rudolph*, Bernd: (Einlegerschutzvorschriften), Einlegerschutzvorschriften für Kreditinstitute im Richtlinienentwurf der Kommission der Europäischen Gemeinschaften, in: Kredit und Kapital, 7. Jahrgang (1974), Heft 3, S. 341 bis 363.

— (Kreditvergabeentscheidung), Die Kreditvergabeentscheidung der Banken, Der Einfluß von Zinsen und Sicherheiten auf die Kreditgewährung, Reihe: Beiträge zur betriebswirtschaftlichen Forschung, herausgegeben von Horst *Albach*, Herbert *Hax* u. a., Band 40, Opladen 1974.

— (Risikoplanung), Betriebswirtschaftliche Überlegungen bei der Risikoplanung im Kreditgeschäft der Banken, in: Der Volks- und Betriebswirt, 46. Jahrgang (1976), Heft 12, S. 261 - 265.

— (Zinsänderungsrisiken), Zinsänderungsrisiken und die Strategie der durchschnittlichen Selbstliquidationsperiode, in: Kredit und Kapital, 12. Jahrgang (1979), Heft 2, S. 181 - 206.

— (Duration), Duration: Eine Kennzahl zur Beurteilung der Zinsempfindlichkeit von Vermögensanlagen, in: Zeitschrift für das gesamte Kreditwesen, 34. Jahrgang (1981), Heft 4, S. 137 - 140.

— (Immunisierung), Eine Strategie zur Immunisierung der Portefeuilleentnahmen gegen Zinsänderungsrisiken, in: Schmalenbachs Zeitschrift für betriebswirtschaftliche Forschung, 33. Jahrgang (1981), Heft 1, S. 22 - 35.

— (Kreditsicherheiten), Können die Banken ihre Kreditsicherheiten ‚vergessen'?, Reihe: Beiträge zur betriebswirtschaftlichen Kapitaltheorie, Nummer 5, Frankfurt am Main 1981.

— (Planungs- und Kontrollrechnungen), Planungs- und Kontrollrechnungen zur Begrenzung von Zinsänderungsrisiken, Reihe: Beiträge zur betriebswirtschaftlichen Kapitaltheorie, Nr. 2, Frankfurt am Main 1981.

*Samm*, Carl-Theodor: (Novellierung), Zur Novellierung des Kreditwesengesetzes, Konsequenzen aus dem Herstatt-Debakel, in: Österreichisches Bank-Archiv, 24. Jahrgang (1976), Heft 8, S. 308 - 322.

*Sandig*, Curt und *Köhler*, Richard: (Finanzen), Finanzen und Finanzierung der Unternehmung, 3., vollständig überarbeitete und erweiterte Auflage, Sammlung Poeschel, Nr. 55, Stuttgart 1979.

*Schäfer*, Erich: (Unternehmung), Die Unternehmung, Einführung in die Betriebswirtschaftslehre, 10., durchgesehene Auflage, Wiesbaden 1980

*Schaich*, Eberhard, *Köhle*, Dieter u. a.: (Statistik I), Statistik I für Volkswirte, Betriebswirte und Soziologen, 2., überarbeitete Auflage, Reihe: WiSo-Kurzlehrbücher, München 1979.

*Scheidl*, Karl: Zum Problem bankbetrieblicher Dispositionsregeln, in: Dienstleistungen in Theorie und Praxis, herausgegeben von Hanns *Linhardt*, Peter *Penzkofer* und Peter *Scherpf*, Otto *Hintner* zum siebzigsten Geburtstag, Stuttgart 1970, S. 161 - 179.

— (Geld- und Kapitalmarkt), Artikel: Geld- und Kapitalmarkt und Betrieb, in: Handwörterbuch der Betriebswirtschaft, vierte, völlig neu gestaltete Auflage, herausgegeben von Erwin *Grochla* und Waldemar *Wittmann*, Enzyklopädie der Betriebswirtschaftslehre, Band I/1, Stuttgart 1974, Sp. 1613 - 1622.

*Schierenbeck*, Henner: (Mehrfachnutzung), Die Mehrfachnutzung von haftendem Eigenkapital bei Bankkonzernen, in: Die Bank, Jahrgang 1982, Nummer 4, S. 150 - 158.

*Schlierbach*, Helmut: (Anstaltslast), Anstaltslast und Gewährträgerhaftung, in: Kommunalwirtschaft, Jahrgang 1975, Heft 12, S. 447 - 454.

— (Sparkassenrecht), Das Sparkassenrecht in der Bundesrepublik Deutschland und Berlin West, Stuttgart 1981.

*Schlüter*, Joachim R.: (Studien), Studien zum Problem der bankbetrieblichen Sicherheit, Dissertation Göttingen 1970.

*Schmalenbach*, Eugen: (Kapital), Kapital, Kredit und Zins in betriebswirtschaftlicher Beleuchtung, 4. verbesserte und erweiterte Auflage, bearbeitet von Richard *Bauer*, Köln und Opladen 1961.

*Schmidt*, Dirk: Die Grundsätze des Bundesaufsichtsamtes über das Eigenkapital und die Liquidität der Kreditinstitute, in: Sparkasse, 79. Jahrgang (1962), Heft 9, S. 131 - 134.

— (Änderung), Die Änderung der Grundsätze über das Eigenkapital und die Liquidität der Kreditinstitute, in: Sparkasse, 82. Jahrgang (1965), Heft 1, S. 11 - 14.

— Die Novelle zum Kreditwesengesetz, in: Zeitschrift für das gesamte Kreditwesen, 29. Jahrgang (1976), Heft 5, S. 171 - 178.

— (Einlagensicherung), Einlagensicherung im deutschen Kreditgewerbe, Sparkassenheft 60, Stuttgart 1977.

— (Haftkapital I), Das nachrangige Haftkapital, in: Sparkasse, 94. Jahrgang (1977), Heft 3, S. 79 - 84.

— (Haftkapital II), Nachrangiges Haftkapital auch in der Bundesrepublik?, in: Zeitschrift für das gesamte Kreditwesen, 30. Jahrgang (1977), Heft 22, S. 1110 - 1114.

— (Anstaltslast), Die Anstaltslast als Aufgabenlast, in: Zeitschrift für das gesamte Kreditwesen, 34. Jahrgang (1981), Heft 17, S. 762 - 769.

— Nachrangiges Haftkapital für die Öffentlich-rechtlichen?, in: Zeitschrift für das gesamte Kreditwesen, 34. Jahrgang (1981), Heft 4, S. 124 - 130.

— Der Kampf um Eigenkapital, in: Zeitschrift für das gesamte Kreditwesen, 35. Jahrgang (1982), Heft 4, S. 130 - 134.

*Schmidt*, Hartmut: (Liquidität), Liquidität von Finanztiteln als integrierendes Konzept der Bankbetriebslehre, in: Zeitschrift für Betriebswirtschaft, 49. Jahrgang (1979), Heft 8, S. 710 - 722.

— (Marktzinsrisiken), Wege zur Ermittlung und Beurteilung der Marktzinsrisiken von Banken, in: Kredit und Kapital, 14. Jahrgang (1981), Heft 3, S. 249 - 286.

*Schmölders*, Günter: (Gemeinden), ‚Finanzstarke‘ und ‚finanzschwache‘ Gemeinden, Zur Frage der Typisierung kommunaler Gebilde nach finanzwirtschaftlichen Strukturmerkmalen, in: Archiv für Kommunalwissenschaften, 4. Jahrgang (1965), Heft 1, S. 30 - 46.

*Schneider*, Erich: (Wirtschaftstheorie), Einführung in die Wirtschaftstheorie, III. Teil, Geld, Kredit, Volkseinkommen und Beschäftigung, 12., um einen Anhang erweiterte Auflage, Tübingen 1973.

*Schneider*, Manfred: Praxis der Bankenaufsicht, Reihe: Taschenbücher für Geld, Bank und Börse, Band 57, herausgegeben von Ph. *Möhring* und Hch. *Rittershausen*, Frankfurt am Main 1978.

*Schneider*, Uwe H.: (Bankenaufsicht), Bankenaufsicht im Konzern, in: Wertpapier-Mitteilungen, 32. Jahrgang (1978), Nummer 46, S. 1250 - 1267.

– (Öffentlicher Auftrag), Öffentlicher Auftrag und aufsichtsrechtliches Eigenkapital bei Sparkassen, in: Zeitschrift für das gesamte Kreditwesen, 35. Jahrgang (1982), Heft 13, S. 582 - 590.

*Scholz*, Walter: (Zinsänderungsrisiken), Zinsänderungsrisiken im Jahresabschluß der Kreditinstitute, in: Kredit und Kapital, 12. Jahrgang (1979), Heft 4, S. 517 - 544.

*Schork:* Gesetz über das Kreditwesen, Kommentar, von Ludwig *Schork*, 2. Auflage, Köln - Berlin - Bonn - München 1976.

*Schrom*, Fritz: (Liquidität), Die Wesensbestimmung der bankbetrieblichen Liquidität und die Liquiditätsnormen im KWG, Dissertation München 1963.

*Schultze-Kimmle*, Horst-Dieter: (Ursachen), Bankexterne und -interne Ursachen von Schwierigkeiten und Insolvenzen im deutschen Kreditwesen sowie Maßnahmen zu ihrer Verhütung, in: Österreichisches Bank-Archiv, 25. Jahrgang (1977), Heft 6, S. 220 - 239.

*Schwark,* Eberhard: Anlegerschutz durch Wirtschaftsrecht, Entwicklungslinien, Prinzipien und Fortbildung des Anlegerschutzes, Zugleich ein Beitrag zur Überlagerung bürgerlich-rechtlicher Regelung und gewerbepolizeilicher Überwachung durch Wirtschaftsrecht, Reihe: Schriften des Instituts für Arbeits- und Wirtschaftsrecht der Universität zu Köln, herausgegeben von Herbert *Wiedemann,* Band 40, München 1979.

*Siebel,* Ulf R.: (Eigenkapital), Eigenkapital und Quasi-Eigenkapital von Kreditinstituten, Bemerkungen zum Thema mit rechtsvergleichenden Hinweisen, Frankfurt am Main 1980.

*Sonnentag,* Horst: (Eigenkapital), Eigenkapital und Wachstum der Kreditinstitute, Eine theoretische und empirische Analyse unter Berücksichtigung des neuen Körperschaftsteuerrechts und aufsichtsrechtlicher Anforderungen, Schriftenreihe für Kreditwirtschaft und Finanzierung, Band 3, herausgegeben von Karl Friedrich *Hagenmüller,* Wolfram *Engels* und Rosemarie *Kolbeck,* Wiesbaden 1982.

*Spiekermann,* Josef: Funktionen des Eigenkapitals bei kommunalen Sparkassen, in: Sparkasse, 97. Jahrgang (1980), Heft 2, S. 42 - 45.

*Stähr,* Hans-Christoph: Die Grundsätze über das Eigenkapital und die Liquidität von Kreditinstituten — Konzeption — Wirkungsweise — Konsequenzen, in: Sparkasse, 94. Jahrgang (1977), Heft 4, S. 126 - 137.

*Starke,* O.-Ernst: Probleme einer umfassenden Reform der Bankenaufsicht in der Bundesrepublik Deutschland, in: Die Betriebswirtschaft, 38. Jahrgang (1978), Heft 2, S. 167 - 188.

— Das Gutachten der Bankenstrukturkommission und die Kreditwirtschaft, in: Die Betriebswirtschaft, 39. Jahrgang (1979), Heft 4, S. 543 - 550.

*Stein,* Johann H. von: (Insolvenzen), Insolvenzen privater Banken und ihre Ursachen, Eine empirische Darstellung, Dissertation München 1969.

*Steinbrink,* Klaus und *Klumpp,* Hans-Jürgen: Eigenkapitalnormen und effizienter Wettbewerb, in: Zeitschrift für das gesamte Kreditwesen, 34. Jahrgang (1981), Heft 15, S. 660 - 664.

— Zur wettbewerbspolitischen Problematik aufsichtsrechtlicher Eigenkapital-Normen in der Kreditwirtschaft, in: Zeitschrift für Betriebswirtschaft, 51. Jahrgang (1981), Heft 7, S. 715 - 722.

*Strack,* Heinz: (Kreditrisiko), Beurteilung des Kreditrisikos, Erweiterung der traditionellen Kreditbewertung durch prognoseorientierte Entscheidungshilfen, Reihe: Grundlagen und Praxis des Bank- und Börsenwesens, Band 1, 2., unveränderte Auflage, Berlin 1977.

*Stucken,* Rudolf: (Liquidität), Liquidität der Banken, Reihe: Schriften der Akademie für Deutsches Recht, herausgegeben von Hans *Frank,* Gruppe Wirtschaftswissenschaft, Nummer 3, Berlin 1940.

— (Geld und Kredit), Geld und Kredit, 2., stark veränderte Auflage, Tübingen 1957.

— (Kreditpolitik), Deutsche Geld- und Kreditpolitik 1914 - 1963, 3. Auflage, Tübingen 1964.

*Stützel,* Wolfgang: (Goldene Bankregel), Ist die ‚Goldene Bankregel' eine geeignete Richtschnur für die Geschäftspolitik der Kreditinstitute?, in: Vorträge für Sparkassenprüfer, 8. - 11. September 1959 in Kiel, Stuttgart 1959, S. 34 - 51.

— (Liquidität), Artikel: Liquidität, in: Handwörterbuch der Sozialwissenschaften, zugleich Neuauflage des Handwörterbuch der Staatswissenschaften, herausgegeben von Erwin v. *Beckerath,* Hermann *Bente* u. a., sechster Band, Stuttgart - Tübingen - Göttingen 1959, S. 622 - 629.

— (Banken), Banken, Kapital und Kredit in der zweiten Hälfte des zwanzigsten Jahrhunderts, in: Strukturwandlungen einer wachsenden Wirtschaft, Schriften des Vereins für Socialpolitik, Neue Folge, Band 30/II, herausgegeben von Fritz *Neumark,* Berlin 1964, S. 527 - 575.

— (Bankpolitik), Bankpolitik heute und morgen, Ein Gutachten, zweite Auflage, Frankfurt am Main 1964.

— (Elementarkategorien), Entscheidungstheoretische Elementarkategorien als Grundlage einer Begegnung von Wirtschaftswissenschaft und Rechtswissenschaft, in: Zeitschrift für Betriebswirtschaft, 36. Jahrgang (1966), Nummer 12, S. 769 - 789.

— (Kreditpolitik), Moderne Kreditpolitik, in: Geld- und Bankpolitik, herausgegeben von Ernst *Dürr,* Reihe: Neue Wissenschaftliche Bibliothek, 28, Wirtschaftswissenschaften, 2. Auflage, Köln - Berlin 1971, S. 193 - 207.

— Artikel: Liquidität, betriebliche, in: Handwörterbuch der Betriebswirtschaft, vierte, völlig neu gestaltete Auflage, herausgegeben von Erwin *Grochla* und Waldemar *Wittmann,* Enzyklopädie der Betriebswirtschaftslehre, Band I/2, Stuttgart 1975, Sp. 2515 - 2524.

— (Wert und Preis), Artikel: Wert und Preis, in: Handwörterbuch der Betriebswirtschaft, vierte, völlig neu gestaltete Auflage, herausgegeben von Erwin *Grochla* und Waldemar *Wittmann,* Enzyklopädie der Betriebswirtschaftslehre, Band I/3, Stuttgart 1976, Sp. 4404 - 4425.

— (Mark-gleich-Mark-Prinzip), Das Mark-gleich-Mark-Prinzip und unsere Wirtschaftsordnung, Über den sogenannten Nominalismus, insbesondere im Schuld- und Steuerrecht, Reihe: Schriften zur monetären Ökonomie, herausgegeben von Dieter *Duwendag,* Band 7, Baden-Baden 1979.

*Stützer,* Rudolf: (Wertpapieranlage), Die Wertpapieranlage der Kreditinstitute, Untersuchungen am Beispiel der englischen Banken, Reihe: Untersuchungen über das Spar-, Giro- und Kreditwesen, herausgegeben von Fritz *Voigt,* Band 5, Berlin 1957.

*Süchting,* Joachim: Die Bedeutung stiller Reserven bei Kreditinstituten, in: Die Wirtschaftsprüfung, 18. Jahrgang (1965), Heft 10, S. 256 - 259.

— (Kreditangebot), Bestimmungsfaktoren des Kreditangebots, Ein Beitrag zum Faktorsystem der Bank, in: Blätter für Genossenschaftswesen, 114. Jahrgang (1968), Heft 24, S. 441 - 446.

— (Risikoüberlegungen I), Risikoüberlegungen bei der Kreditfinanzierung von Unternehmen (I), in: Bankinformation, 3. Jahrgang (1976), Heft 2, S. 20 - 27.

— (Risikoüberlegungen II), Risikoüberlegungen bei der Kreditfinanzierung von Unternehmen (II), in: Bankinformation, 3. Jahrgang (1976), Heft 3, S. 20 - 24.

— (Eigenkapitallücke), Besteht bei Kreditinstituten eine Eigenkapitallücke?, in: Unternehmungsverfassung als Problem der Betriebswirtschaftslehre, herausgegeben von Kurt *Bohr,* Jochen *Drukarczyk* u. a., Wissenschaftliche Tagung des Verbandes der Hochschullehrer für Betriebswirtschaft in Regensburg 1981, Berlin - Bielefeld - München 1981, S. 603 - 643.

— (Eigenkapitalproblematik), Die aktuelle Eigenkapitalproblematik der Kreditinstitute, in: Das Eigenkapital der Kreditinstitute als historisches und aktuelles Problem, 6. Symposium zur Bankgeschichte am 24. Oktober 1980, Fünftes Beiheft zum ‚Bankhistorischen Archiv', Frankfurt/Main 1981, S. 31 - 48.

— (Scheinargumente), Scheinargumente in der Diskussion um stille Reserven bei Kreditinstituten, in: Die Betriebswirtschaft, 41. Jahrgang (1981), Heft 2, S. 207 - 220.

— Zum Problem des ‚angemessenen' Eigenkapitals von Kreditinstituten, in: Schmalenbachs Zeitschrift für betriebswirtschaftliche Forschung, 34. Jahrgang (1982), Heft 5, S. 397 - 415.

*Szagunn / Neumann / Wohlschieß:* Gesetz über das Kreditwesen in der Fassung vom 3. Mai 1976, Kommentar, erläutert von Volkhard *Szagunn*, Walter *Neumann* und Karl *Wohlschieß*, dritte, völlig neubearbeitete Auflage, Stuttgart - Berlin - Köln - Mainz 1976.

*Szagunn*, Volkhard und *Voigt*, Heinz: (Einlagensicherung), Einlagensicherung in der Kreditwirtschaft, Frankfurt am Main 1966.

*Tichy*, Bruno: Probleme der Eigenkapitalausstattung von Kreditinstituten, in: Österreichisches Bank-Archiv, 28. Jahrgang (1980), Heft 12, S. 418 - 433.

*Tiedeken*, Hans und *Rehm*, Franz-Karl: Das Eigenkapital der Sparkassen als Grundlage ihrer Geschäftstätigkeit aus der kommunalen Sicht, in: Kommunalwirtschaft, Jahrgang 1979, Heft 12, S. 7 - 12.

*Timm*, Herbert: (Gemeindefinanzpolitik), Gemeindefinanzpolitik in den Wachstumszyklen, Zugleich eine Analyse der sog. Parallelpolitik, in: Finanzarchiv, Neue Folge, Band 28 (1969), Heft 3, S. 441 - 459.

*Tochtermann*, Axel: (Haftsummenzuschlag), Der Haftsummenzuschlag der Kreditgenossenschaften als haftendes Eigenkapital im Sinne des KWG, Eine Untersuchung seiner gesellschaftsrechtlichen, aufsichtsrechtlichen und wettbewerbspolitischen Bedeutung, Reihe: Marburger Schriften zum Genossenschaftswesen, Band 53, Veröffentlichungen des Instituts für Genossenschaftswesen an der Philipps-Universität Marburg (Lahn), herausgegeben von W. *Hamm*, Göttingen 1980.

*Viehoff*, Felix: (Eigenkapitalausstattung), Eigenkapitalausstattung und Haftsummenzuschlag bei den Genossenschaftsbanken, in: Zeitschrift für das gesamte Genossenschaftswesen, Band 30 (1980), Heft 3, S. 207 - 217.

*Voigt*, Heinz: (Depositenschutz), Schutz der Bankdepositen, Eigenarten der Sicherung von Einlagen bei Kreditinstituten, Dissertation Frankfurt/Main 1962.

*Vormbaum*, Herbert: (Finanzierung), Finanzierung der Betriebe, fünfte, neu bearbeitete Auflage, Wiesbaden 1977.

*Wächtershäuser*, Manfred: (Kreditrisiko), Kreditrisiko und Kreditentscheidung im Bankbetrieb, Zur Ökonomisierung des Kreditentscheidungsprozesses im Bankbetrieb, Band 12 der Schriftenreihe für Kreditwirtschaft und Finanzierung, herausgegeben von K. F. *Hagenmüller*, Wiesbaden 1971.

*Walb*, Ernst: (Bankkrise), Die Bankkrise von 1931, in: Zeitschrift für Handelswissenschaftliche Forschung, 26. Jahrgang (1932), Heft 1, S. 1 - 28.

*Weinrich*, Günter: (Kreditwürdigkeitsprognosen), Kreditwürdigkeitsprognosen, Steuerung des Kreditgeschäfts durch Risikoklassen, Schriftenreihe des Instituts für Kredit- und Finanzwirtschaft, herausgegeben von Joachim *Süchting*, Ruhr-Universität Bochum, Abteilung für Wirtschaftswissenschaft, Band 6, Wiesbaden 1978.

*Welcker*, Johannes: Die Organisation des Geld- und Bankwesens, Tübingen 1977.

*Welcker*, Johannes (in Zusammenarbeit mit dem Deutschen Institut für Wirtschaftsforschung): (Neuordnung), Neuordnung der Bankenaufsicht, Frankfurt am Main 1978.

*Witte*, Eberhard (unter Mitwirkung von Herbert *Klein*): (Finanzplanung), Finanzplanung der Unternehmung, Prognose und Disposition, Reinbek bei Hamburg 1974.

*Witte*, Eberhard: (Liquidität), Artikel: Liquidität, betriebswirtschaftliche, in: Handwörterbuch der Finanzwirtschaft, herausgegeben von Hans E. *Büschgen*, unter Mitarbeit von zahlreichen Fachgelehrten und Experten aus Wissenschaft und Praxis, Enzyklopädie der Betriebswirtschaftslehre, Band VI, Stuttgart 1976, Sp. 1283 - 1287.

## Betriebswirtschaftliche Forschungsergebnisse

*Seit Frühjahr 1970 sind erschienen:*

45. **Unternehmensgröße, Wachstum und Reorganisation.** Von D. Schulz. 225 S. 1970. Lw. DM 44,60

46. **Unternehmungswachstum und Produktinnovation.** Von A. Kieser. 242 S. mit 34 Abb. und 33 Tab. 1970. Lw. DM 64,60

47. **Automation und Leitungsstruktur.** Von H. J. Drumm. 145 S. 1970. Lw. DM 36,60

48. **Zum Normenproblem in der Wirtschaftswissenschaft.** Von A. Ruffner. 175 S. 1970. Lw. DM 48,60

49 **Unternehmenswirtschaftliche Reservierung.** Von P. R. Wossidlo. 266 S. mit 11 Abb. und 10 Tab. 1970. Lw. DM 66,60

50. **Zur Anwendung mathematischer Programmierungsverfahren auf die Bestimmung wirtschaftlich optimaler Informationsvorgänge.** Von H. Krug. 122 S. 1970. Lw. DM 36,60

51. **Kommunikation und Kollegialorgane.** Von C. K. Kanellopoulos. 187 S. 1970. Lw. DM 44,80

52. **Probleme der simultanen Orientierung von Leistungsprozessen in Unternehmungen.** Von W. Matthes. 360 S. 1970. Lw. DM 88,60

53. **Modelle zur Bestimmung der Gewinnerwartung im Rahmen der Neuprodukt-Planung.** Von G. Kreußlein. 199 S. 1971. Lw. DM 59,60

54. **Simultane Produktions-Investitionsplanung mit Hilfe der Portfolio Selection.** Von L. Peters. 148 S. 1971. Lw. DM 48,—

55. **Zur Gliederung der betriebswirtschaftlichen Bilanz.** Von J. Fudickar. 203 S. 1971. Lw. DM 48,60

56. **Erfolgskonsolidierung in Konzernabschlüssen.** Von J. Weitkamp. 110 S. 1971. Lw. DM 33,60

57. **Struktur und Funktion der Bilanz.** Von M. Schweitzer. 250 S. 1972. Brosch. DM 28,—; Lw. DM 38,—

58. **Entscheidungsstrategien bei Produktverbundenheit.** Von F. J. Berners. 228 S. 1972. Lw. DM 68,60

59. **Grundlagen, Probleme und Instrumente der Konflikthandhabung in der Unternehmung.** Von W. Krüger. 200 S. 1972. Lw. DM 49,60

60. **Beteiligungsentscheidungen.** Von H. Schierenbeck. 197 S. 1973. Lw. DM 54,60

61. **Managementkonzeption des Öffentlichen Verwaltungsbetriebes.** Von Ch. Reichard. 207 S. 1973. Lw. DM 56,60

62. **Bausteine der Betriebswirtschaftslehre.** Von E. Kosiol. 2 Bde. I: Methodologie, Grundlagen und Organisation. 592 S. 1973. Lw. DM 124,—; II: Rechnungswesen. S. 593 - 1323. 1973. Lw. DM 175,—

63. **Grundlagen einer Theorie der betrieblichen Mitbestimmung.** Von H.-U. Küpper. 281 S. 1974. Lw. DM 66,60

64. **Bilanz und Bewertung.** Von F. Dinkel. 234 S. 1974. Lw. DM 68,60

65. **Fertigungstypologie** unter dem Gesichtspunkt der Fertigungsablaufplanung. Von W. F. Große-Oetringhaus. 352 S. mit 83 Abb. 1974. Lw. DM 98,—

66. **Grundfragen einer Theorie der optimalen Finanzierung.** Von C. Cremer. 102 S. 1974. Lw. DM 44,80

67. **Informationstechnologie und organisatorische Regelungen.** Von H. Kubicek. 402 S. 1975. Lw. DM 96,—

68. **Die Wertschöpfung der Aktiengesellschaft und des Konzerns.** Von G. Kroenlein. 172 S. 1975. Lw. DM 56,60

69. **Die Wertschöpfung der Kreditinstitute.** Von W. Göckeler. 147 S. 1975. Lw. DM 48,60

70. **Leistungsverhalten und Führung in der Unternehmung.** Von C. Steinle. 371 S. 1975. Lw. DM 78,—

71. **Pagatorische Bilanz.** Von E. Kosiol. 1095 S. 1976. Lw. DM 198,—

72. **Das Investitionsrisiko im investitionstheoretischen Ansatz.** Von E. Timm. 162 S. 1976. Lw. DM 68,—

73. **Planungs- und Kontrollsysteme industrieller Unternehmungen.** Von A. Töpfer. 440 S. 1976. Lw. DM 98,—

74. **Grundlagen, Determinanten und situationsbezogene Gestaltung der optimalen Arbeitsaufgabe.** Von U. Spies. 193 S. 1976. Lw. DM 66,—

75. **Optimale Fertigungsablaufplanung.** Von A. Argyris. 213 S. 1977. Lw. DM 84,—

76. **Spieltheorie und Unternehmensplanung.** Von U. Winand. 229 S. 1978. Lw. DM 88,—

77. **Unternehmungskonflikte als Gegenstand unternehmungspolitischer Forschung.** Von W. Dorow. 253 S. 1978. Lw. DM 78,—

78. **Industrielle Standortfaktoren und Betriebstypenbildung.** Von K.-H. Kaiser. 246 S. 1979. Lw. DM 88,—

79. **Kritische Analyse normativer Elemente in der Betriebswirtschaftslehre.** Von K. Berger. 274 S. 1979. Lw. DM 88,—

80. **Organisationsentwicklung.** Von W. v. Eiff. 290 S. 1979. Lw. DM 118,—

81. **Venture Management.** Von K. Nathusius. 349 S. 1979. Lw. DM 96,—

82. **Betriebswirtschaftliche Probleme der handels- und steuerrechtlichen Bilanzierungsfähigkeit.** Von F. P. Müller-Dahl. 277 S. 1979. Lw. DM 90,—

83. **Interdependenzen zwischen Produktionstheorie und der Organisation des Produktionsprozesses.** Von H.-U. Küpper. 318 S. 1980. Lw. DM 98,—

84. **Grundlagen einer handlungsorientierten Organisationstheorie.** Von R. Franken. 316 S. 1982. DM 128,—

85. **Organisationskultur und organisatorische Gestaltung.** Von D. Matenaar. 160 S. 1983. DM 78,—